Klaus Bednarz

Mein Moskau

Notizen aus der Sowjetunion

Hoffmann und Campe

CIP-Kurztitelaufnahme der Deutschen Bibliothek

Bednarz, Klaus:
Mein Moskau: Notizen aus d. Sowjetunion / Klaus
Bednarz. – 1. Aufl. – Hamburg: Hoffmann und Campe, 1985.
  ISBN 3-455-08246-7

Copyright © 1985 by Hoffmann und Campe Verlag, Hamburg
Schutzumschlag und Einbandgestaltung: Werner Rebhuhn
Vorsatzkarte: Alfred Skowronski
Register: Kristiane Müller
Gesetzt aus der Korpus Garamond Antiqua
Satzherstellung: Utesch Satztechnik GmbH, Hamburg
Druck und Bindung: Mainpresse Richterdruck Würzburg
Printed in Germany

Inhalt

Für
Anna, Boris, Dima und Walja in Moskau,
Galja in Haifa,
Mischa in New York
und
Nina in Köln

Als Korrespondent in die UdSSR

Ankunft in Moskau

1. Juli 1977

Iwan stellt die zweite Flasche Wodka auf den Tisch. »Wissen Sie, was im Russischen ›Nichts‹ bedeutet?« Schweigend blicke ich ihn an. »Eine Flasche für zwei.« Na gut, ähnliches kenne ich aus Polen. Solange es kein 98prozentiger Spiritus ist...

Es ist der erste Abend als Korrespondent in Moskau. Wir sitzen im Büro der ARD, im zwölften Stock jenes gigantischen Wohnblocks am Kutuzowskij-Prospekt, den Einheimische wie Fremde nur »Ghetto« nennen. Iwan – die Betonung liegt auf der zweiten Silbe – ist einer der sowjetischen Mitarbeiter, die ich von meinem Vorgänger übernommen habe. Offiziell ist er Redakteur, mögliche andere Funktionen interessieren mich nicht. Ich bin als Journalist hier und habe nichts zu verbergen.

Iwan spricht fast akzentfrei Deutsch. Er stammt aus einem kleinen Dorf unweit von Moskau. Seine Eltern waren Landarbeiter. Er ist das jüngste von sieben Kindern. Deutsch, sagt er, habe er im Gymnasium gelernt und später an der Universität. Germanistik sei sein Hauptfach gewesen. In Deutschland wäre er nur ein einziges Mal gewesen, vierzehn Tage mit einer Studentengruppe in Leipzig. Bevor er vom »Amt zur Betreuung des Diplomatischen Korps«, russisch abgekürzt UpDK, ins Büro der ARD abkommandiert wurde, hat er bei der sowjetischen Nachrichtenagentur »Nowosti« gearbeitet. Als Betreuer für durchreisende sowie ständig in Moskau akkreditierte deutsche Journalisten.

Iwan ist klein, fast zierlich, seinen Mund umgibt ein schütterer, dunkler Bart. Seine Gesichtsfarbe ist bleich, sein Alter schwer zu bestimmen – irgendwo so in der Gegend von vierzig... Einen Typ wie aus einem Dostojewskij-Roman hat ihn ein deutscher Kollege genannt. Grübeln und Philosophieren, meint er, während er mühsam den Schraubverschluß der zweiten Flasche öffnet, seien nun einmal die wichtigsten Charaktermerkmale der Russen. Und er fühle sich ganz besonders russisch. Das Alltagsgeschäft interessiere ihn eigentlich wenig. Dieses tägliche Herumstochern in der »Prawda«, um festzustellen, welche Fraktion im Kreml sich nun gegen welche andere durchgesetzt hat, dieses Durcharbeiten ellenlanger Wirtschaftsartikel, damit der Korrespondent dann seine 1′30″ (eine Minute, dreißig Sekunden) über die nächste Mißernte für die Tagesschau produzieren könne. Nein, dies alles sei nicht sein Geschäft. Er habe gehört, daß ich auch Philosophie studiert hätte, und nun wolle er einmal wissen, was ich von Nietzsche halte.

Da mir dies auf russisch doch zu schwer ist, wechsle ich ins Deutsche. Auch Iwan wechselt die Sprache, und ich ertappe mich dabei, wie ich auf einen grammatikalischen Fehler Iwans warte. Ich warte vergebens. Von Nietzsche, den er, wie sich herausstellt, bewundert, geht es über Dostojewskij, Tolstoj und den ewigen russischen Streit zwischen »Slawophilen« und »Westlern« unmittelbar in die Gegenwart...

Was ich als Deutscher denn eigentlich in Rußland wolle. »Filme machen«, sage ich. Das wisse er, antwortet Iwan, aber das allein könne es doch wohl nicht sein. Sich auf den Roten Platz zu stellen und irgend etwas über den Kreml und das Politbüro in eine Kamera zu erzählen, bedeute doch nicht, über das Land zu berichten. Und über seine Menschen schon gar nicht. Die hätten nämlich mit dem, was da oben passiert, so gut wie nichts zu tun. »Und glauben Sie ja nicht, daß Sie in den paar Jahren, die Sie bestenfalls bei uns sind, irgend etwas über die Russen verstehen! Dazu«, sagt Iwan, »müssen Sie raus aus Moskau, aufs Land. Und das geht so gut wie gar nicht.« Grundsätzlich gebe es ohnehin nur ein paar für Ausländer zugängliche Städte in diesem Riesenreich Sowjetunion. Ob ich denn überhaupt wisse, daß mehr als 80 Prozent des sowjetischen Territoriums »geschlossene Gebiete« seien, in die kein Ausländer dürfe – von Journalisten ganz zu schweigen. Das alles wisse ich, erkläre ich Iwan.

Aber schließlich hoffte ich darauf, daß durch die Konferenz von Helsinki auch die Arbeitsmöglichkeiten für Korrespondenten in der Sowjetunion besser geworden seien.

»Ach«, sagt Iwan, »was steht nicht alles auf dem Papier!«

»Immerhin«, so erwidere ich, »ist es der ARD unter Hinweis auf die Beschlüsse von Helsinki gelungen, erstmals in ihrer Geschichte einen ausländischen Kameramann in Moskau zu akkreditieren.«

»Das«, sagt Iwan, »stimmt. Aber nur, weil Egon Bahr persönlich sich dafür eingesetzt hat.« Und ich könne doch wohl nicht im Ernst erwarten, daß ich bei jedem Problem Egon Bahr oder Willy Brandt bemühen könne.

»Das«, so meine ich, »ist auch gewiß nicht meine Absicht.«

»Gut«, sagt Iwan, »aber an welche konkreten Projekte denken Sie denn?«

»Ich möchte mir ein paar Träume realisieren.«

»Träumen kann man viel«, sagt Iwan.

»Nein, ich habe die Absicht, ein paar dieser Träume offiziell als Themen anzumelden.«

»Zum Beispiel?« fragt Iwan.

»Einen Film über die Wolga.«

»Mutter Gottes«, entfährt es Iwan, und einen Augenblick habe ich den Eindruck, er wolle sich bekreuzigen. »Ihr Deutschen seid wirklich naiv. Und voller Klischees. Was würdet ihr sagen, wenn ein sowjetischer Korrespondent nach Bonn käme und verkündete, als erstes einen Film über den Rhein machen zu wollen. Wein, Weib, Gesang, die Loreley und all den anderen Kitsch. So wie bei euch die Amerikaner immer denken, Heidelberg sei Deutschland.«

»Aber ihr selbst bezeichnet die Wolga doch als eure leibliche Mutter, den Fluß der Flüsse, die Wiege Rußlands.«

»Eben das«, sagt Iwan, »kann ein Ausländer doch nicht verstehen.« Und im übrigen fließe die Wolga fast ausschließlich durch Sperrgebiet. Noch keinem ausländischen Journalisten sei es gelungen, darüber einen Film zu machen. Einmal, ja, da hätte eine amerikanische geographische Gesellschaft einen Film über die Wolga gemacht. Aber erstens wäre das eine Koproduktion mit einer sowjetischen Filmgesellschaft gewesen, und zweitens hätte es sich dabei um einen Kulturfilm gehandelt, nicht aber um die Arbeit eines politischen Journalisten. Und als solchen verstünde ich mich doch. Dennoch, beharre ich, träumen kann man vieles, und in Polen hätte ich eine Redensart gelernt, die ich auch hier zu beherzigen beabsichtige: Versuch ist kostenlos.

»Ich wünsche Ihnen Erfolg«, sagt Iwan ohne jede Spur von Sarkasmus. Die Flasche ist inzwischen zu zwei Dritteln geleert.

»Übrigens«, sagt Iwan, »Polen. Ihr Vorgänger sprach Russisch mit einem kräftigen deutschen Akzent. Das fanden wir prima. Sie mit ihrem polnischen Akzent werden noch viele Schwierigkeiten haben. Aber was soll's. Trinken wir aus ...«

Wir sind müde.

Walja

4. Juli 1977

»Walja ist ein Erbstück«, hat Fritz Pleitgen gesagt, mein Vorgänger. Er hat sie von Lothar Loewe »geerbt«. Und dieser von Ulrich Schiller, glaube ich. Drei Generationen von ARD-Korrespondenten in Moskau. Ich soll die vierte sein.

Die Wohnung, die wir beziehen sollen, ebenfalls im Ghetto am Kutuzowskij-Prospekt, ist noch leer. Die Möbel sind irgendwo auf dem Weg von Warschau nach Moskau.

Walja empfängt uns mit einer Verbeugung. Ähnlich, wenn auch nicht ganz so tief, wie wir sie aus Filmen über das russische Landleben früherer Zeiten kennen. »Ich heiße Valentina«, sagt sie. »Aber nennen Sie mich Walja. Das machen alle so. Und wie heißen Sie?«

Wir sagen es.

»Also werde ich Sie Madame Monika nennen und Sie einfach Herr.«

»Aber wieso Madame?«

»Das machen hier alle so.«

Alle, das erfahren wir später, sind alle Hausangestellten, Kindermädchen und Küchengehilfinnen, die bei Ausländern in Moskau arbeiten.

Walja zeigt uns die Wohnung. Vier Zimmer, rund 80 Quadratmeter. Wie viele Kinder wir haben, fragt Walja. Eins, antworten wir.

»Das ist schade«, sagt Walja.

»Wieso?«

»Weil ich mich einsam fühlen werde. Pleitgens hatten immerhin drei; und die hab' ich alle großgezogen. Geweint haben sie, als sie abreisten. Mein Gott, und ich erst ... Und auch Herr Loewe hatte zwei. Aber das kann ja bei Ihnen noch werden. Moskau ist ein fruchtbarer Boden ... Aber«, so Walja unvermittelt, »ich weiß ja gar nicht, ob Sie mich wollen. Und ich weiß ja auch nicht, ob es mir bei Ihnen gefällt. Also, ich arbeite bei Ihnen einen Monat, und dann entscheiden wir, ob wir weiter zusammenbleiben. Wenn nicht, dann kündige ich. Abgemacht?«

Wir schätzen Walja auf Ende Fünfzig. Später erfahren wir, daß sie erst Ende Vierzig ist. Sie ist mittelgroß, rundlich, hat ein breites, offenes Gesicht und trägt die Haare hinten zum Knoten gebunden. Sie stammt vom Dorf, aus einer Familie mit dreizehn Kindern, zehn Geschwister leben noch. Als Siebzehnjährige hat sie an der Front gegen die Deutschen gekämpft. Nach dem Krieg hat sie Schweißerin gelernt. Ihr Mann, der im Krieg schwer verwundet wurde, ist ebenfalls Schweißer. Ihr Sohn ist neunzehn, Kraftfahrer. Wie der Redakteur Iwan ist auch Walja Angestellte des UpDK, eine verdiente, so vermuten wir. Sonst dürfte sie wohl nicht so viele Jahre bei derselben westlichen Firma arbeiten.

Wie wir uns denn die Renovierung vorstellten, fragt Walja und zeigt auf die Tintenkleckse im Kinderzimmer, die bis an die Decke reichen. Die Frage macht uns verlegen. Sämtliche Renovierungsarbeiten, so haben wir inzwischen erfahren, müssen vom UpDK durchgeführt werden, dem auch die Wohnungen gehören. Aber zur Zeit befindet sich das UpDK mit den Korrespondenten »im Krieg«. Der Grund: Über Nacht hat es die Mieten für die Ausländer fast um das Doppelte erhöht – eine Regelung, gegen die die Korrespondenten und ein Teil der Diplomaten streiken. Sie überweisen die Mietbeträge – für unsere Wohnung z.B. 800 D-Mark – weiterhin in der alten Höhe. Im Gegenzug hat das UpDK sämtliche Dienstleistungen eingestellt, also auch die Renovierungen. Schließlich erklären sich die sowjetischen Mitarbeiter des ARD-Büros bereit, bei der Renovierung zu helfen. Voraussetzung, wir besorgen die Farbe aus Köln – in Moskau gäbe es keine. Das Besorgen der Farbe ist kein Problem, wohl aber der Transport. Die Lufthansa weigert sich: Explosionsgefahr. Auf dem Landweg dauert es einige Wochen. Solange kann Walja noch Urlaub machen. Wir auch.

Antrittsbesuch im Außenministerium

15. August 1977
Zwei Herren empfangen uns in einem karg möblierten Besucherzimmer. Es gibt Kaffee aus kleinen Tassen mit Goldrand. In meiner Begleitung ist Natascha, Dolmetscherin und Sekretärin des ARD-Büros; auch sie seit Beginn des Deutschen Fernsehens in Moskau dabei. Sie spricht Deutsch, als wäre es ihre Muttersprache, und kennt die ARD wie kaum eine Kollegin in Köln, Hamburg oder München. Dabei ist sie noch nie in der Bundesrepublik gewesen. Der westlichste Punkt ihrer Auslandsreisen war Ost-Berlin.

Die Herren vom Außenministerium führen das Gespräch auf russisch. Ich antworte deutsch. Man freue sich, mich begrüßen zu können. Man habe schon viel von mir gehört. Ich sei ja vor zehn Jahren schon einmal in Moskau gewesen. Damals allerdings als Theaterwissenschaftler, für zehn Monate an der Lomonosow-Universität. Inzwischen hätte ich ja die Fronten gewechselt, aber man hoffe, daß ich mich noch immer für das zeitgenössische sowjetische Theater interessiere.

»Ja«, sage ich, ohne zu zögern.

Allerdings, das wolle man nicht verhehlen, hätte es gegen meine Akkreditierung einige Vorbehalte gegeben. Die polnischen Genossen hätten vor mir gewarnt. Ich würde im antisozialistischen Geist berichten und hätte den Behörden in Warschau viel Ärger gemacht. Auch aus der DDR, wo man ja – das sei kein Geheimnis – das Westfernsehen verfolge, hätte man wenig Gutes über mich gehört. Aber die Sowjetunion sei ein großes und souveränes Land, und man wolle sich hier selber ein Bild machen. Schließlich habe man zur ARD die besten Beziehungen und sei mit meinem Vorgänger glänzend ausgekommen. Man hoffe, daß ich mich des Vertrauens der sowjetischen Behörden würdig erweise und objektiv im Geiste des Friedens und der Völkerverständigung berichten werde.

Auch ich sei für Frieden und Völkerverständigung, sage ich. Allerdings käme ich nun einmal aus einem anderen Land und einem anderen politischen System und hätte auch ein Journalismusverständnis, das nicht unbedingt mit dem der Kollegen aus sozialistischen Ländern identisch sei. Schließlich erwarte man in Bonn ja auch nicht, daß der Korrespondent der «Prawda» Artikel schreibe, über die sich »Die Welt« freuen würde.

Dies, so versichern die Herren vom Außenministerium, verstünde man durchaus. Dennoch möge auch ich verstehen, wenn man meine Akkreditierung zunächst auf drei Monate befriste. Es bestünde ja immer die Möglichkeit zu verlängern. Einige deutsche Korrespondenten seien ja schon mehr als zehn Jahre bei ihnen im Land.

Das, so versichere ich, hätte ich bestimmt nicht vor.

Die Antrittsvisite dauert etwa eine Stunde. Als ich mich verabschiede, gibt mir einer der Herren noch den Rat: »Wenn Sie irgendwelche Probleme haben, wenden Sie sich vertrauensvoll an uns.« Er sagt es in makellosem Deutsch.

Sachzwänge

8. September 1977
Die Pressestelle des WDR bittet um ein paar Zeilen über meine ersten Eindrücke in Moskau. Ich schicke folgendes Telex nach Köln:

»Nein, es ist kein Vergnügen, in einem September nach Moskau zu kommen, der eigentlich ein November ist – was nur das Fernheizwerk nicht wahrhaben will... Und es ist kein Vergnügen, eine journalistische Ausnahmeerscheinung als Vorgänger zu haben, von dessen fulminanter Abschiedsvorstellung ganz Moskau – o, Moskau – redet, während man selbst noch die größte Mühe hat, auch nur ein kleines (›Tagesschau-‹)Brötchen zu backen – die Kollegen in Hamburg mögen mir verzeihen. Ich weiß, daß ansonsten mit der ›Tagesschau‹ nicht zu spaßen ist.

Doch hier ist nicht der Ort, zu klagen; denn als Fernsehkorrespondent in die Sowjetunion zu gehen kann doch nichts anderes heißen als: versuchen, eine große Aufgabe gelassen anzugehen.

Journalistische Arbeit in einem sozialistischen Land, darüber muß man sich klar sein, bedeutet: Arbeit in einem Land, in dem der Begriff Propaganda für die Herrschenden ein positiver ist... In ihrem Journalismus-Verständnis ist die Information lediglich ein Instrument der Propaganda und hat sich dem politischen Willen unterzuordnen. Hierin ist der Grundkonflikt jedes westlichen Korrespondenten in einem sozialistischen Land begründet.

Nein, es hat keinen Sinn, sich als ideologischer Aktivist auf der anderen Seite der Barrikade zu verstehen. Davon gibt es zu Hause genug! Auch nicht als Diplomat, der in allem die Interessen des eigenen Landes zu vertreten hat. Wohl aber als Makler, der via Schirm ein Bild vermitteln will. Ein Bild, das nicht selten ein Kompromiß sein wird – ein Kompromiß zwischen dem, wie das Gastland sich selbst präsentieren möchte, und dem, wie der Korrespondent es sieht. Ein Kompromiß, der – wie Kompromisse es an sich haben – mal der einen, mal der anderen Seite nicht gefällt, dessen Grundintention aber immer das Bemühen um Fairneß sein soll.

Was wir wollen, ist ganz einfach, eigentlich – und daher, frei nach Brecht, so schwer zu machen: Wir wollen zeigen, wie das Land aussieht, wie die Menschen hier leben, arbeiten, was sie denken, was sie fühlen. Nicht Moskau-Korrespondent zu sein ist die Absicht, sondern Sowjetunion-Korrespondent. Dieses Land zu zeigen, das eigentlich ein Kontinent ist. So groß wie die USA und halb Kanada zusammen. Wo es von Moskau nach New York näher ist als von Moskau nach Wladiwostok. Nicht Kreml-Astrologie wollen wir liefern – die man vom sicheren Port in Köln oder Wiesbaden genausogut betreiben kann –, wohl aber Reportagen aus dem Land. Doch Voraussetzung hierfür ist die Möglichkeit. Die vielgeschmähte Konferenz von Helsinki hat uns den eigenen Kameramann beschert, vielleicht bringt Belgrad noch verbesserte Reisemöglichkeiten...

Doch dazu sind wir hier – zu hoffen und zu lernen. Zu lernen beispielsweise, daß gleich am ersten Tag bei Dreharbeiten auf einem privaten Kartoffelacker ein wild gestikulierender Mann in Zivil vor die Kamera springen und erklären kann, daß Filmen verboten sei und der Korrespondent nicht zu kommentieren, sondern sich zu trollen habe. Wir hoffen, daß wir lernen werden, nicht mehr in solche Situationen zu kommen. Wir hoffen, daß wir das Porträt der Wolga und viele andere Projekte realisieren können. Wir hoffen, daß uns bei

Olympia nicht nur ein, sondern sechs Übertragungskanäle zur Verfügung gestellt werden; und daß die Verwaltung des WDR doch noch die paar Bücherbretter für das Büro genehmigt, damit der neue Korrespondent endlich anfangen kann, sein mitgebrachtes Sowjetunion-Archiv auszupacken. Nein, leicht wird es nicht werden...«

12. September 1977

Das Leben normalisiert sich. Die Wohnung ist renoviert, der Umzug angekommen: 252 Kisten, Schwierigkeiten beim Zoll gab es nicht. Boris hat alles erledigt. Deutsche Kollegen halten Boris für den ranghöchsten KGB-Mitarbeiter im Büro der ARD. Auf jeden Fall – Beziehungen hat er. Und goldene Hände, wie die Russen sagen. Angefangen hat er als Chauffeur bei der ARD in Moskau. Dann wurde er Toningenieur. Als ich kam, machte er gerade seine ersten Versuche als Kameramann. Auch dazu hat er zweifellos Talent.

Die Zollprobleme löste Boris, während wir im Urlaub waren. Allerdings hatten wir schon in Warschau entscheidende Vorarbeit geleistet: Wir haben jedes Buch, das vor 1945 erschienen ist, mit genauer Angabe von Titel, Verfasser, Verlag, Seitenzahl, Anzahl der Bilder, Ort und Erscheinungsjahr einzeln aufgelistet. Jede Skulptur unserer polnischen Holzschnitzer, jedes Bild, jede Zeichnung polnischer naiver Maler genau beschrieben und mit einem Ausfuhrstempel des Warschauer Kulturministeriums versehen lassen; jede Teetasse, jede Keramikvase, jedes Weinglas, das in den Verdacht geraten könnte, »Kulturgut« zu sein, gesondert deklariert. Und auch den russischen Samowar, den wir in Warschau auf einem Trödelmarkt erstanden hatten. Schließlich wollen wir ja alles irgendwann einmal wieder aus der »großen Sowjetunion« mit nach Hause nehmen. Russische Literatur, sofern sie nicht nach 1945 und in sowjetischen Verlagen erschienen ist, haben wir vorsichtshalber erst gar nicht mitgenommen. Nicht einmal die in Paris erschienenen Gedichtbände der Anna Achmatowa, der bedeutendsten russischen Lyrikerin des 20. Jahrhunderts. In den Augen des Zolls, so hatte man uns gewarnt, gelte dies als »antisowjetische Literatur«. Ebenso wie unsere Bibel in russischer Sprache. Immerhin: Dostojewskij gilt nicht mehr als ideologisch unerwünscht.

Die erste Tagesschau

Das erste Thema an die »Tagesschau« verkauft. Mit einiger Mühe zwar, aber immerhin: die Internationale Buchmesse in Moskau, die erste dieser Art in der Sowjetunion überhaupt. Der Hinweis an die Kollegen, daß die Bundesrepublik Deutschland dabei der größte Aussteller ist, gab den Ausschlag.

Das Motto der Buchmesse: »Das Buch im Dienste des Friedens und Fortschritts«. Amerikanische Verlage haben darin eine versteckte Zensur gesehen und sind – mit wenigen Ausnahmen – gar nicht erst angereist. Die Bundesrepublik ist mit 8000 Titeln vertreten. Drei hat die Zensur kassiert: einen Jahrgang des »Spiegel«, eine »Geschichte des 20. Jahrhunderts« und das Buch eines deutschen Moskau-Korrespondenten. Zugelassen hingegen sind die Memoiren von Albert Speer, die Biographie von Admiral Canaris und Hefte über die Waffentechnik der Bundeswehr. Auf kritische Bücher über die Sowjetunion – von Solschenizyn etwa oder Kopelew – haben die deutschen Verleger von sich aus verzichtet. Man möchte keine Komplikationen, sondern Geschäfte. Erfreulich immerhin: Sowjetische Verlage haben Optionen auf Bücher von Peter Handke, Karin Struck und Franz Xaver Kroetz erworben. Bislang ist von deutschen Autoren der Gegenwart vor allem Heinrich Böll auf dem sowjetischen Buchmarkt vertreten. In kleinen Auflagen aber auch Lenz, Koeppen, H.W. Richter und Schallück.

Das Problem der Zensur sieht der Messedirektor gelassen. »Auch für euch in der Bundesrepublik wäre es gut, wenn man zuweilen Bücher verbieten könnte. Einige Hitler-Bücher beispielsweise...«

Die »Tagesschau« läuft ohne Kürzungen.

Viktor L.

20. September 1977
Boris fragt, ob ich nicht Viktor L. kennenlernen möchte. Viktor L. ist ein sowjetischer Journalist, der für eine englische Zeitung arbeitet; unter anderem... Im Westen tritt er manchmal als Nachrichten-

händler auf. Die Chruschtschow-Memoiren hat er beispielsweise angeboten, die gefälschten. Und die Swetlana-Memoiren soll er dem »Stern« vermittelt haben, ehe das in einem Schweizer Safe ruhende Original einem Verlag definitiv zugesprochen war.

Boris bringt mich hin. Viktor L. wohnt im Prominenten-Vorort Peredelkino, etwa 20 Kilometer westlich von Moskau. Pasternak hat hier gelebt und Kornej Tschukowskij, der Literaturhistoriker und berühmteste Kinderschriftsteller der Sowjetunion. Beide sind auf dem Friedhof von Peredelkino begraben. Neben Schriftstellern und Künstlern leben heute vor allem hohe Angehörige des Militärs und des KGB in Peredelkino. Ihre verstreut in den Wäldern gelegenen »Datschen« sind unterschiedlich in Größe, Form und Zustand.

Die Datscha von Viktor L. ist – wie ihr Besitzer – in jeder Hinsicht eine Ausnahmeerscheinung. Vor Blicken von außen durch einen hohen Bretterzaun abgeschirmt, gleicht sie einem Sommerpalais: mit riesigem Garten, Skulpturen, Swimmingpool, einem eigenen Tennis- platz. Rechter Hand vor dem Palais mehrere Garagen. Darin ein Mercedes, ein Jaguar, ein Bugatti, ein Bentley. Und eine Werkstatt mit eigenem Mechaniker.

Viktor L. begrüßt uns freundlich. Er habe schon viel von mir gehört, auch ein paarmal Reportagen von mir gesehen, bei seinen Besuchen in der Bundesrepublik. Er sei übrigens wieder auf dem Weg dorthin, um seinen neuen Mercedes 280 abzuholen. Autos seien nun einmal seine Leidenschaft. Und Bücher.

In der Tat: Das Erdgeschoß und Teile des Kellers sind vollgestopft mit einer erlesenen Bibliothek russischer und ausländischer Litera- tur. Darunter auch eine Reihe eigener Arbeiten, Reiseführer durch die Sowjetunion beispielsweise. Zur Zeit arbeite er gerade an einem Reiseführer durch die westukrainische Stadt Lwow, das frühere Lemberg.

Ob denn Lwow für ausländische Touristen zugänglich sei? Natür- lich, wie alle wichtigen Städte der Sowjetunion. Wie es denn mit Kaliningrad, dem früheren Königsberg, stünde? Das, meint Viktor L., sei schwierig. Aber nicht etwa, weil es dort etwas zu verbergen gebe, wichtige militärische Anlagen oder ähnliches. Die befänden sich ohnehin alle in Pillau, heute Baltijsk. Nein, der Grund, warum Königsberg für Ausländer gesperrt ist, sei vielmehr ein psychologischer. Vor dem Krieg sei Königsberg eine sehr schöne Stadt gewesen. Im Krieg sei fast alles zerstört worden. Und der Wiederaufbau sei wohl so ausgefallen, daß alte Königsberger ihre Stadt nicht unbedingt sofort wiedererkennen würden. Deshalb geniere sich jetzt der örtliche Stadtrat wohl ein wenig, Touristen dort hinzulassen. Moskau hätte im Prinzip nichts dagegen.

Zum Schluß kommt er zur Sache. Er habe gehört, daß ich den alten Dienstwagen des ARD-Studios, einen Volvo, nach Köln zurückschicken möchte. Ob er ihn uns nicht abkaufen könne. Das sei doch, erwidere ich, schon aus zolltechnischen Gründen nicht möglich. Und überhaupt dürften doch Ausländer nichts an Sowjetbürger verkaufen. Das, so meint er, solle ich ruhig seine Sorge lassen; regeln ließe sich schließlich alles . . . Wozu er denn den alten Volvo eigentlich brauche, er habe doch genug herrliche Wagen in seiner Garage.

»Mein Sohn wird demnächst achtzehn«, erwidert Viktor L. »Und da braucht er doch ein Auto, um es zu Bruch zu fahren.«

»Sie verleumden uns ja doch . . .«

3. Oktober 1977
Vor sechs Wochen habe ich bei den Behörden eine Drehgenehmigung zum Thema »Landwirtschaft in der Sowjetunion« beantragt. Der Anlaß: Aus der Ukraine wird eine Rekordernte gemeldet. Boris hat die Briefe – wie alle an sowjetische Behörden – persönlich abgegeben. Einen in der Expedition des Außenministeriums, einen im Landwirtschaftsministerium, einen in der Auslandsabteilung des sowjetischen Fernsehens. Alles gegen Quittung. Bis heute keine Antwort. Iwan erklärt, das Schweigen der Behörden bedeute in der Sprache der Diplomatie »njet«. Aber ich wolle doch etwas über eine Rekordernte machen. »Macht nichts«, sagt Iwan und erzählt eine »Anekdote«, wie das auf russisch heißt:

»Das Außenministerium veranstaltet eine Informationsreise für ausländische Journalisten. Zur Kolchose ›Kommunistischer Weg‹ – unweit von Moskau. Aus Versehen landet der Fahrer des Busses bei der benachbarten Kolchose ›Weg zum Kommunismus‹. Der Begleiter vom Außenministerium, den Irrtum ebenfalls nicht bemerkend, steigt aus, um sich am Eingangstor beim Pförtner zu melden. Der schläft. Auf eigene Faust macht er sich auf die Suche nach dem Direktor. Dabei stellt er fest, daß auf der ganzen Kolchose ein unbeschreibliches Chaos herrscht: Maschinen verrotten unter freiem Himmel, das Stroh vergammelt in nicht abgedeckten Mieten, Kühe, Schweine, Hühner und Gänse laufen kreuz und quer durchs Gelände und fressen das Korn aus zerrissenen Säcken. Schließlich findet er den Direktor in seinem Arbeitszimmer, dem Kabinett. Zusammen mit dem Buchhalter und dem Chefmaschinisten. Alle betrunken. Nein, stammelt der Direktor, von einem Besuch ausländischer Journalisten wisse er nichts. Was sie denn nun machen sollten, fragt der Mann aus dem Außenministerium. Schließlich stünden die dreißig ausländischen Journalisten doch schon vor dem Tor. ›Laß sie rein‹, lallt der Direktor. ›Sie verleumden uns ja doch ...!‹«

»Na gut«, sage ich zu Iwan, auf eine Kolchose brauchen wir im Moment ja gar nicht, ein paar Bilder von Erntearbeiten würden schon reichen.«

»Aber in der Gegend von Moskau ist doch schon alles abgeerntet«, erwidert Iwan.

»Dann lassen Sie uns eben nach Kasachstan fahren«, sage ich.

»Gut«, sagt Iwan, »ich werde eine Drehgenehmigung für das nächste Jahr beantragen.«

Den Bericht über die Rekordernte dieses Jahres machen wir aber doch. Wir besorgen uns Erntebilder vom Sowjetischen Fernsehen.

Wo aber den »Aufsager« machen? Jenen obligatorischen Teil des Kommentars, bei dem der Korrespondent im Bild zu sehen ist – damit die Zuschauer auch wirklich glauben, daß ihr Mann vor Ort ist! Vor der Kremlmauer, meint Iwan, mache das wohl wenig Sinn. Dann eben auf irgendeinem abgeernteten Feld, schlage ich vor. Das ist schwierig, meint Iwan. Denn Felder gibt es nur außerhalb Moskaus – und ohne Genehmigung dürfen wir uns nur 40 Kilometer im Umkreis vom Stadtzentrum entfernen.

»Aber die Straße zum Badestrand für Diplomaten, zu dem wir ohne Genehmigung fahren dürfen, führt doch durch ländliches Gebiet.«

»Das ist richtig«, sagt Iwan, »aber es ist eine Transitstrecke. Auf ihr dürfen wir nicht anhalten. Und sie verlassen schon gar nicht.«

Schließlich fahren wir doch. Vor einem Strohschober halten wir, und ich mache meinen Aufsager. Möglichst schnell, damit uns die Miliz nicht schnappt. Den Rest des Textes spreche ich im Studio zu den Bildern des Sowjetischen Fernsehens. Ich berichte über die Ursachen der Rekordernte in der Ukraine: über die günstigen Witterungsverhältnisse in diesem Jahr, aber auch über die seit 1975 verbesserte Organisation der sowjetischen Landwirtschaft, das verbesserte Prämiensystem für Landarbeiter und ähnliches. Dann beschreibe ich die chronischen Strukturschwächen der sowjetischen Landwirtschaft: die jahrzehntelange Unterversorgung mit Investitionsmitteln, das Fehlen von Maschinen, Dünger, Transport- und Lagereinrichtungen. »Allein durch schlechte Lagerung und Transport«, sage ich im Kommentar, »gehen nach Schätzung westlicher Experten der sowjetischen Landwirtschaft jährlich 20 Prozent, manchmal sogar 30 Prozent der Getreideernte verloren.«

Zum Schluß mache ich noch eine grundsätzliche Anmerkung:

»Nur 25 Prozent des gesamten Territoriums der Sowjetunion sind überhaupt landwirtschaftlich nutzbar. Der Rest ist Taiga, Sumpf oder Wüste. Und von den Gebieten, die landwirtschaftlich nutzbar sind, liegen mehr als die Hälfte in klimatisch extrem ungünstigen Zonen mit gewaltigen Witterungsunterschieden. Allein in Kasachstan, einem Gebiet, das um ein Vielfaches größer ist als die Bundesrepublik, entscheidet oft ein Tag über das Wohl und Wehe einer Ernte: ein Tag zu früh einsetzender Dauerfrost ebenso wie ein Tag zu früh einsetzendes Tauwetter. Klimatische Übergangszeiten wie in Europa gibt es hier nicht.«

Alles in allem hat der Bericht eine Länge von einer Minute, dreißig Sekunden.

15. Oktober 1977

Allmählich gewöhnt sich auch Nina an Walja. Die ersten Wochen hat sie offenbar noch sehr unter der Trennung von ihrer polnischen Kinderfrau – von allen Babcia, Großmutter, genannt – gelitten. In Warschau hatte sie gerade angefangen zu sprechen. Mit der Babcia polnisch, mit uns deutsch. Seit sie in Moskau ist, weigert sie sich, überhaupt zu reden. Eine Trotzreaktion, meint die russische Kinderärztin. Vielleicht auch ein Ausdruck der Trauer. Walja leidet unter der Sprachlosigkeit. Bezieht sie auf sich persönlich. Dennoch bleibt sie optimistisch. Spätestens am nächsten Geburtstag werde sie wieder anfangen zu reden; auch auf russisch, ist Walja überzeugt. Vor dem Schlafengehen liest sie Nina aus einem Märchenbuch vor: »Lenin und die Kinder«. Anschließend singt sie ihr ein russisches Kirchenlied.

Wir haben beschlossen, Walja zu behalten. Auch sie möchte bleiben.

Von Russen und Polen

17. Oktober 1977
Fahrt nach Rostow Wielikij, 250 Kilometer nordöstlich von Moskau. Eine der schönsten russischen Städte, Kulisse für viele historische Filme. Im Zentrum ein mächtiger Kreml, wie jeder befestigte Stadt-kern im Mittelalter hieß. Schneeweiße Mauern, goldene Zwiebeltür-me, unzählige Kirchen – alles liebevoll restauriert. Auch das berühm-te Glockenspiel; es ist sogar als Schallplatte erhältlich. Von den Kirchen allerdings ist keine in Betrieb, »in Arbeit«, wie es russisch heißt. Sie gehören wie die gesamte Kremlanlage zum staatlichen »Museumskomplex«.

Die Fahrt nach Rostow führt am Dreifaltigkeitskloster in Sagorsk vorbei. Am Steuer unseres Wagens Kameramann Jürgen Bever. Da-neben ich. Im Fond Iwan, der Redakteur, und Boris, der Toninge-nieur. Als die Kuppeln von Sagorsk in Sicht kommen, stößt mich Iwan an: »Schauen Sie genau hin, unser russisches Nationalheiligtum. Das wollten Ihre verdammten Polen im Jahre 1613 nieder-brennen!«

Ich erinnere mich an eine Szene drei Jahre zuvor in der Warschauer Altstadt. Es ist Sommer, 30 Grad im Schatten. Eine Gruppe russi-scher Touristen drängt sich um eine historische Pumpe; sie wollen Wasser trinken. »Schau genau hin«, sagte Pawel, unser polnischer Kameramann. »Jetzt machen die verfluchten Bolschewiken sogar unsere alte Pumpe kaputt!«

Und ich erinnere mich an das Entsetzen polnischer Freunde, als wir unserer Tochter den Namen Nina gaben. Sie beruhigten sich erst, als sie fanden, daß dies eine Verkleinerungsform des polnischen Namens Janina sein könne.

»Mein Gott«, sage ich zu Iwan, auf Sagorsk zurückkommend, »das ist doch alles fast 400 Jahre her.«

»Na und«, sagt Iwan, »unser Gedächtnis reicht genausoweit wie deren. Oder was glauben Sie, warum unsere Nationaloper ›Iwan Susanin‹ von Glinka noch immer so großen Erfolg hat?«

»Iwan Susanin« – die Geschichte vom Sieg der Russen über die Polen im Jahre 1613.

31. Oktober 1977
Der WDR hat ein Bücherregal fürs Büro bewilligt. Ich kann mein Archiv auspacken.

Militärparade auf dem Roten Platz

7. November 1977
Zum erstenmal bei einer Militärparade auf dem Roten Platz. Es ist der 60. Jahrestag der Oktoberrevolution. Unter Stalin dauerten die Revolutionsparaden einen ganzen Tag. Erst der militärische Teil, dann der zivile. Heute ist alles humaner, kürzer. Dreißig Minuten Parademarsch, Panzer und Raketen, dann zwei Stunden Vorbeimarsch der Betriebe, Schulen und der Zivilbevölkerung. Auf der Pressetribüne wird Glühwein ausgeschenkt, pro Pappbecher ein Rubel, umgerechnet DM 3,20.

Was an Waffen gezeigt wird, haben wir schon vorher erfahren. Die ausländischen Militärattachés beobachten aufs genaueste jede Probenphase der Parade. Diesmal ist der Clou der neue T-72-Panzer. An Raketen werden nur Panzerabwehrraketen und bis Westeuropa reichende Mittelstreckenraketen gezeigt. Die Langstreckenraketen bleiben in den Silos. Wohl, so spekulieren wir, um die Amerikaner nicht zu provozieren und gutes Wetter für die SALT-Verhandlungen zu machen. Der Ablauf der Parade stimmt bis auf die Minute genau mit den Angaben der westlichen Militärattachés überein. Und auch über die politische Aussage des diesjährigen militärischen Spektakels haben uns die westlichen Experten schon Tage vorher in der angeblich abhörsicheren Kabine der Deutschen Botschaft aufgeklärt: »Zu Abwehr und Angriff mit neuem Gerät voll befähigt.«

Manchmal haben es Korrespondenten in Moskau eben auch einfach.

Ninas Geburtstag

12. November 1977
Unsere Tochter ist zwei Jahre alt. Zum Fest hat ihr Walja einen Kuchen nach russischem Rezept gebacken. Ihr Sohn, Wolodja, hat ein Kindertelefon gebastelt. Die sowjetischen Mitarbeiter des Büros haben einen großen Teddybären besorgt. Als Gäste sind einige Kinder von deutschen Botschaftsangehörigen erschienen; dazu noch Michiko, eine kleine Japanerin, die im gleichen Block wohnt, und Sally, die Tochter eines amerikanischen Korrespondenten, die Nina auf dem Hof kennengelernt hat. Russische Kinder sind nicht dabei. Die gibt es nicht auf dem Hof des Ghettos. Vielleicht kommen zum Geburtstag im nächsten Jahr welche. Denn wir wollen versuchen, Nina in einen russischen Kindergarten zu schicken. Ob es gelingt, wissen wir nicht.

24. November 1977
Es ist ein trüber November dieses Jahr. Naßkalt und neblig. »Fensterspringerzeit« nennt ihn mein Kollege Igor Witsinos. Er muß es wissen, er ist seit zwanzig Jahren Korrespondent in Moskau. Die Selbstmordquote in der deutschen Kolonie in Moskau soll höher sein als an irgendeinem anderen Ort der Welt, wo deutsche Diplomaten, Journalisten und Geschäftsleute auf engem Raum als »Kolonie« zusammenleben.

Auch uns drückt das Wetter aufs Gemüt. Seit September schon dauert die naßkalte, neblige Schmuddelperiode. Auf dem Hof des Ghettos steht das Wasser in riesigen Pfützen, die Abflüsse sind von Unrat verstopft. Eigentlich brauchte man ein Schlauchboot, um von der Wohnung über den Hof ins Büro zu gelangen, meint Walja. Nur die Kinder sind happy. In ihren Gummistiefeln reicht ihnen das Wasser fast bis ans Knie.

Alte Moskauer glauben zu wissen, warum ihre Winter auch nicht mehr sind, was sie einst waren; warum der berühmte Frost von Jahr zu Jahr später einsetzt, warum der Moskauer Herbst immer mehr dem in Hamburg und Liverpool ähnelt, nicht aber dem des russischen Kontinents: Die moderne Technik, natürlich, ist schuld. Nicht die Atomversuche in diesem Fall, wohl aber die gewaltigen Stauseen, durch die die Wolga nördlich und östlich von Moskau praktisch zum Binnenmeer gemacht und der Stadt eine Luftfeuchtigkeit beschert wurde, die sie in ihrer Geschichte bis dahin nicht kannte. Daß der naßkalte November in diesem Jahr bereits im September einsetzte, haben übrigens alle mitbekommen – bis auf die Fernheizwerke, die ihre Tätigkeit versehen, nicht wie es das Wetter befiehlt, sondern der Plan. Heide Bever, die Frau unseres Kameramanns, hat sich im Oktober mindestens dreimal täglich in die Badewanne gelegt; um sich aufzuwärmen. Heißes Wasser gab es zum Glück. Das wurde erst im November abgestellt, für einen ganzen Monat. Um die Rohre zu reinigen, angeblich.

Gestern hat die Regierungszeitung »Iswestija« übrigens neue Preiserhöhungen angekündigt, in einer hinreißenden Formulierung: »Mit dem Ziel, das Interesse der Betriebe an einer schnelleren Erneuerung des Warensortiments sowie an einer Steigerung der Qualität zu heben, haben das Staatskomitee für Preise der UdSSR und das Finanzministerium eine Verordnung ausgearbeitet, in der provisorische Einzel- und Großhandelspreise für neue Konsumgüter besserer Qualität für drei Jahre festgelegt sind.« Eine Art, Preiserhöhungen anzukündigen, so Natascha, daß man sich darüber auch noch freuen soll. Die Stimmung im Büro ist mies.

Die erste große Reportage

20. Dezember 1977
48 Stunden auf der Baustelle des Moskauer Olympiaflughafens. Am 17. November 1977 wurde der Grundstein gelegt, am 1. Januar 1980 soll hier die erste Lufthansa-Maschine aus Frankfurt landen. Es ist ein echtes west-östliches Gemeinschaftswerk: Die Planung und die Montageteile kommen bis zur letzten Schraube aus der Bundesrepu-

blik, die Arbeiter aus der Bundesrepublik und Polen. Die Sowjetunion liefert den Sand, das Wasser, den Zement und den Strom. Die Bauleitung hat die Firma »Salzgitter-Rüterbau«.

Als wir um 6 Uhr morgens mit dem Drehen beginnen, zeigt das Thermometer auf der Baustelle 22 Grad unter Null. Wir haben uns aus Deutschland wattierte Fliegerstiefel kommen lassen, Angoraunterwäsche und gefütterte Spezialhandschuhe. Auf dem Kopf tragen wir russische »Schapkas«, Pelzmützen mit Ohrenklappen.

Zur Zeit befinden sich vierzig Mann auf der Baustelle, alles Deutsche; die Polen sind schon auf Weihnachtsurlaub gefahren. Geregelt wird die Arbeit nach der sogenannten »Rüternorm«, einer Art Arbeitsvertrag, in dem es u.a. heißt: »Jeder Mitarbeiter an dem Bauvorhaben muß sich darauf einstellen, den andersartigen Lebensbedingungen in der Sowjetunion Rechnung zu tragen. Er wird in Moskau nicht die gleichen Verhältnisse wie zu Hause erwarten dürfen.« In der Tat: Die Arbeit auf den vereisten Baugerüsten ist noch gefährlicher als sonst – lebensgefährlich. Doch die Männer verdienen gut, im Schnitt dreimal soviel wie zu Hause: pro Stunde zehn bis fünfzehn Mark, dazu 72 Mark Auslöse am Tag, und überdies haben sie fast unbegrenzte Möglichkeiten für Überstunden. Im Stammwerk in Hannover wird Kurzarbeit gemacht.

Die meisten waren schon auf anderen Baustellen im Ausland, in Saudi-Arabien, in Indonesien und in Togo. Doch Erfahrungen im Umgang mit derartiger Kälte hat niemand. In der Nacht ist die Quecksilbersäule des Baustellenthermometers bei minus 25 Grad abgerissen. Die DEMAG, die die Kräne geliefert hat, garantiert die Haltbarkeit der Stahlseile nur bis 20 Grad unter Null. Niemand weiß, was passieren wird, wenn man sie dennoch einsetzt. Die Männer haben Angst. Doch vor der Kamera sagen sie es nicht. Erst als sie abgeschaltet ist, macht uns ein Techniker aufmerksam: »Schauen Sie doch mal nach oben, da müßten eigentlich viel mehr Leute arbeiten. Aber wer will da schon hoch, bei diesem Frost und dem Eis auf den Trägern.«

Russische Bauarbeiter arbeiten sogar noch bei 30 Grad unter Null. Wir haben es auf einer Moskauer Baustelle beobachtet.

Untergebracht sind die deutschen Arbeiter in einem Wohnheim am Stadtrand von Moskau, in Zweibettzimmern zu zwölf Quadratmeter. Einzige Zerstreuungsmöglichkeit: ein Spiel-Raum mit Flipperautomaten. Für diejenigen, die ihre Familie nicht dabeihaben – und das sind die meisten –, besteht die Hauptverbindung zu den Angehörigen in einer Telefonleitung, über die Gespräche nach Deutschland angemeldet werden können. Wartezeiten bis zu fünf Stunden sind nicht selten.

Vier Arbeiter haben ihre Familie bei sich. Einzige Abwechslung für die Frauen, wenn die Männer auf der Baustelle sind: mit den Kindern Schlitten fahren. Da für die Frauen offiziell keine sowjetische Behörde zuständig ist, können sie sich nicht einmal einen Sprachlehrer vermitteln lassen. Und da auch private Autos – anders als bei Diplomaten und Korrespondenten – nicht mitgebracht werden durften, haben sie viel Bewegung – freiwillig und unfreiwillig. Am Rodelhang rodeln rechts die deutschen, links die russischen Kinder.

Für das Wohl der Männer auf der Baustelle wird vorbildlich gesorgt. Es gibt nicht nur eine Sanitätsbude mit einem ständig anwesenden Arzt, einer Russin, sondern auch einen aus Deutschland mitgebrachten Küchencontainer, dessen Vorräte zum größten Teil ebenfalls aus Deutschland stammen.

Die täglichen Verhandlungen der deutschen Bauleitung mit den sowjetischen Auftraggebern, der Fluggesellschaft AEROFLOT, sind langwierig und kompliziert. Hört man allerdings genauer hin, gewinnt man den Eindruck, daß die Verständigungsschwierigkeiten nicht so sehr im sprachlichen und technischen Bereich liegen. So haben die Sowjets Mühe zu begreifen, wie das deutsche Krankenkassensystem funktioniert, nach dem die russische Ärztin auf der Baustelle abrechnen soll. Und die deutsche Bauleitung unterschätzt wohl die Schwierigkeiten, die die russische Ärztin haben wird, wenn man ihr, wie beabsichtigt, ein Exemplar der »Deutschen Ärztegebühren-Ordnung« in die Hand drückt.

Auch mit den sowjetischen Zulieferungen gibt es Probleme. Der angelieferte Kies hat nicht die Körnung, die nach den Berechnungen der deutschen Experten erforderlich ist. Anderer Kies aber, so der sowjetische Vertragspartner, stehe nicht zur Verfügung. Also macht sich der deutsche Bauleiter auf eigene Faust auf den Weg durch sämtliche Moskauer Binnenhäfen. Schließlich entdeckt er zwei Lastkähne aus Sibirien – mit dem Kies der gewünschten Körnung. Er wird beim Bau der olympischen Schwimmhalle fehlen ...

Trotz aller Schwierigkeiten, so erfahren wir, verläuft die Arbeit termingerecht, »po planu«, wie die Russen sagen. Am Tag vor Weihnachten, bevor es für vierzehn Tage auf Heimaturlaub geht, ist der sowjetische Auftraggeber voller Anerkennung. Auch die deutsche Bauleitung ist zufrieden.

Die Zustimmung zu den Dreharbeiten übrigens hatte der Salzgitterkonzern mit der Bitte verbunden, nichts Negatives zu berichten. Wir hatten erklärt, daß wir diese Bitte verstünden, sie jedoch nicht zur Grundlage unserer Arbeit machen könnten; wir würden zeigen, was wir sehen. Die Herren von der Konzernleitung nahmen es schweigend zur Kenntnis.

23. Dezember 1977
Boris hat wieder einen Brief beim »Amt zur Betreuung des Diplomatischen Korps« abgegeben. Einen Antrag auf Erteilung einer Genehmigung zum Kauf eines Weihnachtsbaums. Das war vor drei Wochen. Heute ist die schriftliche Genehmigung gekommen.

Vor einigen Tagen schon sind in einer eingezäunten Ecke des Hofes die ersten Tannen abgeladen worden. Mit der Genehmigung in der Hand macht sich Walja auf den Weg. Sie hatte darum gebeten, den Weihnachtsbaum besorgen zu dürfen. Erstens sei das schon bei Lothar Loewe und Fritz Pleitgen so gewesen. Und zweitens hätte sie dadurch die Möglichkeit, auch für sich einen zu kaufen, als Angestellte eines Ausländerhaushalts. Zwar ist das Weihnachtsfest als offizieller Feiertag in der Sowjetunion abgeschafft, aber religiös eingestellte Russen – und das dürften mindestens 25 Prozent der Bevölkerung sein – feiern dennoch Weihnachten; nach dem alten Julianischen Kalender, am 7. Januar. Und dazu gehört natürlich ein Weihnachtsbaum, eine Tanne, russisch Jolka. Im Bewußtsein der meisten Russen jedoch ist die Jolka längst nicht mehr Symbol des Weihnachtsfestes, sondern des Neuen Jahres. Sie feiern an Stelle von Heiligabend Silvester. Mit Geschenken, Weihnachtsbaum und Lametta. Auch die Moskauer Kaufhäuser schmücken zum Neuen Jahr ihre Schaufenster mit Weihnachtsbäumchen – aus Plastik. Und im

Zentrum Moskaus, auf dem Manege-Platz, in unmittelbarer Nachbarschaft des Kreml, wird alljährlich zur Weihnachtszeit eine riesige Tanne aufgestellt, geschmückt mit bunten Lämpchen und versehen mit der Losung »Zum Neuen Jahr«.

Für »gewöhnliche« Moskauer allerdings ist der Kauf einer Jolka mit einer Reihe von Hindernissen verbunden. Zum einen gibt es nur ganz wenige Plätze in der riesigen Acht-Millionen-Stadt, an denen überhaupt Weihnachtsbäume verkauft werden. Und selbst diese wenigen Verkaufsstellen werden nur sehr unregelmäßig beliefert. Die Folge: stundenlanges Schlangestehen und kaum die Möglichkeit auszuwählen. Man hat dankbar zu sein, wenn man überhaupt ein Bäumchen ergattert. Wer es mit dem eigenen Wagen abtransportiert, womöglich sogar auf dem Dach, sieht sich weiteren Hindernissen gegenüber: An jeder zweiten Straßenecke wird er von einem Polizisten, Milizionär, wie es auf russisch heißt, angehalten und nach der Kaufbescheinigung gefragt. Auf diese Weise sollen die umliegenden Wälder geschützt und der weitverbreitete Hang zur Selbstversorgung bekämpft werden. Daher steigen immer mehr Moskauer auf Plastikweihnachtsbäume um. Ein weiterer Triumph der ost-westlichen Konvergenztheorie.

Sibirien

Reise nach Irkutsk

28. Dezember 1977

Silvester wollen wir in Sibirien verbringen. Rein dienstlich, versteht sich. Wir wollen deutsche Touristengruppen filmen. Der Antrag wurde vor sechs Wochen gestellt, die Genehmigung kam vor wenigen Tagen. Wir dürfen nach Irkutsk, der Hauptstadt Ostsibiriens, und in ein unweit davon gelegenes Hotel am Baikalsee. Wir – das sind Kameramann Jürgen Bever, der seine Frau und seinen fünfjährigen Sohn mitnehmen will, Redakteur Iwan, Toningenieur Boris und ich. Angeschlossen hat sich noch ein Kollege der dpa.

Um 19 Uhr soll der Flieger starten, um 24 Uhr geht es endlich los. Eine Verzögerung, die bei Reisen nach Sibirien, wie uns Iwan erklärt, ganz normal ist. Schließlich wisse man nie, wie das Wetter dort wird.

An der Gangway herrscht fürchterliches Gedränge. Als erstes werden die Ausländer ins Flugzeug gebeten; dann Mütter mit Kindern. Die Maschine ist offenbar hoffnungslos überbucht. Jedenfalls bekommen wir beim Einsteigen gerade noch mit, wie ein blutjunger Soldat in dickem, langem Wintermantel die Stewardeß unter Tränen anfleht, ihn doch wenigstens diesmal mitzunehmen. Er versuche schon seit 48 Stunden, von Moskau wegzukommen. Schließlich habe er doch insgesamt nur fünf Tage Heimaturlaub. Die Stewardeß ist unerbittlich. Wenn überhaupt, käme er ohnehin als letzter dran. Er habe schließlich nur ein billiges Armee-Ticket. Er kommt auch diesmal nicht mit. Wir sehen hilflos zu. Niemand scheint sich um ihn zu kümmern. Ich muß an Andrej Tarkowskijs bitteren Film »Ballade vom Soldaten« denken.

An Bord herrscht Rauchverbot; auch Alkoholverbot. Zu trinken gibt es warme Limonade. Später werden kalte Hähnchen serviert, Gummiadler, wie sie Jürgen nennt.

Nach fünf Stunden setzen wir zur Zwischenlandung in Omsk an. Aufgrund der Witterungsverhältnisse, so erfahren wir aus dem Bordlautsprecher, wird der Flug vorerst nicht fortgesetzt. Die Passagiere werden bis auf weiteres in die Flughafenhalle gebeten, die Ausländer und ihre sowjetischen Begleiter in einen gesonderten Raum, den Raum für Deputierte des Obersten Sowjets und andere Mitglieder der Nomenklatura, wie die herrschende Klasse auf russisch genannt wird. Hier gibt es ein Buffet, das auch noch um 4 Uhr morgens geöffnet ist. Tee, Kaffee, Cognac, Plätzchen. Die Bedienung ist außergewöhnlich zuvorkommend.

Uns wird strengstens untersagt, das Flughafengebäude zu verlassen. Immerhin, in der Halle können wir uns umschauen. Sie gleicht einem riesigen Schlafsaal. In den Sesseln, auf den Bänken, auch auf dem Fußboden liegen Schlafende: Kinder, Erwachsene, Alte, alle eingehüllt in dicke Mäntel oder Decken. Viele haben die Pelzmütze über Augen und Ohren gezogen. Manche der Schlafenden, so erfahren wir, warten zwischen Koffern, Taschen, Säcken, Kinderwagen, Kisten und Kasten, geschnürten Bündeln aller Art schon seit drei Tagen auf einen Anschlußflug, einen freien Platz oder auf die Ankunft von Angehörigen.

Unsere kleine »Delegation« wird ins Flughafenhotel gebeten, eine einstöckige Baracke aus rohen Klinkern. Auf dem Flur, der nur von einer nackten Glühbirne erhellt wird, ebenfalls viele Schlafende. Manche auf Pritschen, manche auf dem Fußboden. Wir bekommen Doppelzimmer, einfach eingerichtet, aber immerhin mit Klo und Dusche. Um die Abflugzeit, so die Stewardeß, die uns auf die Zimmer bringt, bräuchten wir uns nicht zu kümmern; wir würden schon rechtzeitig geweckt.

Als wir uns hinlegen, hören wir, wie die Tür von außen abgeschlossen wird. Omsk ist eben eine geschlossene Stadt, bemerkt der Kollege von dpa. Uns kümmert's nicht. Im Gegensatz zu Familie Bever, deren Klo kaputt ist.

Am Baikalsee

31. Dezember 1977

Am Ziel. 5000 Kilometer östlich von Moskau. Das Hotel, ein flacher, zweistöckiger Neubau, liegt versteckt unter Kiefern auf einer Anhöhe am westlichen Ufer des Sees. Genau an der Stelle, an der die undankbare Angara den Vater Baikal verläßt, um sich 1200 Kilometer nordwestlich mit dem Jenissej zu vermählen. Der Felsen, den der zornige Baikal der Sage nach seiner abtrünnigen Tochter hinterhergeschleudert hat, liegt noch immer in der Mitte des Flusses. Ein paradiesischer Brutplatz für Möven, eine gefürchtete Klippe für die Schiffahrt auf der Angara.

Die Fahrt von Irkutsk zum Hotel dauert etwa zwei Stunden, immer schnurgerade in Richtung Osten durch die Taiga. An der Straße vereinzelt kleine sibirische Dörfer, Holzhütten mit liebevoll geschnitzten Fensterläden und Giebeln, manche blau oder weiß angestrichen. Hinter den Fenstern helle Gardinen und Blumentöpfe, an der Außenwand der Hütten das Brennholz für den Winter. An manchen Häusern reicht der Schnee bis unter die Fenster, lediglich der Weg von der hölzernen Gartenpforte zur Eingangstür ist freigeschaufelt. Es herrscht völlige Windstille, aus den Kaminen steigt dünner, weißer Rauch senkrecht in den blauen sibirischen Himmel.

Das Hotel dient normalerweise als Erholungsheim des sowjetischen Gewerkschaftsverbandes. Nur zu Neujahr werden auch ausländische Touristen aufgenommen. Bei unserer Ankunft stellen wir fest, daß es sich diesmal ausschließlich um Reisegruppen aus der DDR handelt. Für die Direktorin des Hotels spielt es keine Rolle, daß wir aus der Bundesrepublik sind. Touristen sind eben Touristen und Deutsche eben Deutsche. Man merkt, der Himmel ist hoch, und Moskau ist weit. In Sibirien zählt der Mensch, nicht aber die Politik.

Der Empfang durch das Personal ist herzlich. Wir sind tatsächlich angemeldet, die Zimmer sind tatsächlich reserviert, und sie sind sogar frei. Pässe abgeben, Meldeschein ausfüllen – alles ohne Warten, ohne Nachfragen. Man hoffe, daß wir uns wohl fühlen; wenn wir irgendwelche Wünsche hätten, sollten wir es ruhig sagen. Ein junges Mädchen mit dicken, blonden Zöpfen und hohen Wangenknochen führt

33

uns auf die Zimmer. Wenn es nachts zu kalt würde, könnten wir uns noch ein paar Decken geben lassen. Aber wahrscheinlich wäre das nicht nötig, denn der Winter sei in diesem Jahr sehr mild. Bislang hätten sie nur 25 Grad unter Null gehabt.

Am Abend sind die Tische im Restaurant festlich gedeckt. Auch für uns ist ein Tisch reserviert. Bezahlen müßten wir allerdings extra, sagt uns die Leiterin des Restaurants, denn wir gehörten nicht zu der Gruppe aus der DDR. Es gibt kalte Vorspeisen, darunter Omul, jenen legendären, fast ausgestorbenen Fisch aus dem Baikal, eingelegte Pilze, Gurken, Schinken, ungarische Salami, Schwarzbrot. Dann Suppe, Soljanka – eine Krautsuppe mit Fleisch und Wurst –, danach »Bifschteks«, wie es auf russisch heißt. Auf dem Tisch stehen Wodkaflaschen, Mineralwasser, bulgarischer Weißwein und Champanskoje, jener berühmte »Krimsekt«, der aber zumeist aus Georgien kommt.

Um 22 Uhr erscheinen der russische Weihnachtsmann, »Väterchen Frost«, und seine Begleiterin, »Snegurotschka«, das »Schneeflöckchen«. Es sind der Koch des Hotels und das Mädchen aus der Buchhaltung. Mit einer kurzen Ansprache begrüßt Väterchen Frost die Gäste, Snegurotschka übersetzt ins Deutsche. Man freue sich, daß die Gäste aus dem fernen Deutschland den langen Weg nach Sibirien, immerhin fast 10 000 Kilometer, nicht gescheut hätten. Wenn manches anders wäre als zu Hause, so solle man sich davon nicht abschrecken lassen; in Sibirien hätten sich noch alle wohlgefühlt. Die Natur sei rauh, aber gesund und voller Schönheiten; die Menschen einfach, aber aufrichtig und gastfreundlich. Es sei wichtig, daß man sich gegenseitig besuche und einander kennenlerne, dies sei der beste Weg zum Frieden und der Freundschaft zwischen den Menschen und den Völkern. Und nun sollten alle kräftig zulangen und auch den Wodka nicht vergessen. Etwas Bekömmlicheres gebe es nicht. Danach eröffnen Väterchen Frost und Schneeflöckchen zu den Klängen einer Drei-Mann-Kapelle den Tanz.

An den Tischen geht es vorerst noch sehr deutsch zu. Als zugeknöpft und passiv hatte uns das Hotelpersonal die Gruppe aus der DDR geschildert. Doch allmählich taut das Eis. Es ist eine bunte Mischung: Handwerksmeister sind dabei und Universitätsdozenten, Lkw-Fahrer und freischaffende Fotografen, verdiente Sportler und hauptamtliche Parteifunktionäre. Väterchen Frost fordert die Deutschen auf, doch einmal Volkslieder zu singen. »Am Brunnen vor dem Tore« erklingt und »Das ist die Berliner Luft, Luft, Luft...«. Dann stimmt die Kapelle ein Volkslied an, das doch auch alle Deuschen kennen müßten, wie Väterchen Frost meint – »Kalinka«. Und sie kennen es. Die ersten Paare eilen zur Tanzfläche, auch die Kellnerinnen werden aufgefordert und machen mit.

Wir kommen mit den DDR-Touristen ins Gespräch. Erkannt hätte man uns ja gleich. Schließlich würden sie doch auch bei sich alle Westfernsehen gucken. Aber man habe sich nicht so recht vorstellen können, was wir denn hier wollten. Silvester feiern, sagen wir, und einen Bericht darüber machen, wie es deutschen Touristen in Sibirien ergeht. Seltsamerweise hegt man uns gegenüber keinerlei Mißtrauen, hat nichts dagegen, daß wir filmen, auch nicht, daß man als DDR-Bürger groß ins Bild der Westkamera kommt. »Dann kann meine Tante in Hamburg mal sehen, wie wohl wir uns hier fühlen«, sagt einer. Und ein anderer, unüberhörbar aus Sachsen: »Es ist doch nichts dabei; feiern ist doch wohl noch erlaubt, oder?«

Wir machen Interviews: Er sei gekommen, um sich mal selbst eine Vorstellung von Sibirien zu machen, sagt ein Dachdeckermeister aus Potsdam. Und es sei doch immer gut, mal andere Länder und Menschen kennenzulernen, fügt eine Architektenfrau aus Weimar hinzu. Wir sollten doch mal ehrlich sein und zugeben, mischt sich ein Dozent aus Rostock ein, daß auch bei uns – er meint die DDR – noch viele Leute verkalkte Vorstellungen von Sibirien haben und allein der Gedanke daran oft falsche Emotionen wecke.

Einige ältere Männer aus der Gruppe fragen wir, ob sie vielleicht schon früher irgendwann einmal in Sibirien gewesen seien. Keiner bejaht die Frage – solange die Kamera läuft. Als wir mit Filmen aufhören, nimmt mich einer der Gesprächspartner zur Seite: Natürlich seien einige von ihnen schon mal hier gewesen. Er auch. Aber manche wollten lieber nicht daran erinnert werden. Und außerdem wisse man ja nie, ob man nicht doch Schwierigkeiten bekäme, wenn die hier erführen, daß man schon mal als Kriegsgefangener in Sibirien war. Nein, lieber nicht daran rühren...

Für 24 Uhr haben wir Ferngespräche nach Deutschland angemeldet. Einige Gespräche in die DDR kommen tatsächlich zustande.

Aus der Telefonkabine dringen laute Monologe: »Hallo, ist da Potsdam?... Prost Neujahr... Nein, wir sind noch nicht besoffen... Wieso...? Was, bei euch ist es erst fünf – bei uns schon zwölf!... Also, dann hört doch mal auf mit Kaffeetrinken... Gut, wenn's bei euch zwölf ist, dann könnt ihr uns ja anrufen. Hoffentlich kriegt ihr uns wach... Und übrigens, hier sind welche vom Westfernsehen, achtet mal drauf, wann wir zu sehen sind...«

Gegen zwei Uhr leert sich der Saal. Zurück bleibt ein harter Kern, wie es ein Mann aus Dresden nennt: die drei Musiker, einige Hotelangestellte, der Koch. Dazu ein paar Deutsche (Ost), das Fernsehteam aus Deutschland (West). Kamera und Mikrofon sind längst eingepackt. Wodka und Champagnerflaschen machen die Runde. Bis zum frühen Morgen sitzen Deutsche und Russen beisammen; gemeinsam singen sie jene schwermütigen Lieder, die alle von Rußland und Sibirien handeln. Am häufigsten jenes Lied von der Flucht eines Verbannten über den Baikalsee:

»Ruhmreiches Meer, Heiliger Baikal...«

Es ist zur Hymne des Baikal geworden. Ich muß daran denken, daß wir beim Anflug auf Irkutsk aus der Luft Wachtürme und Baracken gesehen haben... Ein Lager.

1. Januar 1978

Gegen Mittag Katerfrühstück. Es gibt sauren Hering in Sahne, eingelegte Gurken, Kefir, Schwarzbrot. Und Wodka. Einen Keil kriegt man nur mit einem Keil heraus, sagen die russischen Kollegen. Na dann!

Iwan erzählt, warum er heute auch Geburtstag feiern müßte. Im Winter vergangenen Jahres wäre er schon einmal am Baikalsee gewesen, hier, in demselben Hotel. Zusammen mit einem auch im Westen bekannten sibirischen Schriftsteller, der in Irkutsk lebt. Zwei Tage und zwei Nächte hätten sie sich auf dem Zimmer eingeschlossen und Wodka getrunken. Als der Wodka im Hotel alle war, hätten sie sich auf den Weg ins 60 Kilometer entfernte Irkutsk gemacht. Zu Fuß. Nachts um 2 Uhr, bei 30 Grad unter Null. Nachschub holen. Nach einer Stunde Marsch hätte sie ein Lastwagen aufgabelt, halb erfroren. »Er hat uns das Leben gerettet«, meint Iwan. »Sonst wären wir

mit Sicherheit irgendwo umgefallen, eingeschlafen und erfroren.«
Prost – auf den Weg nach Irkutsk; und auf die hilfreichen Menschen
in Sibirien.

»Sibirien schläft nicht mehr«

2. Januar 1978
»Sibirien«, sagt Ljuba, »ist ein tatarisches Wort. Es bedeutet: das
schlafende Land. Doch Sibirien schläft nicht mehr.« Ljuba ist Dolmetscherin, Reiseführerin in Irkutsk, der Hauptstadt Ostsibiriens.
Ljuba hat Germanistik studiert – an der Universität in Irkutsk – und
ist auf liebenswerte Weise unorthodox. Sie versucht nicht, uns plump
zu indoktrinieren, sondern erzählt sachlich über Geschichte, Land
und Leute. Sie verschont uns mit Produktionsziffern, führt uns auch
nicht in die obligatorischen Neubauviertel, die von Magdeburg bis
Wladiwostok alle gleich aussehen, sondern erzählt und zeigt uns das,
was ihr in Irkutsk wirklich wichtig und interessant erscheint.

Da ist als erster Punkt der Stadtrundfahrt der »Platz des Sieges« mit
dem Mahnmal für die im Zweiten Weltkrieg ums Leben gekommenen Einwohner von Irkutsk – 17 000 sollen es gewesen sein. Aber
nicht Soldaten halten hier Ehrenwache, sondern uniformierte Jungen
und Mädchen im Alter zwischen vierzehn und achtzehn Jahren –
Junge Pioniere und Komsomolzen. »Im Sommer«, so erklärt Ljuba,
»stehen sie jeweils fünfzehn Minuten, im Winter zehn Minuten.«

Der Wachwechsel erscheint als gespenstische Zeremonie: Im ge-
messenen Stechschritt, den Karabiner schräg vor der Brust, den Blick
starr geradeaus gerichtet, marschiert die Ablösung auf; diejenigen,
die zehn Minuten wie erstarrt gestanden haben, sind blaugefroren –
es herrschen 20 Grad unter Null. Unter den schweren schwarzen
Walenki, den russischen Filzstiefeln, knirscht der Schnee; aus Lautsprechern ertönt gedämpft bedrohlich feierliche Musik. Wem diese
Art der militärischen Traditionspflege im entfernten Irkutsk be-
fremdlich vorkommt, so notiere ich für meinen Kommentartext,
möge sich vor Augen halten, daß es sibirische Regimenter waren, die
unter unvorstellbaren Opfern im Winter 1941 den deutschen Vormarsch auf Moskau zum Stehen brachten.

Ljuba erzählt über das Wirtschaftsleben der Stadt; auch nur das, was wirklich ungewöhnlich ist – etwa, daß der wichtigste Industriezweig in Irkutsk die Produktion von Waschmaschinen ist – von Goldwaschmaschinen für Sibiriens Goldminen; und sie unterschlägt bei der Geschichte Sibiriens auch nicht den hohen Anteil, den deutsche Forscher und Gelehrte wie Humboldt, Messerschmidt, Middendorf u.a. an der Erschließung dieses Landes hatten. Und Ljuba macht etwas für sowjetische Reiseleiter völlig Ungewöhnliches: Sie läßt den Bus keinen schamhaften Bogen um die vielen alten russischen Holzhäuser machen, sondern steuert geradewegs auf sie zu. Stolz erklärt sie in allen Details deren Schönheiten. »Und wenn Sie mal reingehen wollen«, so gibt sie taktvoll den Rat, »fragen Sie, bitte, vorher erst die Leute.«

Ljuba läßt uns auch viel Freizeit in Irkutsk. Wir können uns in dieser 500 000-Menschen-Stadt völlig ungehindert bewegen, auch völlig frei filmen. Wenn wir uns allerdings ein Auto mieten wollen, so geht dies nur mit Fahrer.

Irkutsk gilt als die faszinierendste der sibirischen Städte. Nicht, daß es imposante Architektur gäbe – wegen der Erdbebengefahr in diesem Gebiet darf nur vierstöckig gebaut werden –, wohl aber aufgrund der Synthese von sibirischer Tradition und europäischem Fortschritt. Da stehen einstöckige Holz-und Steinhäuser im kolonialzaristischen Schnörkelstil neben modernen Zweckbauten wie Hotels und Sporthallen; da traben Panjewagen neben Trolleybussen, und auf dem Markt sitzen Sonnenblumenkerne kauende russische Großmütter in Wattejacken und Walenki neben mandeläugigen Burjatenmädchen, Abkömmlingen der sibirischen Urbevölkerung, deren selbstgefertigte Strickkleidung dem Schick westlicher Metropolen nicht nachsteht.

Eine Stadt, in der man noch Goldgräbermentalität findet, aber auch eine Universität, drei Theater und sogar eine Philharmonie.

Ljuba hat recht: Sibirien ist kein schlafendes Land mehr.

Arbeitsalltag

Spekulationen um Breschnew

4. Januar 1978
Wieder in Moskau. Die »Tagesschau« fragt, was denn mit Breschnew sei. Seit vier Wochen wäre er nicht mehr in der Öffentlichkeit gesehen worden. Wir wüßten es auch nicht, antworten wir. Und es gebe auch niemanden, den wir offiziell fragen könnten. Der Gesundheitszustand des Generalsekretärs sei kein Gegenstand für Spekulationen, habe man uns im Außenministerium mitgeteilt. Aber westliche Nachrichtenagenturen, so die Kollegen von der »Tagesschau«, berichteten, daß Breschnew möglicherweise schon entmachtet sei, daß er zumindest handlungsunfähig sei und im Politbüro schwere Flügelkämpfe ausgebrochen wären. Kann schon sein, erwidern wir; vielleicht hat er aber auch nur die Grippe, wie ganz Moskau.

Russische Freunde geben uns den Tip, doch einmal nachzuschauen, ob etwas mit den unzähligen Breschnew-Porträts passiert sei, die überall in der Stadt herumhängen. Wir tun es. Sie sind alle noch da.

5. Januar 1978
Heute abend ist Breschnew in der sowjetischen »Tagesschau« aufgetreten. Bei einer Ordensverleihung an Michail Suslow. Er wirkte geschwächt und sprach noch undeutlicher als sonst. Sein Gesicht ist schmaler geworden; während der Zeremonie stützte er sich zeitweise mit den Händen am Tisch ab. Doch die politische Botschaft, so melden wir nach Hamburg, ist eindeutig: Trotz aller Spekulationen ist Breschnew noch immer der erste Mann im Land.

Das Wolga-Projekt

16. Januar 1978

Wir beraten, wie man das Wolga-Projekt in Angriff nehmen könnte. Eine generelle Drehgenehmigung, so Iwan, würde es mit Sicherheit nicht geben. Die meisten Gebiete, durch die sie fließt, seien Sperrgebiete. Manche aus militärischen Gründen, manche, weil es dort zu viele Gefangenenlager gebe; manche, weil sie sozial und kulturell so unterentwickelt seien, daß man dort keine Touristen wolle.

Die einzige Möglichkeit: an einzelne Punkte reisen, in einzelne Städte, die offen sind; und eine Schiffsreise auf dem für Touristen geöffneten Abschnitt des Flusses machen. Wir überlegen, welche Orte in Frage kämen. Gorkij, das frühere Nischnij-Nowgorod, scheidet von vornherein aus. Es ist ein Zentrum der sowjetischen Rüstungsindustrie. Noch nie hat ein westlicher Ausländer dorthin seinen Fuß setzen dürfen. Auf jeden Fall möglich wären Wolgograd, das frühere Stalingrad, sowie Uljanowsk, der Geburtsort Lenins. Beide Städte sind für Touristen geöffnet. Kasan, meint Iwan, werde schwierig. Mal sei es offen, mal geschlossen, niemand wisse genau, wann man hin könne und wann nicht. Man müßte versuchen, mit den örtlichen Behörden zu verhandeln. Ebenso in Astrachan. In beiden Orten wären noch nie westliche Filmteams gewesen.

An die Quelle müßten wir aber wohl doch auch, gebe ich zu bedenken. Und an die Mündung, ins Delta. Oder soll ich einen Film machen unter dem Titel »Fluß ohne Anfang und Ende«? Es wäre nicht das erste Mal, erwidert Iwan. Aber er wolle sich mal hinsetzen und Briefe schreiben. An das Außenministerium, an das sowjetische Fernsehen, an das Ministerium für Binnenschiffahrt, an die Fremdenverkehrsorganisation »Intourist«, an die Stadtverwaltung von Kasan, an die Parteileitung von Kasan, an die Stadtverwaltung von Wolgograd, an die Parteileitung von Wolgograd, an die Stadtverwaltung von Uljanowsk, an die Parteileitung von Uljanowsk, an die Bezirksverwaltung des Waldaj-Gebietes, wo die Quelle liegt, und an die Verwaltung des Bezirks, die für die Wolga-Mündung zuständig ist. Die müssen wir aber erst noch herausfinden.

Lew Kopelew

20. Januar 1978

Abends mit Christian Schmidt-Häuer bei Lew Kopelew. Wir treffen ihn beim Sortieren von Medikamenten an. Der Haufen links auf dem mit Büchern und Manuskripten übersäten Schreibtisch geht ins Lager Soundso, der Haufen rechts ins Lager Soundso. Diese Medikamente, erklärt er und zeigt auf einen klapprigen Stuhl, sind für einen Germanisten in Tiflis, der schwer herzkrank ist. Das hier ist für eine Bekannte in Leningrad. Deren Sohn, ein Lyriker, sitzt in Untersuchungshaft. Er hat in einer Untergrundzeitschrift Gedichte veröffentlicht. »Mein Gott«, sagt Kopelew, »und jetzt fehlen noch immer die Tabletten, die in die Ukraine müssen.«

Alle Medikamente, die er auf den Weg bringt, sind auf wundersame Weise aus dem Westen in seine kleine Wohnung in der Krasnoarmejskaja, der Straße der Roten Armee, gelangt. Seine größte Sorge, so Kopelew, daß der Nachschub eines Tages ausbleiben könnte. Es sei ohnehin nur ein Tropfen auf dem heißen Stein. Aber etwas tun müsse man doch. Wenigstens für die, die man kenne oder von denen man Nachrichten habe. Viel schlimmer sei es für die vielen, die Namenlosen, die niemand kennt...

1. März 1978

Iwan berichtet von seinen Arbeiten am Wolgaprojekt. Etwa dreißig Briefe habe er geschrieben. Die Telefonate habe er nicht gezählt. Persönlich verhandelt hat er mit den Behörden in Kasan, Uljanowsk und Wolgograd. Dort dürfte alles in Ordnung gehen. Die Schiffsreise, so empfiehlt er, sollten wir bei einem deutschen Reisebüro buchen. Das wäre das einfachste. Über Intourist, Außenministerium usw. würde es ungeheuer kompliziert. Also telexen wir von Moskau nach Frankfurt, um eine Wolgareise auf einem sowjetischen Dampfer zu buchen. Die Bestätigung kommt postwendend.

Schwierigkeiten, meint Iwan, gebe es, wie erwartet, mit der Quelle. Wenn wir noch – wie beabsichtigt – im Winter dort drehen wollten, müßten wir bald hin. Doch die Behörden mauern: Es gebe kein Hotel in der Nähe.

»Macht nichts«, sage ich, »wir nehmen ein winterfestes Zelt mit.«

Aber es gebe auch keinen Weg dahin, zumal im Winter, wenn alles verschneit ist. Nur mit einem Geländewagen ginge es oder mit einem Traktor.

»Prima«, sage ich, »dann mieten wir uns bei einem Bauern in der Gegend dort einen Traktor oder etwas Ähnliches.«

»Geht nicht«, sagt Iwan, »ist verboten. Autos dürfen nur bei Intourist gemietet werden.«

»Also gut«, sage ich, »dann fahren wir eben auf Skiern.«

Moskauer Maler

3. März 1978

Slawa P. ist Maler. Ein Dissident. Nicht ein politischer, wie er sagt, sondern ein künstlerischer. Er malt »nonkonformistisch«, das heißt nicht im Stil der offiziell herrschenden Kunstdoktrin des »Sozialistischen Realismus«, sondern in freien Formen. Teils figurativ, teils abstrakt, teils symbolistisch, teils realistisch. Seine Motive sind vor allem religiöser Natur.

Slawa haust in einem dunklen, kleinen Kellerloch – Wohnraum, Schlafraum und Werkstatt zugleich. Er ist glücklich, daß er überhaupt einen Raum für sich allein hat. Viele seiner Kollegen wohnen zu zweit oder zu dritt in einem Zimmer.

Dabei ist Slawa seit kurzem ein offiziell anerkannter Künstler. Zwar nicht Mitglied des allmächtigen Künstlerverbandes der UdSSR, wohl aber Mitglied einer Moskauer Gewerkschaftsgruppe, die zwanzig junge Künstler unter ihre Fittiche genommen hat, die bislang außerhalb des offiziellen Kulturbetriebs lebten und arbeiteten; oder besser gesagt: vegetierten. Die »Gruppe der Moskauer Nonkonformisten« werden sie genannt. Warum man sie plötzlich aus der Illegalität ans Licht der öffentlichen Duldung geholt hat, wissen sie selber nicht. Als eine Art »Ventilfunktion«, vermuten die einen. Andere, darunter Slawa, sind überzeugt, daß ein hoher Gönner aus dem Innenministerium seine Hand über sie hält. Jedenfalls wäre er schon häufiger in Ateliers von Nonkonformisten aufgetaucht. Einige Male hätte er sogar Bilder gekauft.

Wie dem auch sei: In Kürze soll es die erste offizielle Ausstellung der Nonkonformisten geben – in staatlichen Räumen, in einer Galerie im Zentrum von Moskau, unweit der Deutschen Botschaft.

Doch ob es zur Ausstellung kommt, ist im Moment noch ungewiß. Die Bilder müssen zunächst von der Zensur freigegeben werden. Und da hat es schon Krach gegeben, sagt Slawa. Denn viele Bilder sind religiösen Charakters. Die Zensurbehörde aber habe die Entfernung aller religiösen Motive verlangt. Begründung: Es handle sich um religiöse Propaganda, und auf diese stehe fünf Jahre Gefängnis. Die Kriterien allerdings, so Slawa, nach denen entschieden werde, was religiöse Propaganda ist und was nicht, seien ihm schleierhaft.

Slawa zeigt uns einige der abgelehnten Bilder: »Dieses nennt sich ›Mildtätige Gottesmutter‹. Sie sagten, sie hätten nichts gegen das Bild als solches, aber es sehe aus wie eine Ikone, und Ikonen stellten sie nicht aus.«

»Dieses Bild«, sagt Slawa, »zeigt einen nackten Christus am Kreuz. Sie haben es abgelehnt mit der Begründung, daß es den sowjetischen Frauen nicht gefallen würde – zumal doch auch bald Internationaler Frauentag sei.«

Zu einem weiteren Bild, so Slawa, hätten sie nur gesagt: »Wir raten dir, es nicht auszustellen.« Genau angeschaut hätten sie es gar nicht. Aber Moskau sei darauf zu erkennen und ein leidender Christus.

Die Künstler, so Slawa, seien hart geblieben. Entweder auch religiöse Bilder – oder gar keine Ausstellung. Zur Sicherheit habe man schon einmal ein paar ausländische Korrespondenten informiert.

5. März 1978
Iwan teilt uns mit, daß wir zur Quelle dürften. Aber wir dürften nicht das Dorf filmen und auch nicht im Dorf übernachten. In der Nähe gebe es ein Touristenhotel, dort könnten wir eine Nacht bleiben. Am nächsten Tag würde uns ein Jeep der Bezirksverwaltung für eine Stunde zur Quelle bringen, dann müßten wir zurück.

»Und wenn das Wetter schlecht ist?« fragen wir.

»Dann haben wir eben Pech gehabt«, sagt Iwan.

8. März 1978
Slawa P. hat angerufen. Die Ausstellung finde statt. Man habe sich
mit der Zensur geeinigt. Zwar dürften nicht alle religiösen Bilder
gezeigt werden, aber man sehe das Problem »differenziert«. Von
hundert würden nur fünfzehn rausfliegen. Das sei eine durchaus
normale Quote, damit könne man leben. Wir sollten unbedingt zur
Eröffnung kommen. Es wäre das erste Mal seit der Oktoberrevolution, daß auch Bilder eindeutig religiösen Charakters ausgestellt
würden.

11. März 1978
Die Schlange vor der Nonkonformisten-Ausstellung ist mehrere
hundert Meter lang. Die Miliz regelt den Andrang. Dennoch dauert
es etwa zwei Stunden, bis man drin ist. Draußen herrschen 20 Grad
unter Null.

Im Gästebuch der Ausstellung enthusiastische Reaktionen: »Wenn
du diese Ausstellung siehst«, schreibt einer, »beginnst du zu glauben,
daß es auch in unsrem Land eine wirkliche Malerei gibt.«

»Gott sei gedankt, daß die Talente in Rußland nicht versiegt sind.«

Und ein anderer: »In dieser Ausstellung kann man atmen – es gibt
noch Künstler in Rußland.«

Ein Lehrer allerdings hinterläßt eine andere Eintragung: «Porno-
graphie und Kulturlosigkeit. Man sollte das alles verbieten.«

An der Quelle der Wolga

15. März 1978
Ein trüb verhangener Frühlingstag. Leichter Regen. Der Schnee liegt
noch etwa einen Meter hoch. Wir sind in Wolgo-Werchowje, einem
Dorf auf den Waldaihöhen, 350 Kilometer nordwestlich von Moskau. Am Abhang des Dorfes liegt die Quelle der Wolga. Ein Jeep mit
zwei Herren der Bezirksverwaltung hat uns hergebracht. Filmen
dürften wir nur die Quelle, nicht das Dorf, machen uns die Herren
aufmerksam. Das hätte man uns ja schon in Moskau gesagt. Wir
begreifen, warum. Es ist ein verlassenes Dorf. Kein Mensch ist zu

sehen, kein Hund, keine Katze. Die Scheiben in den meisten Bauernhütten sind zerbrochen, die Türen hängen lose in den Angeln, durch die Löcher in den Dächern fällt der Regen. Durch matschigen Schnee stapfen wir die Dorfstraße entlang. Es ist gespenstisch still. Jürgen hat die Kamera von der Schulter genommen und trägt sie demonstrativ lässig am ausgestreckten Arm neben dem Körper. Sie läuft.

Über der Quelle eine Holzhütte, zu der ein schmaler Steg von der Dorfstraße führt. Die Hütte ist verschlossen. Im Dorf, erklären die Begleiter, lebe noch eine alte Frau. Sie habe den Schlüssel zur Hütte, zur Wolga. Wir finden sie in einem der Gehöfte. Jawohl, sagt sie, sie habe den Schlüssel, sie sei die Hüterin der Wolgaquelle. Ihr runzliges Gesicht ist zur Hälfte von einem dunklen Tuch verdeckt. Nur ihr zahnloser Mund und die Nase sind zu sehen. 69 Jahre alt sei sie. Wir hatten sie auf Achtzig geschätzt.

»Ich bin hier geboren«, erzählt sie, »ich bin hier aufgewachsen. Hier habe ich geheiratet. Hier habe ich meine Mutter beerdigt. Hier habe ich meine Söhne geboren.«

»Aber in letzter Zeit ist es doch sehr leer geworden im Dorf«, stellen wir fest.

»Natürlich, es ist leer geworden. Früher waren hier 58 Höfe. Jetzt sind nur noch ein paar Greise hier. Die Jungen sind alle weg in die Städte. Keiner will mehr auf dem Dorf leben.«

»Was bedeutet für Sie eigentlich das Wort ‹Wolga›?«

»Wolga«, sagt sie und macht eine lange Pause. »Dieser Ort hier an der Wolga war sehr schön. Als es hier noch Menschen gab...«

Sie geht und holt den Schlüssel.

Vorbereitung eines Staatsbesuchs

4. April 1978

Heute morgen hat die »Prawda« offiziell bekanntgegeben, daß Leonid Breschnew »demnächst« in die Bundesrepublik reisen werde. Inoffiziell wußten wir es schon lange – aus vertraulichen Gesprächen mit dem deutschen Botschafter. Immerhin, jetzt ist es bestätigt.

Die »Tagesschau« wünscht einen kurzen Kommentar. Man sollte an den Besuch, so übermittle ich nach Hamburg, nicht allzu große politische Erwartungen knüpfen. Im Mittelpunkt würden zwei Themen stehen: Berlin und die Neutronenbombe. In der Frage der Neutronenbombe werde der sowjetische Parteichef versuchen, die Bundesregierung zu einer Ablehnung dieser Waffe zu bewegen; in der Berlinfrage werde die Bonner Regierung darauf bestehen, die Stadt in alle bilateralen Abkommen einzubeziehen. Wie man in diesen beiden Fragen konkret weiterkommen wolle, sei im Moment noch nicht abzusehen. Spürbare Impulse dürfte es hingegen für die weitere Entwicklung der wirtschaftlichen Beziehungen geben.

Die eigentliche Bedeutung des Besuches aber liege darin, daß Breschnew überhaupt komme und daß man auf höchster Ebene wieder miteinander rede. Dies beweise immerhin, daß beiden Seiten – trotz aller Schwierigkeiten – an einer Weiterentwicklung des Verhältnisses gelegen sei. Nicht mehr und nicht weniger.
Der Kommentar wird ungekürzt gesendet. Länge: 1′30″.

8. April 1978

Walja ist entsetzt. »Gospodin«, sagt sie, »mein Herr«, und hat dabei Tränen in den Augen, »ich schwöre bei Gott, von mir hat sie's nicht.« Gemeint ist Nina. Sie hat gerade geflucht. Auf russisch. Auf die fürchterlichste Weise. »Job twoju matj«, hat sie gesagt. Es ist der gängigste der russischen Mutterflüche. Und sie hat die dazugehörende, eindeutig obszöne Geste gemacht – den Daumen zwischen Zeigefinger und Mittelfinger gesteckt und die Hand zur Faust geballt.

Ich versuche, Walja zu beruhigen. Mit Sicherheit habe Nina das bei den Bauarbeitern auf dem Hof aufgeschnappt. Schließlich sei sie im Ghetto bekannt wie ein bunter Hund: kenne jeden einzelnen Milizionär, der bei uns vor dem Eingang Wache schiebt, unterhält sich mit ihnen; beobachtet die Arbeiter auf dem Hof; kennt alle anderen Kinderfrauen, ist bei allen beliebt, wird von allen verwöhnt; und spricht Russisch wie Deutsch. Manchmal vermischt sie in einem Satz auch beide Sprachen: »Mama, komm guljatj.« »Mama, komm spazieren.« Kinder plapperten eben alles nach. Walja beruhigt sich nur mühsam.

Am vergangenen Wochenende war Nina übrigens erstmals bei Walja zu Hause; in einem Neubauviertel, am Stadtrand Moskaus, zwei Stunden vom Zentrum mit U-Bahn und Bus. Mit Filzstiefelchen, dickem Synthetikpelz und Schapka sieht Nina aus wie ein russisches Kind. Walja hat keine Mühe, sie auf der Straße oder in Geschäften als ihre Enkelin auszugeben. Ihre Nachbarn im Hochhaus wissen, wer Nina ist. Und behandeln sie, als ob sie tatsächlich zur Familie gehöre.

Als Nina zurückkommt, verkündet sie jedenfalls, daß sie am nächsten Wochenende wieder zu Walja nach Hause wolle. Die Wohnung sei zwar sehr eng, nur zwei kleine Zimmer, aber alle seien so nett zu ihr gewesen.

19. April 1978

Merkwürdig, wie sich das Bild der Bundesrepublik Deutschland in der sowjetischen Presse ändert, je näher der Breschnew-Besuch in Bonn rückt; er soll am 4. Mai beginnen.

Bisher wurde über die Bundesrepublik vor allem berichtet, daß sie krisengeschüttelt sei, in einem Meer von Arbeitslosen versinke, die Menschenrechte – durch »Berufsverbote« etwa – mit Füßen trete; daß die Bundeswehrführung revanchistische Ziele verfolge, die Neonazis immer stärker würden. Die Zeitschrift des Außenministeriums »Nowoje Wremja« (Neue Zeit) hatte noch im März ein Titelbild gebracht, auf dem junge Neonazis vor einem Hakenkreuz die Hand zum Hitlergruß recken – die dazugehörige Story trug den Titel »BRD – die braune Reserve«. Und der »blutsaugende westdeutsche Kapitalist« ist ohnehin eine Standardfigur der sowjetischen Karikaturisten.

Heute nun schlagen die »Prawda« und alle anderen sowjetischen Zeitungen ganz andere Töne an: Da ist die Rede von der positiven Entwicklung der Beziehungen zur Bundesrepublik, von den vielen noch ungenutzten Möglichkeiten der wirtschaftlichen Zusammenarbeit, von dem großen Interesse, das die bundesdeutsche Öffentlichkeit dem Besuch Leonid Breschnews entgegenbringe...

Für die Kollegen, die schon länger in Moskau sind, ist die Erklärung einfach: Der erste Mann der großen Sowjetunion besuche eben keine schlechten Länder. Wenn er wieder zurück sei, werde sich das Bild genauso schnell auch wieder ändern. Auf Knopfdruck, sozusagen.

25. April 1978
Um die Stimmung vor dem Breschnew-Besuch auf sowjetischer Seite zu testen, machen wir einen Empfang, genauer gesagt eine Party im ARD-Büro. Dies, so haben wir von unseren Vorgängern gelernt, ist der einfachste Weg, möglichst schnell viele Meinungen zu erfahren. Hin und wieder sogar inoffizielle. Eingeladen sind sowjetische Kollegen, Künstler, Schriftsteller, Beamte aus dem Außenministerium und verschiedenen anderen Behörden, mit denen wir zu tun haben; DDR-Kollegen, ein paar deutsche Geschäftsleute, Diplomaten von der Deutschen Botschaft. Aus den Gesprächen mit den sowjetischen Journalisten sowie anderen, die in Moskau offizielle Funktionen bekleiden, geht hervor, daß man auf sowjetischer Seite wild entschlossen ist, den Besuch zu einem Erfolg zu machen.

»Natürlich«, sagt Lew Besymenskij, Historiker und Kommentator verschiedener sowjetischer Presseorgane, »gibt es auch viele strittige Punkte – Neutronenbombe, Berlin, Menschenrechte. Aber die Welt besteht aus strittigen Punkten. Und Niveau und Umfang unserer Beziehungen sind so, daß wir es uns durchaus leisten können, auch die strittigen Punkte zu besprechen, um einen positiven Ausgang und eine Bewegung zu finden.«

Wladimir Lomejko, Deutschlandspezialist und Redakteur der »Literaturzeitung«, der »Literaturnaja gazeta«, von der es heißt, daß sie besonders gute Beziehungen zum KGB habe, gibt sich staatsmännisch: »Ich hoffe, daß durch diesen Besuch von neuem gute Impulse gegeben werden auf dem Gebiet der Politik und Wirtschaft.«

Professor Viktor Klujew, Germanist und einer der bedeutendsten Brecht-Kenner der Sowjetunion, meint lakonisch: »Als Theatermann sage ich, die Beziehungen sind gut, aber sie könnten noch besser sein.«

Nur Lew Kopelew wird konkret: »Ich verbinde mit dem Besuch eine ganz persönliche Hoffnung: daß ich vielleicht die Möglichkeit bekomme, endlich einmal nach Deutschland zu reisen, um meine Bücher zu Ende zu schreiben, die ich seit langem begonnen habe. Ein Buch über Goethe und das Theater und ein Buch unter dem Titel ›Das Rußlandbild in der deutschen Literatur von Paul Fleming bis Thomas Mann‹. Das gehört doch auch zur Entspannung – oder?«

Breschnew in Bonn

4. Mai 1978

Wir sind sauer. Leonid, wie den Parteichef alle Korrespondenten respektlos nennen, hat doch kein Interview gegeben. Früher war das anders: Bevor er irgendwo ins Ausland fuhr, empfing er einen Fernsehmenschen des Gastlandes zum Interview. Diesmal haben wir es schon vor Wochen beantragt – nichts. Der Herr Generalsekretär, so wurde uns mitgeteilt, werde sich in Bonn in einer Fernsehansprache an die Zuschauer in der Bundesrepublik wenden. Da werden sich die Zuschauer aber freuen.

Der Grund übrigens, warum unsere Fernsehverantwortlichen Breschnew tatsächlich mit einer »Ansprache« auftreten lassen wollen, ist einfach: Dann könne nämlich Helmut Schmidt, so meinen sie, bei seinem Gegenbesuch in Moskau im Sowjetischen Fernsehen auftreten. Das möchte ich mal sehen – Helmut Schmidt mit einer unzensierten Rede im Sowjetischen Fernsehen...

Bei der Ankunft in Bonn das übliche Spektakel. Ehrenkompanie, Nationalhymnen. Die deutschen Kcamerateams hinter Absperrungen auf Podesten, weitab von der Gangway. Sowjetische Kollegen tummeln sich mitten im Gewühl auf dem roten Teppich. Aber die sind ja wohl auch was Besonderes. Einige von ihnen gehören sogar zur offiziellen Delegation des sowjetischen Partei- und Regierungschefs.

Ein Teil der deutschen Presse übrigens scheint sich nur für Leonids Gesundheitszustand zu interessieren; die Tatsache, daß er ein wenig unsicher und gestützt von seinem Adjutanten die Treppe herunterkommt und auch beim Abschreiten der Ehrenkompanie nicht allzu fest auftritt, bewegt sie. Mein Gott, der Mann ist 72.

Das erste Gespräch zwischen Schmidt und Breschnew heute nachmittag soll eher »Monologcharakter« gehabt haben. Leonid erläuterte anhand von Notizen die Weltlage aus sowjetischer Sicht; betonte das große Interesse der Sowjetunion an SALT-II und den Wiener Verhandlungen über einen Truppenabbau in Europa. Helmut Schmidt erklärte, die Bundesrepublik sei keine Nuklearmacht und wolle es auch nicht sein; sie hoffe aber dennoch ebenso stark darauf, daß die Großmächte bei ihren Verhandlungen Lösungen finden werden.

Am Abend Empfang zu Ehren Breschnews auf Schloß Augustusburg. Gastgeber Bundespräsident Walter Scheel. In den Tischreden einige schöne Passagen:

Walter Scheel über die junge Generation in der Bundesrepublik: »Sie ist weltoffen und nüchtern. Sie übt Kritik, aber sie hat sich die demokratischen Grundprinzipien unserer inneren Ordnung zu eigen gemacht... In diesen Vorstellungen ist kein Raum für Haß und Mißgunst gegen andere Völker. Es mag nach Ihren leidvollen Erfahrungen des Zweiten Weltkrieges schwer sein, solche Veränderungen voll zu erkennen und Vertrauen zu fassen. Ich meine jedoch, daß die Gestaltung unserer Beziehungen und die Sicherung der Zukunft so wichtig sind, daß wir alles daransetzen müssen, unsere jungen Menschen davor zu bewahren, das Bild des anderen auf Fehlurteile aufzubauen, statt auf eine wirklichkeitsnahe Einschätzung.«

Leonid Breschnew: »Uns ist gut bekannt, daß in der Bundesrepublik Deutschland wie auch in anderen westlichen Ländern Millionen Menschen und viele angesehene Staatsmänner und Politiker aufrichtig den festen Frieden und die gute Zusammenarbeit mit der Sowjetunion ... wünschen. Aber wir wissen auch, daß es im Westen im allgemeinen, aber auch in Ihrem Land Gegner der Entspannung gibt. Manche von ihnen meinen, daß Befürchtungen und Mißgunst gegenüber der Sowjetunion und anderen sozialistischen Ländern ständig in der Politik ihrer Staaten anwesend sein sollen, selbst wenn dadurch das Risiko eines neuen Krieges gesteigert wird... Dieses Mißtrauen nährt solch eine gräßliche Brut wie den gegenwärtigen Wetteifer bei der Produktion von Mitteln zur Massenvernichtung des Menschen. Seinem Wesen nach ist dieser Wetteifer eigentlich sinnlos. Den kann man nicht gewinnen. Leicht ist es aber, die Menschheit zugrunde zu richten. Es ist an der Zeit, haltzumachen.«

Die Kollegen von »Bild« halten es für das Bemerkenswerteste des Abends, daß Breschnew bereits kurz nach dem Dessert, so etwa gegen 22.30 Uhr, aufbricht. Ohne das Ständchen des Bielefelder Kinderchores abzuwarten. Schwächeanfall, vermuten sie.

Daß sich Leonid während des Essens statt mit Wein aus einer mitgebrachten Wodkaflasche bewirten ließ, haben sie nicht mitbekommen.

Mittags der übliche Knatsch mit dem Sicherheitsdienst. Für den Fototermin vor dem Essen, das Breschnew für Scheel und Schmidt in der Godesberger Redoute gibt, sind wie üblich Poolkarten ausgegeben worden. Am Eingang erklären deutsche Polizisten diese Poolkarten plötzlich für ungültig. Heftiger Wortwechsel. Zur gleichen Zeit zählen sowjetische Sicherheitsleute aus einer anderen Journalistengruppe zehn Reporter ab und lassen sie in die Redoute, obwohl einige gar keinen besonderen Ausweis haben. Zum Glück kennt uns der dicke Sicherheitschef von Leonid. Er läßt uns mit rein.

Am Vormittag hatte ein Kollege von dpa beobachtet, daß Leonid neuerdings rauchen läßt. Vor dem Gespräch mit Helmut Schmidt auf Schloß Gymnich hat Breschnew plötzlich einen Sicherheitsbeamten herangewinkt und ihm eine Geste gemacht. Darauf holt dieser eine Schachtel und ein Feuerzeug aus der Jackentasche und zündet sich eine Zigarette an. Mischa Kurpakow, Leonids Dolmetscher, erklärt die Szene: »Herr Breschnew hat das Rauchen aufgegeben, aber er hat es gern zu inhalieren, wenn jemand anderes raucht.«

Das heutige Gespräch zwischen Schmidt und Breschnew hat rund zweieinhalb Stunden gedauert. Die sowjetische Seite legt Wert auf die Feststellung, daß es »stark dialogischen Charakter« hatte, also Leonid nicht nur abgelesen hat. Inhaltlich sei es sowohl um Berlin als auch um die Neutronenwaffe gegangen. Eine Annäherung der Standpunkte sei nicht zu erkennen gewesen, heißt es dazu aus Kreisen der deutschen Delegation. Wörtlich habe Breschnew zu Berlin erklärt: »Wir werden die Existenzberechtigung von Bundesbehörden in Berlin nicht anerkennen.«

Das bedeutet im Klartext, daß die von der Bundesrepublik gewünschte Einbeziehung West-Berlins in alle bilateralen Abkommen nicht zustande kommen wird.

Die längst vorbereiteten Papiere werden ohne Komplikationen unterschrieben. Es sind: eine diplomatisch übliche »Gemeinsame Deklaration« (Kernsatz: »Beide Seiten sind fest entschlossen, die Qualität und das Niveau ihrer Beziehungen auf allen Gebieten weiter zu erhöhen.«) sowie ein Rahmenabkommen über die Wirtschaftsbeziehungen für die nächsten 25 Jahre. Beides Absichtserklärungen. Für niemanden verbindlich.

6. Mai 1978

Abschluß der Gespräche in Bonn, am Nachmittag mit einer Maschine der Luftwaffe nach Hamburg.

Unter dem Siegel der Verschwiegenheit erzählt uns ein sowjetisches Delegationsmitglied, wer für Breschnew der interessanteste aller Gesprächspartner in Bonn gewesen sei: Franz Josef Strauß. Imponiert habe vor allem die Offenheit des CSU-Vorsitzenden. Begonnen habe das Gespräch mit einer Beschwerde Breschnews: »Herr Strauß, warum haben Sie mich einen ›Diktator im Kreml‹ genannt?«

Darauf Strauß: »Herr Vorsitzender, ich habe eine humanistische Schulbildung. Das Wort ›Diktator‹ kommt aus dem Lateinischen und bezeichnet den, der das Sagen hat. Und das sind im Kreml doch Sie – oder?« Breschnews Antwort, ohne Zögern: »Stimmt!«

Weiteres Originalzitat Breschnews im Gespräch mit Strauß: »Glauben Sie uns doch, wir wollen Sie nicht überfallen. Aber Ihr Deutschen könnt aus der im letzten Krieg erlittenen Niederlage auch keinen Sieg, etwa die Wiedervereinigung, machen.« Darauf Strauß: Er – Breschnew – irre sich, wenn er annehme, es sei sein Ziel, aus der Niederlage einen Sieg zu machen. Aber er halte es mit Talleyrand, der nach der Niederlage Napoleons versucht habe, für Frankreich zu retten, was zu retten gewesen sei. »Niemand«, so Strauß, »kann von uns verlangen, an zwei deutsche Nationen zu glauben.«

Gegenüber Pressevertretern läßt Strauß erklären, der Besuch Breschnews habe »neue Töne neben alten Verhärtungen« gebracht. Man könne ihn als »Meilenstein« bezeichnen.

7. Mai 1978

Letzter Tag der Visite Breschnews. Frühstück im Reihenhaus Helmut Schmidts in Hamburg. Wir warten im Garten vor der Terrassentür auf die Möglichkeit für ein Interview. Gegen 11 Uhr erscheinen Breschnew, Schmidt, Gromyko und Genscher mit ihrer Begleitung – alle offenbar bester Stimmung. Es hat polnischen Wodka gegeben. Breschnew hatte ihn mitgebracht.

Frage an den Bundeskanzler nach seiner Beurteilung des Besuchs. Knappe Antwort: positiv, in die Zukunft geschaut, nützliche Gespräche.

Frage an Breschnew: »Herr Generalsekretär, was hat hier in der Bundesrepublik den stärksten Eindruck auf Sie gemacht?«

Breschnew, sich zu Gromyko neigend: »Sag, daß ich ihm« – zeigt auf Schmidt – «gefallen habe.«

Kopfschütteln Gromykos, leises Beraten, dann Antwort Breschnews: »Unser gegenseitiges Verhältnis, daß wir gute Dokumente erarbeitet haben und daß wir vorwärtsgeschaut haben.«

»Was hat Ihnen besonders gefallen?«

»Alles.«

»Was hat Ihnen nicht gefallen?«

»Nichts.«

8.–11. Mai 1978

Die »Prawda« bezeichnet den Breschnew-Besuch in Bonn als das »größte Ereignis im internationalen Leben der jüngsten Zeit.« In der Bevölkerung und in den politischen Kreisen der Bundesrepublik habe die »überwältigende Mehrheit« die Ergebnisse der Bonner Gespräche mit »Befriedigung« aufgenommen.

Die »Frankfurter Rundschau« meldet aus dem Bundeskanzleramt, daß der Bundeskanzler mit dem deutschen Presse-Echo zum »historischen Ereignis« offenbar »unzufrieden« ist. Aus dem eher skeptischen Echo lasse sich wenig politisches Kapital schlagen.

Helmut Schmidt bezeichnet im Bundestag die Gespräche mit Breschnew als »Fortschritt für die Normalisierung der beidseitigen Beziehungen«. Zum erstenmal hätten Ost und West festgestellt, daß niemand militärische Überlegenheit anstreben solle. Das langfristige Wirtschaftsabkommen zwischen Bonn und Moskau biete eine Orientierung für die lange friedliche Entwicklung auch der politischen Beziehungen zwischen beiden Ländern.

Helmut Kohl nennt das Ergebnis des Breschnew-Besuchs »recht mager«. Er vermißt vor allem eine »positive Bewegung« in der Berlinfrage.

Franz Josef Strauß nennt den Besuch erneut einen »Meilenstein in den deutsch-sowjetischen Beziehungen«; fügt diesmal allerdings hinzu, noch sei nicht abzusehen, ob dieser Meilenstein auf dem Weg zum Guten oder zum Schlechten stehe.

Prozeß gegen Jurij Orlow

14. Mai 1978

Jürgen präpariert seine Kamera. Genauer gesagt: seine Kameratasche. Es ist eine ganz normale Einkaufstasche, in deren Stirnseite er ein Loch geschnitten hat. Genauso groß wie das Kameraobjektiv. Mit einem dünnen Faden kann er den Plastikdeckel über dem Loch zur Seite schieben, ohne sich bücken zu müssen. Wir hoffen, daß sein Patent funktioniert; morgen soll der Prozeß gegen Jurij Orlow beginnen.

Persönlich habe ich Professor Orlow nicht mehr kennengelernt. Er sitzt seit fünfzehn Monaten in Untersuchungshaft. Aber Lew Kopelew, Andrej Sacharow sowie eine Reihe altgedienter Moskau-Korrespondenten haben ihn mir eindrücklich beschrieben. Jurij Orlow, Physiker, war der Gründer der Moskauer Helsinki-Gruppe, einer Gruppe, die es sich zur Aufgabe gemacht hat, über die Einhaltung der Beschlüsse von Helsinki zu wachen und Menschenrechtsverletzungen in der Sowjetunion innerhalb und außerhalb des Landes publik zu machen. Symbolfigur der Menschenrechtsbewegung ist Andrej Sacharow. Er ist auch Spiritus rector und Schutzschild der Gruppe, obwohl er selbst nicht Mitglied ist. Seine Frau Jelena Bonner ist dafür um so aktiver. In unzähligen Dokumenten, meist auf dünnem Papier, in engstem Zeilenabstand mit Schreibmaschine geschrieben, haben sie über Verhaftungen von Bürgerrechtlern, Prozesse, Verurteilungen, Verbannungen berichtet. Ganz offen haben sie ausländische Korrespondenten angerufen, ihnen mitgeteilt, daß sie dann und dann, in der und der Privatwohnung eine Pressekonferenz zu diesem oder jenem Fall abhalten würden. Die Behörden hatten es nicht verhindert. Nur hin und wieder fand einer der Korrespondenten sein Auto mit zerschnittenen Reifen vor der Tür.

Nach dem Vorbild der Moskauer Helsinki-Gruppe waren in vielen Teilen des Landes weitere Helsinki-Gruppen entstanden. In Kiew, in Tiflis, im Baltikum. Sie hielten untereinander engsten Kontakt, sandten Beobachter zu den verschiedensten Prozessen gegen Menschenrechtler, kümmerten sich um die Familien von Verhafteten, versorgten Verurteilte und Verbannte, so gut es ging, mit Medikamenten und lebenswichtigen Nahrungsmitteln. Inzwischen hat der Sicherheitsapparat unter Jurij Andropow mit der Zerschlagung der Helsinki-Gruppen begonnen. Zuerst in der Provinz – fast unbemerkt von der Weltöffentlichkeit. Jetzt in Moskau. Jurij Orlow wurde im Februar 1977 verhaftet. Alexander Ginsburg und Anatolij Scharanskij sind ebenfalls bereits seit mehr als einem Jahr in Haft.

Daß Jurij Orlow erst jetzt, nach mehr als fünfzehn Monaten, der Prozeß gemacht wird, ist für Andrej Sacharow und seine Freunde völlig verständlich: Man wollte erst warten, bis Breschnew aus Bonn zurück ist, sagen sie. Nichts sollte den Glanz des »historischen Besuchs« trüben.

Der Prozeß beginnt morgen vor einem Bezirksgericht in einem abgelegenen Vorort Moskaus. Er ist angeblich öffentlich. Aber wir glauben nicht, daß wir Einlaß finden. Immerhin, versuchen wollen wir's.

15. Mai 1978

Wir haben unser Auto etwa einen Kilometer vor dem Gerichtsgebäude stehen gelassen und marschieren zu Fuß weiter. Jürgen mit seiner Einkaufstasche in der Hand. Schon unterwegs begegnen uns viele unauffällige Herren.

»Schau dir mal diese Typen an«, sagt Jürgen.

»Na und«, sage ich, »wer meldet sich denn schon für so einen Job?«

»Immerhin«, brummt Jürgen, »die werden mit vierzig pensioniert.«

Der Eingang zum Gericht ist mit Sperrgittern abgeriegelt. Jede Menge Milizionäre und Unauffällige in Zivil. Vor den Absperrungen eine Gruppe von Verwandten und Freunden Orlows. Unter ihnen Andrej Sacharow, Jelena Bonner und der Schriftsteller Wladimir Wojnowitsch. Dazu einige westliche Korrespondenten. Einer will Fotos machen, wird aber sofort von einem Uniformierten zurechtgewiesen: »Fotografieren verboten!« Ich hoffe, daß Jürgens Tasche funktioniert.

Obwohl der Prozeß gemäß sowjetischem Gesetz »öffentlich« ist, wird niemand eingelassen. Offizielle Begründung: Es sei kein Stuhl mehr frei. In der Tat beobachten wir eine Reihe unbekannter Herren, die mit Sicherheit weder Verwandte noch Freunde Orlows sind, aber dennoch im Gerichtssaal Platz nehmen dürfen. »Empörte

Werktätige« wird es morgen in der Presse heißen. In Wirklichkeit sind es wohl KGB-Mitarbeiter.

Einige Freunde Jurij Orlows sind gar nicht bis zum Gerichtsgebäude gekommen. Sie wurden unter Hausarrest gestellt.

Unmittelbar an der Eingangstür stehen Andrej Sacharow und seine Frau. Unüberhörbar für alle Umstehenden fordert der Friedensnobelpreisträger von einem Milizionär Einlaß in den Gerichtssaal. »Im Namen des Rechts!« Es nützt nichts. Heftige Diskussionen. Er wird zur Seite geschoben.

Am Abend erhalten wir aus Hamburg die Bestätigung, daß Jürgens Tasche funktioniert hat. Die Bilder gehen um die Welt.

18. Mai 1978

Zwei Freunde Orlows, die am ersten Tag vor dem Gerichtsgebäude erschienen waren und sich dort nachdrücklich um Einlaß bemühten, sind festgenommen worden. Im Schnellverfahren wurden sie zu zehn bzw. fünfzehn Tagen Haft verurteilt: wegen Störung der öffentlichen Ordnung. Auch Jelena Bonner wurde vorübergehend festgenommen. Sie hatte einem Milizionär eine Ohrfeige gegeben, als dieser Sacharow einen »Parasiten« schimpfte.

Im Gerichtssaal, so erfahren wir, durften nur Belastungszeugen aufmarschieren. Entlastungszeugen wurden nicht gehört.

Als einzige Angehörige durfte Frau Orlowa den Gerichtssaal betreten. Vorher, so berichtet sie, wurden ihr im Gerichtsgebäude die Kleider vom Leib gezogen: Leibesvisitation, vorgenommen von drei Frauen, im Beisein von drei Männern.

Am Nachmittag erfahren wir das Urteil: das Höchstmaß. Sieben Jahre Gefängnis, fünf Jahre Verbannung. Wegen »antisowjetischer Propaganda«.

Wir sehen, wie Jurij Orlow aus dem Gerichtsgebäude in einen Gefangenenwagen gebracht wird. Andrej Sacharow nimmt die Mütze vom Kopf und ruft mit lauter, fester Stimme: »Den Nobelpreis für Jurij Orlow!« Manche winken. Viele weinen. Der Wagen entfernt sich.

Auf der Wolga

Kasan

9. Juni 1978

Endlich auf der Wolga. Noch liegt der Dampfer am Kai, doch wir haben bereits Quartier bezogen. Zwei helle, große Kabinen auf dem Oberdeck. Nicht mit Bullaugen, sondern mit richtigen Fenstern. Was wichtig ist, denn wir wollen Tag und Nacht bereit sein zu filmen. Auch da, wo der Dampfer – aus welchen Gründen auch immer – nicht hält.

Der Name des Schiffes, das auf einer Werft in Rostock gebaut wurde, ist »Maxim Gorkij«. In diesem Sommer fährt es ausschließlich westdeutsche Touristen: von Kasan über Wolgograd nach Rostow am Don und wieder zurück.

Tagsüber haben wir in Kasan gedreht. Historisch gesehen war diese Stadt viele Jahrhunderte lang der östlichste Vorposten Rußlands. Seit Iwan der Schreckliche 1552 die Tataren unterwarf und Kasan eroberte, ist die Wolga ein russischer Fluß. Der russischste aller russischen Flüsse, so heißt es. Die Russen selbst nennen die Wolga »Unsere leibliche Mutter«, »Strom der Ströme«, »Heiliger Strom«, »Ernährerin Rußlands«, »Schönheit Rußlands«, »Seele Rußlands«. Das erste Gedicht auf die Wolga übrigens stammte von einem Deutschen – dem Sachsen Paul Fleming, der 1639 als erster Ausländer die Genehmigung erhielt, die Wolga zu bereisen.

Ein Blick auf die Landkarte lehrt, daß sie heute auch ein unschätzbarer Wirtschaftsfaktor ist – die Hauptstraße Rußlands. Sie verbindet das Land mit nicht weniger als fünf Meeren: dem Schwarzen Meer, dem Kaspischen Meer, dem Asowschen Meer, dem Eismeer, der

Ostsee. Im Einzugsgebiet der Wolga lebt ein Viertel der gesamten sowjetischen Bevölkerung – mehr als achtzig Millionen Menschen.

Früher galt die Wolga als wild und unberechenbar. Ständig wechselte der breit dahinfließende Strom sein Bett. Zum Schrecken der Schiffer und Fischer. Heute ist die Wolga gezähmt. Durch unzählige Stauseen und Schleusen. Die Folge: Aus dem Strom ist ein Meer geworden – genauer gesagt, eine Kette von Meeren. Allein der Stausee von Kujbyschew ist zwölfmal so groß wie der Bodensee. Aus den Wolgaschiffern sind Kapitäne auf hoher See geworden. An manchen Stellen ist das andere Ufer ohne Fernglas nicht mehr zu erkennen.

Das Zentrum Kasans hat seinen historischen Charakter bewahrt. Es wirkt wie eine russische Kaufmannsstadt aus dem 18. Jahrhundert. Entlang der Hauptstraße kleine, meist einstöckige Häuser. Im einzigen Hotel der Stadt hat schon Alexander Puschkin übernachtet, besagt jedenfalls eine Gedenktafel. In den Zimmern, so scheint es, hat sich seither nicht viel verändert.

Als markantestes architektonisches Kennzeichen der Gegenwart gilt das neue Universitätsgebäude. An der alten zaristischen Universität von Kasan hatte einst, neben Lew Tolstoj, auch Wladimir Iljitsch Uljanow, der sich später Lenin nannte, studiert – bis er wegen extremistischer Umtriebe rausflog. Heute studieren an dieser Universität rund 10 000 Studenten. Obwohl Kasan die Hauptstadt der sogenannten Autonomen Tatarischen Republik ist, stammen nur siebzehn Prozent der Studenten aus tatarischen Schulen. Das jedenfalls erzählt uns ein Kasaner Kollege.

Der Russifizierungsprozeß hat auch hier offenbar seine schlimmen Früchte getragen. Nur noch die Hälfte der Bewohner dieser Republik sind Tataren. Der Rest sind Russen. An der Universität ist Tatarisch als Unterrichtssprache abgeschafft. Die vermeintliche »Autonomie« Tatariens beschränkt sich auf einige kulturelle Elemente. Es gibt tatarische Grundschulen, Zeitungen, Fernseh- und Rundfunkprogramme sowie eine tatarische Literatur. Ihr hervorragendster Vertreter, der Dichter Mussa Dschalil, wurde 1944 von den Nazis in Plötzensee hingerichtet. Sein Denkmal steht heute vor dem alten Kreml von Kasan.

Zwei Männer sind es vor allem, die Kasan berühmt gemacht haben: Maxim Gorkij und Fjodor Schaljapin. Beiden lebten zur gleichen Zeit in Kasan und arbeiteten zeitweise in den gleichen Berufen. Schaljapin als Lastenträger in der Stadt, Gorkij als Lastenträger im Hafen von Kasan. Beide bemühten sich um Aufnahme in den Kasaner Kirchenchor. Gorkij wurde angenommen, Schaljapin fiel durch.

Für ausländische Besucher der vielleicht reizvollste Ort in Kasan ist ein malerisches Holzhaus am Rande der Innenstadt, ein liebevoll gepflegtes Heimatmuseum. Das Parterre ist Maxim Gorkij gewidmet, der erste Stock Fjodor Schaljapin. Es ist das Haus, in dem sich die Backstube befand, in der Alexej Peschkow, der sich später Gorkij, der »Bittere«, nannte, als Lehrling arbeitete. Die Backstube ist erhalten, im Keller des Museums. Der Raum ist heute, wie ihn Gorkij vor fast einem Jahrhundert beschrieb: »Licht gab es hier unten nur wenig und ebensowenig Luft, dafür um so mehr Feuchtigkeit, Schmutz und Mehlstaub. Ein Loch, das reinste Gefängnis.«

Hier lebte und litt Gorkij – eine seiner unzähligen »Universitäten«. Der Tisch, unter dem er schlief, ist erhalten. Ebenso sein einziger persönlicher Besitz – ein verstaubter Samowar. Die Sorgfalt, mit der man diese Backstube bis zum heutigen Tag bewahrt, sagt, so scheint mir, mehr als alle Worte über die Liebe der Russen zu ihren Dichtern – vor allem, wenn sie, wie im Fall Gorkij, sagen können: Er war einer von uns.

In einem anderen Raum des Gorkij-Museums entdeckt der Besucher ein Dokument besonderer Art. Eine Figurengruppe mit Gestalten aus Gorkijs »Nachtasyl« – in Ton modelliert von dem deutschen Bildhauer und Antifaschisten Will Lammert. Von 1934 bis 1951 lebte er in der Sowjetunion; während des Krieges in Kasan. In der Bundesrepublik ist sein Name unbekannt.

Die Schaljapin gewidmeten Räume im ersten Stock zeigen vor allem alte Fotos, Zeichnungen und Plakate der Auftritte Schaljapins in allen großen Opernhäusern der Welt. Historische Schallplattenaufnahmen der berühmtesten Lieder Schaljapins – darunter zahlreiche Wolgalieder – vervollständigen die Sammlung. Unter den vergilbten Fotografien sind auch jene sechs Kasaner Kirchen zu sehen, in denen Schaljapin als Vorsänger gearbeitet hat. Drei von ihnen sind noch heute erhalten. Als Gotteshaus dient keine mehr.

»Die Wolga, das ist das Leben«

11. Juni 1978

Dinner mit dem Kapitän. Dabei: der Erste Offizier, zwei Direktoren von »Intourist«, der staatlichen Reisegesellschaft, und unser Team – Jürgen, Boris und ich.

Der Kapitän sieht aus, wie sich Hollywood einen Kapitän auf einem Urlaubsdampfer vorstellen würde: hochgewachsen, etwa fünfzig Jahre alt, wettergebräuntes Gesicht, weiße Haare, dunkle, sonore Stimme und hellblaue, von gutmütig listigen Lachfältchen umrahmte Augen. Ein Mann wie aus dem Bilderbuch, hat ihn eine der Damen aus der deutschen Reisegruppe genannt. Niemand hat widersprochen.

Es gibt als Vorspeise Krabben aus Kamschatka, Kaviar von der Wolgamündung, eingelegte Pilze, Gurken und Heringe; dazu Schwarzbrot und Butter. Dann eine dunkle Soljanka, und als Hauptgericht Kotelett auf Kiewer Art – gerolltes Hühnerfleisch, gefüllt mit zerlassener Butter und Gewürzen. Als Nachtisch: Torte, Eis und türkisches Chalwa, eine Art Nußmarzipan. Dazu Wodka, Weißwein und Krimsekt.

Zunächst ist alles sehr förmlich. Der Kapitän begrüßt uns, sagt, daß er stolz sei, so hohen Besuch an Bord seines bescheidenen Schiffes begrüßen zu können. Darauf das erste Glas Wodka. Im Gegenzug erwidern wir, daß wir sein Schiff, die »Maxim Gorkij«, keineswegs als bescheiden empfänden. Es sei vielmehr ein sehr schmuckes Schiff, blitzsauber und gut gepflegt, mit geräumigen Kajüten, hervorragendem Essen und sehr netter Besatzung. Wir seien überzeugt, daß wir uns sehr wohl fühlen würden auf dieser Reise. Darauf das zweite Glas Wodka.

Dann erhebt sich einer der Direktoren von »Intourist«. Wie er wisse, sagt er, seien wir ja nicht nur als einfache Touristen hier, sondern wir wollten einen Film über die Wolga machen. Darüber freue er sich. Denn die Journalisten seien die wichtigsten Helfer bei der Völkerverständigung. Und davon gehe er doch aus: daß auch wir objektiv und im Sinne des Friedens und der Freundschaft zwischen den Völkern berichten würden. Wir nicken. Darauf das dritte Glas Wodka.

Später dann, nach diversen weiteren Toasts auf den Frieden, die Arbeit der objektiven Journalisten, die Wolga, das Schiff »Maxim Gorkij«, das uns so sicher den großen Strom hinabträgt, und die Zukunft, die es noch vielen Menschen ermöglichen möge, auf diese Weise andere Länder und Völker kennenzulernen – nach all diesen Toasts kommen wir mit dem Kapitän in ein zwangloses, nur noch durch das Nachschütten unserer Gläser unterbrochenes Gespräch.

Er selbst bitte um Verständnis für seine Zurückhaltung beim Wodka, schließlich sei er im Dienst und müsse morgen früh wieder auf die Brücke.

Die Wolga, so sagt er, sei für ihn alles. Sein Großvater sei Wolgakapitän gewesen; auch sein Vater. Und nun er. Dadurch sei eine Familientradition entstanden. Er könne es nicht anders formulieren als: »Die Wolga ist zu unserem Blut geworden.« Er sagt es ganz unsentimental, ebenso wie den Satz: »Die Wolga – das ist für mich das Leben.«

Aber ob es denn nicht langweilig sei, fragen wir, zu wissen, daß man sein ganzes Leben auf der Wolga fahren muß, hoch und runter, hoch und runter?

»Nein«, sagt er, »überhaupt nicht.« Er gehe immer mit großem Vergnügen auf die Brücke, auch bei schwierigsten Wetterbedingungen, etwa wenn es neblig ist. Und dann fügt er einen Satz an, über den wir noch lange nachdenken: »Das Führen eines Schiffes auf der Wolga unter allen Bedingungen ist für mich so etwas wie eine Frage der – Moral.«

Wir bitten ihn, ob er uns das alles am nächsten Tag auch in die Kamera sagen könnte, am besten während seiner Arbeit auf der Brücke.

»Warum nicht«, sagt er, »ich habe doch nur gesagt, was ist.«

Dann kommen wir auf die Veränderungen an der Wolga zu sprechen. Er kenne sie ja noch aus seiner Kindheit, aus den Erzählungen seines Vaters und seines Großvaters.

Der berühmte russische Dichter Nikolaj Nekrassow, so sagt er, habe vor weit mehr als hundert Jahren die Wolga einen »Strom des Stöhnens« genannt. Und wenn wir an das Lied von den Wolgaschleppern denken oder an die berühmten Wolgabilder der Maler Ilja Repin und Isaak Lewitan – überall begegne uns das Motiv des Stöhnens.

Und auch heute noch sei die Wolga ein stöhnender Fluß. Zwar sei sie für den Menschen so nützlich wie noch nie in ihrer Geschichte. Ein einziges Kraftwerk an der Wolga – etwa das bei Wolgograd – erzeuge soviel Elektrizität wie vor der Revolution das ganze russische Reich. Ohne den Strom von der Wolga wäre Moskau dunkel und die Sowjetunion keine Industrienation. Doch den Preis, so der Kapitän, zahle die Natur. Durch die unzähligen Staudämme und Wasserkraftwerke, durch die gigantischen Industrieansiedlungen an den Wolgaufern – die zu filmen uns übrigens striktest untersagt ist – habe die Wolga ihren natürlichen Charakter verloren, drohe umzukippen, zu einem sterbenden Strom zu werden. Durch immer neue Kanalbauten werde der Wolga immer mehr Wasser entzogen, sinke der Wasserspiegel des Kaspischen Meeres, in das die Wolga fließt, drohe das Austrocknen. Die Fische hätten längst ihre natürlichen Laichplätze verloren, da ihnen der gewohnte Weg die Wolga aufwärts durch die Staudämme versperrt sei. Kein Edelfisch, der heute noch in der Wolga gefangen werde, sei unter natürlichen Bedingungen ausgeschlüpft. Alle stammen aus Fischzuchtanstalten. Auch die Störe, aus denen der begehrte Kaviar gewonnen wird.

Das alles, so der Kapitän, sage er uns aber als Privatmann. Vor der Kamera wolle er darüber nicht reden.

Beim Hinausgehen hält er mich noch einmal zurück. Einen ganz persönlichen Kummer habe er: Sein Sohn sei nicht Wolgakapitän geworden, sondern nur Maschinist auf einem Wolgadampfer. Aber aus seinem Enkel würde er wieder einen Kapitän machen. Er heiße Maxim und sei sieben Monate alt. Das würde er auch gerne morgen im Interview sagen.

Wir haben nichts dagegen.

12. Juni 1978, 5 Uhr morgens
Wir passieren den Felsen, an dem der Bauernrebell Stenka Rasin der Legende nach seine Geliebte, eine persische Prinzessin, in der Wolga ertränkte. In unzähligen Liedern und Gedichten ist diese Legende überliefert: Um Mutter Wolga zu beweisen, daß er bereit sei, für sie alles zu opfern, machte er ihr sein Teuerstes zum Geschenk, seine Geliebte.

Bis heute, so wissen wir, gilt Stenka Rasin in den Herzen der Russen als Vorkämpfer der Unterdrückten. In einem Käfig hatte ihn einst – im Jahre 1671 – der Zar nach Moskau bringen lassen. Auf dem Roten Platz wurde er hingerichtet: geköpft und gevierteilt.

Als wir den Felsen passieren, herrscht feiner Morgennebel. Ein friedliches Bild mit Fischerbooten. Jürgen dreht.

Die Heimat Lenins

12. Juni 1978, abends
Wir haben erstmals seit Kasan angelegt. In Uljanowsk, dem früheren Simbirsk. Es ist der Geburtsort Lenins.

Lenins Elternhaus ist erhalten. Es ist eingerahmt von einem klobigen Betontempel, einer Art Museum und Mausoleum zugleich. Die sorgfältig gepflegte Inneneinrichtung der Räume beweist: Lenin kam aus gutem Hause; aus gutbürgerlichem. Der Vater war Oberschulrat. Die Mutter übrigens stammte aus einer deutschen Familie. Zwei der Kinder dieser gutbürgerlichen Familie wurden Terroristen und Revolutionäre. Wladimir wurde von der Universität verwiesen und wiederholt in die Verbannung geschickt, Alexander noch unter dem Zaren als Terrorist hingerichtet. Er war Experte für Sprengstoffanschläge. Ein Begnadigungsgesuch einzureichen hatte er abgelehnt.

Im Nebengebäude ist ein »Museum der Russischen Revolution« untergebracht. Es zeigt, wie Rußland unter Führung des Oberschulratssohnes Wladimir Uljanow-Lenin rot wurde. Allerdings lernen die Schulklassen, die hierhergeführt werden, nur einen Teil der Geschichte, jenen, der der heutigen Führung offiziell genehm ist. Es ist die Form sogenannter leninscher, das heißt parteilicher, Geschichtsschreibung. Was nicht ins Bild paßt, wird einfach weggelassen. Lew Trotzkij etwa, der immerhin die Rote Armee gründete und sie bis 1924 auch führte, wird nicht einmal erwähnt. Kein Wunder, daß ihn kein Schulkind kennt.

Dafür gibt es eine ausführliche Erklärung der Museumsführerin zu einer Doppelskulptur, die Lenin und seinen Bruder Alexander als ungleiches Paar zeigt: »Lenins Bruder Alexander steht tiefer, weil er den falschen Weg einschlug. Er wurde Terrorist. Lenin schlug den richtigen Weg ein, er wurde Revolutionär. Und deshalb steht er höher.« Immerhin, so notiere ich für meinen Kommentar: Auch wenn er den falschen Weg einschlug – welchem Terroristen ist schon ein Denkmal gesetzt?

In einem kathedraleartigen weiteren Saal mit hohen, bunten Glasfenstern steht eine Marmorbüste Lenins. Vor dieser Büste, so erfahren wir, werden junge Pioniere und Komsomolzen vereidigt. Wir beobachten ein frischgetrautes Brautpaar, das dort seinen Blumenstrauß niederlegt. Vom Tonband kommt weihevolle Musik.

13. Juni 1978

Auf der Höhe von Saratow. Hier beginnt die unendliche Steppe. Kosakensiedlungen kommen ins Bild, seit Jahrhunderten unverändert. Nur die Kirchen wirken von weitem verfallen.

In dieser Gegend haben bis zum Zweiten Weltkrieg die Wolgadeutschen gesiedelt – dann wurden sie auf Geheiß Stalins als angebliche Kollaborateure und Volksfeinde deportiert. Im Herbst und im Winter 1941 – nach Sibirien, Mittelasien und andere entfernte Teile des Landes. Bis heute dürfen sie nicht in ihre alten Siedlungsgebiete zurück. Die einst deutschen Namen der Städte und Dörfer sind verschwunden. Der Dampfer durchquert das Gebiet ohne Halt. Es ist Sperrgebiet.

14. Juni 1978

Wir haben die Nacht an Deck verbracht. Jürgen wollte Aufnahmen machen. Es ist Vollmond.

Merkwürdig: Je mehr wir uns Wolgograd, dem einstigen Stalingrad nähern, um so gedämpfter wird die Stimmung an Bord. Es sind auffallend viele ältere Menschen in der Reisegruppe. Allmählich stellt sich heraus, daß die meisten von ihnen schon einmal in ihrem Leben auf die eine oder andere Weise mit der Wolga in Berührung gekommen sind. Es sind alte Frauen dabei, deren Söhne oder Männer in Stalingrad gefallen sind, andere hatten Verwandte unter den Wolgadeutschen. Und einige der Männer sind selbst in Stalingrad gewesen. Sie erzählen es nur zögernd. Wir insistieren nicht.

Wolgograd

15. Juni 1978

Was uns zuerst auffällt, ist das viele Grün in der Stadt. Und die schachbrettartigen Straßenzüge. Man sieht – die Stadt ist auf dem Reißbrett entstanden. Der Krieg hatte hier nicht einen Stein auf dem anderen gelassen. Bis auf 40 Meter waren die Deutschen an dieser Stelle an die Wolga herangekommen. Doch bis zum Fluß selbst kamen sie nicht.

Mehr als 200 000 deutsche Soldaten haben hier ihr Leben gelassen. 90 000 gerieten in Kriegsgefangenschaft. 5500 kamen zurück. Über die sowjetischen Verluste gibt es keine offiziellen Angaben. Sie waren mit Sicherheit nicht geringer.

Nur ein einziges Gebäude ist in der Form erhalten, in der es der Krieg hinterließ – jene weltberühmte Mühle von Stalingrad, in der sich die bittersten Kämpfe abspielten. Mann gegen Mann, von Raum zu Raum, von Stockwerk zu Stockwerk. Als steinernes Zeugnis des Kampfes steht die düstere Ruine inmitten heller Wohnblocks, ein Mahnmal der Toten, den Lebenden zum Gedenken.

Ein anderes historisches Gebäude ist in seiner ursprünglichen Form wieder aufgebaut: das fünfstöckige Kaufhaus im Zentrum der Stadt. Im Keller dieses Hauses wurde am 31. Januar 1943 Generalfeldmarschall Paulus gefangengenommen. Eine Tafel in russischer Schrift vermerkt dieses Ereignis.

Nach dem Krieg übrigens, so erzählt uns Boris, hatte man den Plan, die ganze bis auf die Grundmauern zerstörte Stadt mit Stacheldraht einzuzäunen und als Museum stehenzulassen.

Heute hat Wolgograd rund 800 000 Einwohner und ist das wichtigste Wirtschaftszentrum Südrußlands. 156 Großbetriebe zählt die offizielle Statistik, darunter ein gigantisches Traktorenwerk – im Krieg ebenfalls heftig umkämpft – und eine Aluminiumhütte. Vier Theater, eine Oper, ein Konzertsaal, ein Flughafen und ein moderner, vielfrequentierter Flußbahnhof vervollständigen die sozialistische Erfolgsbilanz.

Begonnen wurde der Wiederaufbau Stalingrads nach dem Krieg übrigens von deutschen Kriegsgefangenen und russischen Zwangsarbeitern. Letztere waren es auch, die im Jahre 1956 – inzwischen rehabilitiert und freiwillig in Stalingrad lebend – das Denkmal des Diktators vom Sockel stürzten. Es war die erste Stadt der Sowjetunion überhaupt, in der ein Stalin-Denkmal heruntergerissen wurde. Der leere Sockel steht noch heute im Stadtzentrum. Wir filmen ihn. Niemand hindert uns.

Die offizielle Gedenkstätte für die sowjetischen Gefallenen befindet sich auf dem Mamajew-Hügel am rechten Ufer der Wolga. Auf dieser Anhöhe, die im Verlauf der Kämpfe mehrfach ihren Besitzer wechselte, fielen Zehntausende Soldaten – sowjetische und deutsche. Nach dem Krieg fand man hier auf einem Quadratmeter bis zu 1500 Granatsplitter.

Im Inneren der Gedenkstätte, in deren Wände die Namen unzähliger sowjetischer Gefallener gemeißelt sind, halten Gardesoldaten mit aufgepflanztem Bajonett die Totenwache. Dazu erklingt, 24 Stunden rund um die Uhr, aus Lautsprechern Musik. Robert Schumanns »Träumerei«.

Ansonsten gibt es auf die Deutschen in Stalingrad nur noch einen Hinweis: die bildliche Darstellung des Zugs der gefangenen deutschen Soldaten durch Stalingrad, gemeißelt in die Außenwand des Ehrenmals. Darunter der Text: »Die faschistischen Krieger wollten die Wolga sehen. Die Rote Armee gab ihnen diese ›Möglichkeit‹.« Das Wort »Möglichkeit« steht in Anführungsstrichen.

Vor dem Ehrenmal, das gekrönt wird von einer riesigen Frauenstatue mit einem Schwert in der Hand, Mutter Rußland, die Heimat verteidigend, erläutert eine sowjetische Reiseleiterin aufführlich die Heldentaten sowjetischer Soldaten.

Wir fragen sie, ob es irgendwo in Wolgograd auch einen Friedhof für die gefallenen deutschen Soldaten gebe?

»Nein«, sagt sie, »nur für die Internationalisten, die auf unserer Seite gekämpft haben.«

Ich wiederhole meine Frage, versuche zu präzisieren: »Ich meine die Soldaten auf der deutschen Seite, gibt es für sie irgendwelche Friedhöfe?«

»Nein, für sie gibt es keine.«

»Und warum nicht?«

»Warum soll es für sie welche geben? Sie sind doch als Feinde zu uns gekommen. Als Eroberer, wissen Sie.«

»Aber es waren doch auch Menschen, einfache Menschen?«

»Das mag sein, einfache Menschen... Aber wissen Sie, wenn zu Ihnen so ein Mensch kommt, so ein Feind, und ihre Familie tötet – würden Sie diesen Feind als einen Freund ansehen?«

»Nein, aber im Tod sind doch alle gleich, sagt man.«

»Nein, das ist vielleicht in der Kirche so. Man sagt es zwar. Aber für normale Sterbliche... nein.«

»Was ist aber mit den vielen gefallenen Soldaten geschehen. Es sind ja 170 000 Deutsche hier gestorben. Was ist mit denen passiert, wo sind sie geblieben?«

»Mit den Gefallenen, den Deutschen...? Es war Frühling damals, in den Bombentrichtern wurden sie begraben, nach der Schlacht an der Wolga.«

»Aber es gibt keine Zeichen, wo das ist?«

»Nein, es gibt keine Zeichen für die Soldaten, die für uns Feinde waren.«

Boris, der das Interview mitgehört hat, sagt später, wir sollten nicht glauben, daß alle Russen so dächten. Aber wir müßten die Reiseführerin verstehen. Er habe sie bereits bei einem früheren Besuch kennengelernt und wisse, daß sie ihre gesamte Familie in Stalingrad verloren habe. Ihre jüngere Schwester sei umgekommen, als die Deutschen ein Boot bombadierten, das einen Kindergarten aus der umkämpften Stadt ans andere Ufer der Wolga evakuieren wollte.

Wir fühlen uns elend.

Als wir am Abend auf unser Schiff zurückkehren, treffen wir einen älteren Herrn, von dem wir wissen, daß er im Kessel von Stalingrad war. Sein linker Arm ist verkrüppelt. Ob er nicht an Land gegangen sei, fragen wir, das sei doch das Ziel seiner Reise gewesen. Nein, sagt er, er habe nicht gekonnt.

Stumm blicken wir ihn an. Als der Dampfer anlegte, so erklärt er, habe er genau die gleichen schrecklichen Magenkrämpfe bekommen wie vor 36 Jahren, als er mit einem der letzten Transporte aus dem Kessel ausgeflogen wurde.

»Merkwürdig«, fügt er hinzu, »wie sich die Geschichte wiederholt...«

15. Juni 1978

Wir haben die »Maxim Gorkij« verlassen. Sie wird kurz hinter Wolgograd in den Wolga-Don-Kanal einbiegen und nach Rostow weiterfahren. Wir aber wollen nach Astrachan, an die Mündung der Wolga.

Doch es gibt Schwierigkeiten. Boris ist heute morgen bei »Intourist« gewesen, um unsere lange bestellten Flugkarten abzuholen. Dort hat man ihm erklärt, er könne seine Flugkarte mitnehmen; Jürgen und ich bekämen keine. Astrachan sei für Ausländer gesperrt. Aber, so Boris, die Flugkarten wären doch in Moskau bestellt und bestätigt worden. Das, so die freundliche Dame von »Intourist«, muß ein Irrtum gewesen sein.

Kurz darauf marschieren wir alle drei zu »Intourist«. Das Spiel beginnt von vorn. Astrachan sei für uns verboten. Aber, so beharre ich, wir hätten eine Sondergenehmigung des Außenministeriums. Ob wir sie denn dabei hätten? Nein, Schriftliches gebe man uns in Moskau nie; aber es müsse, wie üblich, ein Telegramm vorliegen, daß die Reise für uns genehmigt ist. Sie habe aber kein Telegramm, erklärt die Dame. Nach einer Stunde geben wir es auf.

Wir kehren ins Hotel zurück und melden ein Gespräch zu Natascha ins Büro an. Nach drei Stunden kommt die Verbindung. Natascha ist ganz gelassen. Schließlich hat ihr Fritz Pleitgen schon einmal aus 10 000 Kilometer Entfernung, aus Wladiwostok, mitgeteilt, sein Geld sei alle. Sie werde sich also im Außenministerium darum kümmern. Allerdings, so erklären wir Natascha, dränge die Sache. Es geht nur morgen früh ein Flugzeug nach Astrachan. Das nächste erst wieder in drei Tagen. Bis dahin aber ist unsere Aufenthaltsgenehmigung für Wolgograd abgelaufen…

Gegen 19 Uhr meldet sich Natascha. Sie habe im Außenministerium angerufen. Dort verstünde man überhaupt nicht, warum es bei uns nicht klappt. Das Telegramm nach Wolgograd sei längst raus. Wir sollten gleich morgen früh zu »Intourist«. Wenn wir Glück hätten, kriegten wir den Flieger noch.

Wir beschließen, einen Abendbummel zu machen. Auf einen Besuch im Opernhaus, den uns die Dame an der Hotelrezeption empfiehlt, verzichten wir. Es gibt den »Barbier von Sevilla«.

Astrachan

Wir haben Glück. Das Telegramm ist da. Drei Plätze im Flieger finden sich auch – wie immer, wenn Ausländer mitgenommen werden müssen. Boris gilt in solchen Fällen ebenfalls als Ausländer, als »Mitglied der Delegation des Westdeutschen Fernsehens«. Nun ja...

Das Flugzeug ist eine zweimotorige Propellermaschine, Typ Antonow-24. Hinten in der Passagierkabine sitzen zwei Sicherheitsleute, die Pistolen gut sichtbar am Gürtel. Von Astrachan ist es über das Kaspische Meer nicht weit in den Iran und in die Türkei. In regelmäßigen Abständen berichten die sowjetischen Zeitungen über versuchte Flugzeugentführungen in dieser Gegend. Die meisten enden erfolglos und blutig. Wir verstehen jetzt, warum.

Auf dem Flughafen von Astrachan empfängt uns Iwan. Er war vorausgereist, um die letzten Formalitäten für die Drehgenehmigung zu erledigen. Er wirkt niedergeschlagen. Es wäre gut, so sein erster Satz, wenn wir gleich für morgen den Rückflug buchten. Iwan neigt zu Anflügen von schwarzem Humor. Doch diesmal scheint es ihm ernst. Die Lage, so meint er, sei aussichtslos. Zwei Tage lang habe er mit den Behörden verhandelt, ohne jeden Erfolg. Die Genehmigung zur Reise nach Astrachan durch das Moskauer Außenministerium müsse auf einem Irrtum beruhen. Wahrscheinlich wüßten die Genossen dort in der Hauptstadt nicht, daß hier besondere Gesetze gelten. Astrachan sei eine Hafenstadt und eine Grenzstadt und daher für Ausländer gesperrt. Für westliche sowieso und für Journalisten überhaupt. Die Behörden hier, so Iwan düster, ließen nicht mit sich spaßen. Sie hätten uns eine Frist von zwölf Stunden gesetzt, um die Stadt zu verlassen.

»Das«, so sage ich zu Iwan, »möchte ich selber hören.«

»Das wird auch passieren«, sagt Iwan. »Morgen früh kommt einer von denen ins Hotel.«

Immerhin, zwei Zimmer im Hotel sind reserviert. Wobei der Ausdruck »Hotel« etwas übertrieben scheint. Es ist eher eine Art schlichtes Arbeiterheim. Aber man hat einen herrlichen Blick auf den Hafen.

»Mein Gott«, sagt Jürgen, als er die Vorhänge vor den Fenstern zurückschlägt, »das dürfen wir ja alles gar nicht sehen.«

Ich bitte ihn, die Kamera im Koffer zu lassen. Vorerst.

17. Juni 1978, morgens

Der Typ von den Behörden war da. Schon vor dem Frühstück. Etwa vierzig Jahre alt, hager, blaßes Gesicht, Sonnenbrille. Im Ledermantel. Wahrscheinlich, so schießt es mir durch den Kopf, sehen die hier zu viele Agentenfilme. Er sei Mitarbeiter der Kulturabteilung der Stadt und habe den Auftrag, uns mitzuteilen, daß wir Astrachan noch heute mit der direkten Maschine nach Moskau zu verlassen haben. Wer ihn beauftragt habe, fragen wir. »Die zuständigen Organe«, lautet seine knappe Antwort. Ob wir die Anweisung schriftlich haben könnten, fragen wir. Er sei kompetent genug, uns dies mündlich mitzuteilen.

Wir fragen nach den Gründen, zumal uns doch das Außenministerium mitgeteilt habe, daß wir hier drehen dürften – Stadtaufnahmen und Aufnahmen von der Wolgamündung. Die in Moskau, so seine prompte Antwort, wüßten wahrscheinlich nicht, was hier unten los sei. In Astrachan hätten die hiesigen Behörden zu bestimmen und die erforderlichen Maßnahmen zu treffen. Wir im Westen hätten doch auch Geheimnisse, die geschützt werden müßten, das könnten wir doch verstehen. Uns interessieren keine Geheimnisse, sagen wir, sondern wir möchten Bilder machen, von der Stadt und von der Wolga. Das Herausfinden von Geheimnissen würden schon die amerikanischen Satelliten besorgen; die würden dafür gebaut und könnten es auch viel besser. Ihm sei nicht nach Scherzen, sondern er rede in einer ernsthaften Angelegenheit mit uns. Wir auch, sagen wir, und machen einen Vorschlag: Die für uns zuständige Behörde in der Sowjetunion sei die Presseabteilung des Außenministeriums. Dort seien wir akkreditiert. Er möge sich bitte mit dieser Institution in Verbindung setzen. Das ginge nicht, meint er, denn heute sei Samstag, und da würde auch in Moskau nicht gearbeitet. Dann eben am Montag, schlagen wir vor. So lange könne er nicht warten. Dann, so erklären wir, müsse er uns schon mit Gewalt aus der Stadt bringen lassen. Er erhebt sich. Er werde unsere Antwort weiterleiten. Bis dahin würde er uns bitten, den Umkreis des Hotels nicht zu verlassen. Grußlos geht er.

Iwan ist wütend. Für den Ärger, den es nun gebe, sei er nicht verantwortlich. Wir widersprechen ihm nicht.

17. Juni, 14 Uhr
Mittagessen in einem Restaurant in der Nähe des Hotels. Am Nebentisch drei junge Männer. Sie sprechen deutsch. Monteure aus Hamburg. Sie bauen einen Schwimmkran zusammen, dessen Einzelteile von einer Hamburger Werft über die Ostsee, den Baltischen Kanal und die Wolga hinab nach Astrachan geschleppt wurden. Fünf Monate sind sie schon hier – und haben den Lagerkoller, wie sie es nennen. Sie dürfen das Stadtgebiet nicht verlassen, werden morgens aus dem Hotel zur Arbeit abgeholt und abends zurückgebracht. Einmal habe ihr sowjetischer Auftraggeber, irgendeine Hafenbehörde, einen Ausflug mit ihnen in die Umgebung gemacht. Für einen halben Tag. Ansonsten hockten sie auf ihren Zimmern. In der Stadt gebe es ohnehin nichts zu sehen. Außer dem Kreml. Aber wenn man einmal dagewesen sei, genüge das. Ins Kino zu gehen habe keinen Sinn, man verstehe ja doch kein Russisch. Mit dem Fernsehen sei es genauso. Beim Sport würde andauernd Eishockey übertragen. Und das interessiert ja nicht, wenn man aus Hamburg kommt. Immerhin, samstags könne man zum Schwoof gehen, hier im Restaurant. Die Mädchen seien sehr nett. Allerdings müsse man aufpassen, daß man nicht eins über die Rübe kriege. Aber das wäre ja in allen Hafenstädten so.

Im übrigen hätten sie Sachen erlebt, die gibt's gar nicht. Einmal wollten sie sich auf der Baustelle gegenseitig fotografiern: wie sie ihren eigenen Kran montieren. Da sei gleich einer von der Sicherheit gekommen und wollte ihnen ihren Fotoapparat wegnehmen. »Betriebsgeheimnis!« Ihr Kran! Aber ansonsten könnten sie nicht klagen. Sie verdienten einen Haufen Geld. Und nächsten Monat wären sie ja auch wieder zu Hause. Es wäre allerdings auch höchste Zeit, sonst kämen sie endgültig an den Suff.

Wir verabreden uns für abends beim Schwoof.

Der Saal im Restaurant ist brechend voll. Gegen eine Schachtel »Camel Filter« läßt uns der Portier dennoch rein. Die Leiterin des Restaurants zuckt bedauernd die Schultern. Es wäre wirklich kein Tisch mehr frei. Wir sehen es. Ob es uns etwas ausmachen würde, uns an einen Tisch zu anderen Gästen zu setzen. Im Gegenteil, sagen wir.

Die Drei-Mann-Kapelle macht einen ohrenbetäubenden Krach. Sie spielt Lieder der populären Schlagersängerin Alla Pugatschowa, aber auch jede Menge Westmusik: »Bridge over troubled water«, Beatles-Songs, Abba, Boney M. – auch »Rasputin«, obwohl es eigentlich verboten ist, zumindest in Moskau. Mit unseren Tischnachbarn kommen wir schnell ins Gespräch. Noch bevor wir bestellen können, haben sie unsere Gläser vollgegossen. Mit Wodka oder Wein, wahlweise. Wir stoßen an. Die jungen Leute, drei Jungen, drei Mädchen, alle etwa 25 Jahre alt, wollen wissen, woher wir kommen.

»Aus Germania«, sagen wir.

»Aha. Aus welchem Germania, Ost oder West?«

»West«, sagen wir.

Einer der Jungen erhebt sich, winkt quer durch den Saal nach der Kellnerin: »Champanskoe, bitte!«

Wir kennen das Spiel. Sagen, daß der Sekt auf unsere Rechnung gehen wird.

»Kommt nicht in Frage«, ertönt es am Tisch. »Ihr seid unsere Gäste!« Es ist nichts zu machen. Wir wissen, wir werden keine Chance haben zu bezahlen.

Die Mädchen arbeiten in einer Fischfabrik. Zwei in der Buchhaltung, eine ist Vorarbeiterin irgendwo am Fließband. Die Jungen fahren zur See. Einer als Offiziersanwärter, zwei als Maschinisten.

Wie es uns denn in Astrachan gefalle? Wir seien gerade erst angekommen, sagen wir. Aber es würde uns bestimmt gefallen. Was wir denn machten, ob wir auch Monteure seien? Nein, sagen wir. Wir wollten einen Film machen. »Seid ihr Schauspieler?« Wir fühlen uns geschmeichelt. Nein, wir wären nur Journalisten. Dann würden wir sicher etwas über die neue Werft machen wollen, fragen sie.

»Eigentlich nicht«, antworten wir. »Wir wollen etwas über die Wolga machen.«

»Das ist ein schönes Thema«, sagt eines der Mädchen. Und bittet Jürgen zum Tanz.

Alle, so stellt sich heraus, sind in Astrachan geboren. Sie kennen sich seit der Schulzeit. Über Westdeutschland hätten sie viel im Fernsehen gesehen. Ob es denn wirklich so viele Arbeitslose bei uns gebe? »Leider«, sagen wir, »mehr als genug.«

»Ja, müssen die denn nicht hungern?« fragen sie.

Wir denken nach. »Hungern wohl nicht«, sagen wir. »Sie bekommen Unterstützung vom Staat.«

»Obwohl sie nicht arbeiten?« lautet die ungläubige nächste Frage.

»Irgendwann werden sie ja wieder arbeiten«, sagen wir, »hoffentlich.«

Darauf eines der Mädchen: »Also, bei uns wäre das undenkbar. Wenn du nicht arbeitest, wirst du bestraft.« Dafür gebe es extra einen Paragraphen. Einen Paragraphen wegen Nichtstuns.

»Wir wissen es«, sagen wir.

Von den vielen Prozessen gegen oppositionelle Schriftsteller und Künstler in Moskau. Das sagen wir aber nicht.

Der Abend erreicht seinen Höhepunkt. Die Kapelle kündigt die letzten drei Tänze an. Einer der Jungen fragt, ob wir nicht noch bei jemandem zu Hause weiterfeiern möchten. Wir sagen, daß wir morgen früh raus müßten, arbeiten. Ob wir uns dann nicht morgen abend wieder treffen könnten? Eines der Mädchen könnte uns Kaviar besorgen, soviel wir wollten, aus der Fischfabrik. Zu einem günstigen Preis. Wir mögen gar keinen Kaviar, sagen wir. Aber treffen würden wir uns gerne. Wenn wir nicht dringend zu einem anderen Drehort müßten. Bei Journalisten wisse man ja nie ...

Das, so sagen sie, könnten sie verstehen.

Wir verabschieden uns herzlich. Von den Mädchen nach russischer Sitte. Küßchen links, Küßchen rechts. Küßchen links. »Bis morgen!«

18. Juni, morgens
Der Typ von der Kulturabteilung habe angerufen, sagt Iwan. Wir könnten heute noch bleiben und in Astrachan Aufnahmen machen. Aber nicht am Hafen, sondern nur in der Stadt. Man würde uns einen Begleiter mitgeben. Morgen entschiede sich alles weitere.

Wir drehen den Kreml von außen. An der Mauer legen Brautpaare Blumen nieder. Dann das übrige Stadtzentrum, das aussieht wie die Zentren der meisten russischen Orte: in der Mitte der Leninplatz, eine parkähnliche Anlage mit einem Denkmal des Staatsgründers. Wir haben bislang keinen sowjetischen Ort gesehen, in dessen Zentrum nicht ein Lenin-Denkmal stünde. Mal in Denkerpose, mal als feuriger Redner, mal als gütiger Landesvater. Manchmal auch künstlerisch arg mißglückt. »Gnom«, hat Jürgen mal an irgendeinem Ort zu dem Heiligen auf dem Sockel gesagt. Zum Glück nicht in Hörweite unserer sowjetischen Kollegen. Aber er hatte wirklich einen zu großen Kopf und zu kurze Beine, der steinerne Wladimir Iljitsch. In Rostow, glaube ich.

19. Juni 1978

Alles hat sich geklärt. Wir dürfen zur Mündung, ins Delta der Wolga. Ein Motorboot der Hafendirektion wird uns hinbringen. Immerhin 80 Kilometer bis zum Kaspischen Meer. Wir dürfen sogar zwei Tage bleiben. Irgendwo muß ein Wunder geschehen sein. Wir vermuten: in den Köpfen des örtlichen KGB. Sie haben entdeckt, daß wir keine Spione sind...

An der Mündung der Wolga

20. Juni 1978

Wir haben eine Traumreise hinter uns, eine Reise in eine andere Welt. Zunächst durch einige Kanäle innerhalb Astrachans. Entlang der Ufer, dichtgedrängt, kleine, manchmal halbzerfallene Holzhäuser. Wir verstehen, warum noch Ende der sechziger Jahre in Astrachan Fälle von Cholera aufgetreten sein sollen. Sämtliche Abwässerrohre münden direkt in die Kanäle. Unaufhörlich ergießt sich eine gelblichbraune, stinkende Brühe die Uferböschung hinab ins Wasser. Mit dem Bau eines neuen Kanalisationssystems und einer Kläranlage, so versichert man uns, solle demnächst begonnen werden. Es sei eben noch viel nachzuholen, und alles auf einmal könne man nicht machen.

In der Tat: In Erwartung eines Besuches von Leonid Breschnew hatte man erst unlängst, wie wir feststellten, alle Zäune und Fassaden der Häuser entlang der Straße vom Flughafen ins Stadtzentrum neu angestrichen. Auch den Straßenbelag ausgebessert und neue weiße Linien gezogen. Selbst die Laternenpfähle wurden weiß gepinselt. Dann ist Leonid aus irgendeinem Grund doch nicht gekommen. Schade, meint Boris, die ganze Arbeit umsonst.

Auf der Wolga bei Astrachan herrscht ein Verkehr wie auf der Elbe bei Hamburg: riesige Hochseedampfer, dazwischen ein Gewimmel kleiner Lastkähne, Motorboote und Barkassen; unter den Lastkähnen, die von Norden kommen, auffallend viele mit Holz beladen. In der Gegenrichtung vor allem viele kleine Tankschiffe, die Erdöl aus dem Kaspischen Meer in die Raffinerien von Wolgograd und Moskau bringen.

Kurz hinter Astrachan teilt sich der Fluß in ein riesiges Delta mit mehr als achtzig Armen. Die großen Schiffe verlassen hier die Wolga und gelangen durch einen besonderen Kanal ins Kaspische Meer. Auf der Wolga würden sie steckenbleiben. So niedrig ist hier schon der Wasserspiegel.

Große Teile des Deltas sind Naturpark. Seine Gründung, so haben wir gelesen, geht auf eine persönliche Initiative Lenins zurück. Selbstverständlich trägt er auch dessen Namen

In den Dörfern des Deltas scheint die Zeit stehengeblieben. Wie an der Wolgaquelle. Frauen knien auf Holzstegen und waschen im Fluß ihre Wäsche. An den Ufern weidet das Vieh. Von Zeit zu Zeit begegnen wir einem Fischer, der Netze und Reusen ausstellt. Auf den Zäunen vor den Häusern sind Milchkannen, Töpfe und Schüsseln zum Trocknen aufgesteckt. Auf Leinen zwischen den Obstbäumen hängt Wäsche. Dazwischen Bienenkörbe. Viele der kleinen Holzhäuser haben liebevoll geschnitzte Fensterläden, blau und weiß gestrichen. Auf kleinen Bänken neben der Haustür sitzen alte Mütterchen, das Gesicht trotz der Hitze von einem grauen oder weißen Tuch umhüllt. Im Gras davor spielen kleine Kinder, barfuß zumeist oder auch ganz nackt. Überall dazwischen Hühner, Enten, Katzen und Hunde. Hin und wieder auch ein Schaf oder ein Schwein. Eine Dorfidylle. Eine – wie uns scheint – heile Welt.

Ich muß an einen Text Fjodor Abramows denken, eines zeitgenössischen russischen Schriftstellers, eines sogenannten »Dorfpoeten«. Er scheibt: »Rußland war seit altersher ein Land der Bauern. Das Dorf ist jener jahrhundertealte Boden, auf dem unsere gesamte nationale Kultur gedieh. Wir schauen heute mit besonders wacher Aufmerksamkeit auf jene Menschen, die dieses Dorf hervorgebracht hat. Wir schreiben von ihnen, sind bestrebt, ihre geistige Erfahrung, jene sittlichen Kräfte zu begreifen und festzuhalten, die Rußland in den Jahren schwerster Prüfungen vor dem Untergang bewahrt haben.«

Am Abend sind wir zu Gast in einem Dorf, in dem eine kleine Beobachtungsstation der Naturschützer untergebracht ist. Es gibt Ucha, Fischsuppe, gekocht mit Wolgawasser; dazu Speck, Zwiebeln und Schwarzbrot. Und Wodka.

Mit der Wolga, so einer der Fischer am Tisch, sei es wieder besser geworden. Ihre Fischereikolchose jedenfalls fange in den letzten Jahren wieder mehr. Natürlich seien die Fische alle von irgendwelchen Fischzuchtanstalten ausgesetzt, aber sie würden sich schon wieder viel besser entwickeln und schmeckten auch besser. Und die Leute hier würden auch wieder das Wasser aus der Wolga trinken, ohne es abzukochen. In der Tat, wir haben heute einen Fischer beobachtet, der mit einer Blechtasse Wasser aus der Wolga schöpfte und es trank.

Einer der Naturschützer bestätigt die Erzählungen der Fischer. Man habe vor fünf Jahren mit einem radikalen Umweltschutzprogramm für die Wolga begonnen. Zumindest hier im Delta blühe die Fischereiwirtschaft wieder auf. Und da man begriffen habe, daß man nicht durch immer neue Kanalbauten der Wolga das Wasser entziehen könne, sei auch der Wasserspiegel nicht mehr so stark abgesunken wie in der Zeit davor. Wenngleich das Kaspische Meer noch immer jährlich um einige Zentimeter falle. Wir würden es ja morgen sehen.

Wir gehen schlafen. Obwohl die Fenster und Türen des Holzhauses, in dem wir übernachten, mit einem dreifachen Fliegengitter versehen sind, werden wir fürchterlich zerstochen. Früher, zur Zeit der Tataren, so haben uns die Fischer erzählt, wurden zum Tode Verurteilte nackt auf einer Insel des Deltas ausgesetzt. Den Rest besorgten die Mücken, eine Art Moskitos.

20. *Juni 1978*

Die letzten Meter der Wolga. Sie ist immer flacher und schmaler geworden. Jetzt ist das Wasser so niedrig, daß der Kahn, in den wir umgestiegen sind, gestakt werden muß. Wie eine Mutter, sagen die Fischer im Delta, hat sie alle ihre Kraft verströmt. In unzählige Nebenarme, alle ihre Kinder. Der Durchbruch ins Meer mußte ihr bereits von Menschen geschaffen werden. Durch einen dichten Schilfgürtel. Dahinter verliert sie sich im Kaspischen Meer. Das ist das Ende der Wolga. Nach 3688 Kilometern.

Fertigstellung des Films

23. *Juni 1978*

Wieder zurück in Moskau. Wir ziehen Bilanz der Wolgareise. Das meiste, das wir uns vorgenommen hatten und das realistisch erschien, haben wir geschafft. Iwan kann es ohnehin noch immer nicht glauben. Kasan, Uljanowsk, Wolgograd, Astrachan, die Mündung der Wolga, die Quelle... Stadtansichten von Gorkij, dem früheren Nischnij-Nowgorod, haben wir vom sowjetischen Fernsehen bekommen. Für eigene Aufnahmen dort gab es keine Chance. Das war uns klar – wegen der Rüstungsindustrie, vielleicht auch wegen der Arbeitslager. Wir haben mit Bauern und Fischern entlang des Flusses gesprochen, mit Wolgaschiffern, Überlebenden von Stalingrad und jungen Menschen der Nachkriegsgeneration. Daß wir keine Industriebetriebe entlang der Wolga drehen durften, verschmerzen wir. Sie sehen ohnehin aus wie Industriebetriebe in aller Welt, wenn auch manchmal etwas altertümlicher.

Dafür hat sich Boris auf eigene Faust in ein Gebiet aufgemacht, das für Ausländer gesperrt ist, und dort den in einem der unzähligen Stauseen versunkenen Ort Kaljasin gedreht. Eine traditionsreiche Stadt am Oberlauf der Wolga, von der nur noch der Kirchturm aus den Fluten ragt. Zu all den Namen, die die Wolga seit altersher trägt, gehört heute ein neuer: »Strom der versunkenen Städte und Dörfer«. Die Aufnahmen von Boris beweisen es eindrucksvoll.

Was uns noch fehlt, sind Bilder jener Landschaften an der Wolga, die der berühmteste aller russischen Maler, Ilja Repin, um die Jahr-

hundertwende gemalt hat. Von ihm stammt auch das Bild »Wolga-
schlepper«.

Wir wollen in das Dorf an der Wolga, in dem Repin lebte, einen Ort
unweit von Kostroma. Seit Wochen warten wir auf eine Antwort
vom Außenministerium. Morgen wollen wir es noch einmal versuchen.

24. Juni 1978
Im Außenministerium. Wie es uns ergangen sei bei der Wolgareise,
werden wir gefragt. Ohne Probleme, antworten wir; wir hätten viel
gesehen und gelernt. Man sei sehr gespannt auf den Film, erklärt man
uns. Wir auch, antworten wir.

Dann reden wir über andere Dinge. Wir wollen unser Büro vergrö-
ßern, eine zusätzliche sowjetische Cutterin einstellen, allmählich mit
den technischen Vorbereitungen zur Olympiade beginnen. Man werde unsere Wünsche prüfen, erklärt man. Und nach Möglichkeit
unterstützen.

Bei der Verabschiedung meint einer der Herren beiläufig: »Wir
haben ihre Bitte in Sachen Repin geprüft. Sie dürfen hinfahren.
Allerdings nicht mit dem eigenen Auto, sondern mit dem Zug. Das
ist so üblich bei uns.« Wir bedanken uns herzlich.

Im Büro bitte ich Natascha, die Zugverbindungen herauszusu-
chen. Nach zwei Stunden teilt sie mit: »Es gibt dort gar keinen
Bahnhof.« Ich gebe es auf. Wir werden die Wolga eben ohne Repins
Landschaften machen.

Reaktionen

6. August 1978
Der Film ist gelaufen: »Wolga, Wolga«, 45 Minuten in Farbe. »Eine
eindrucksvolle Filmreportage«, schreibt die »Westfälische Rundschau«. »Ein fulminantes Feature aus Poesie und Politik und Information stellt »Hörzu« fest. Und die »Stuttgarter Zeitung« vermerkt:
»Daß der Autor mit unendlichen bürokratischen Schwierigkeiten zu

kämpfen hatte, ist dem fertigen Filmprodukt nicht anzusehen...« So und ähnlich steht es in fast allen deutschen Zeitungen. Nur »Bild am Sonntag« sieht es anders: »Da staunste, wa? Nix Kirchenverfolgung... sibirische KZ und Nervenkliniken. Ja, liebes Fernseh-Volk: Es gibt sie noch, die gute, die schöne, heile Welt. Sie liegt im Osten, wo das Rot aufgeht. Und wenn schon nicht in Wirklichkeit, dann wenigstens im deutschen Fernsehen.«

1. September 1978
Noch immer kommen Berge von Zuschauerpost. Unter den Briefen einige besonders anrührende von ehemaligen deutschen Kriegsgefangenen in der Sowjetunion.

Walter M. aus Frankfurt: »Ich beglückwünsche Sie aufrichtig zu Ihrer großartigen Reportage über die Wolga... interessant und beglückend, besonders für jemand, der fünf Jahre als Plenni in der Sowjetunion verbracht hat, davon mehr als drei in Sibirien.

Der Morgen vor Sonnenaufgang, als wir zu 45 in einem Güterwagen durch die kleinen vergitterten Fenster bei Kujbyschew die Wolga erblickten, ist unvergessen. Vor einem lag eine ungewisse Zukunft, und die Mächtigkeit dieses Stromes in der Morgendämmerung gab uns einen Begriff von der Größe und der Atmosphäre dieses Landes, das ein Siebentel der Erde darstellt...

Sehr schön und beeindruckend auch die Aufnahmen von Wolgograd, teilweise mit den Kampfstätten, die so viele Opfer auf beiden Seiten forderten. Besonders interessant fand ich die Aussagen der Fremdenführerin bezüglich der Gräber für gefallene deutsche Soldaten. Nach allem, was passiert ist, habe ich für ihre Worte, wenn sie auch hart klingen, Verständnis. Im übrigen haben wir in Nowosibirsk dieselbe Erfahrung gemacht. Tote wurden irgendwie verscharrt, ohne daß man wußte, wo, und ohne daß die Grabstätte für später bezeichnet wurde. Allerdings gehen die Sowjetmenschen, aber auch die Russen, wie ich es schon im Ersten Weltkrieg feststellen konnte, auch mit ihren eigenen Grabstätten nicht sehr pfleglich um.«

Ein Arzt aus Berlin schreibt: »Was uns in aller Regel geboten wird, ist das immer gleiche Gemisch von wirtschaftlichen Problemen und Dissidenten, von unzufriedener Bevölkerung und imperialer Außenpolitik... Daneben gibt es einen Alltag sowjetischer Menschen abseits jeder Sensation, ein Leben und Lebenlassen wie in anderen Ländern. Diese andere Seite, dieses alltägliche Leben dargestellt zu haben, ist meiner Ansicht nach ein großes Verdienst. Über mehr Filme dieser Art würde ich mich freuen.«

Aber auch andere Briefe kommen. Ein Beispiel für viele: Richard C. aus Wuppertal:

»Wieviel hat Herr Bednarz für die Ausbreitung sowjetischer Propaganda bekommen? Für uns Soldaten, die wir in Stalingrad waren, war es eine schändliche Beleidigung. Jeder gefallene Russe wurde von uns noch anständig beerdigt, wie auch unsere eigenen Kameraden. Ihre tendenziöse, rotgefärbte Berichterstattung nimmt mir die letzte Freude am Fernsehen. Als ob Rußland ein Garten Eden mit lauter zufriedenen und freien Menschen wäre! Gibt es in Ihren Programmbeiräten eigentlich nur noch Leute, die durch die rote Brille sehen?«

Heute ist der 1. September. Der 39. Jahrestag des Kriegsausbruchs.

»Mit Rußland befreundet sein«

Mercedes in Moskau

5. Oktober 1978
Wir haben Urlaub gemacht. In Italien. Dort kommt man mit Sicherheit nicht in die Versuchung, eine »Prawda« aufzuschlagen. Oder Radio Moskau zu hören. Jetzt hat uns der Alltag wieder.

Eine Delegation von Daimler-Benz ist in Moskau. Sie verhandelt über eine Lizenz für die Olympischen Spiele 1980. Ein erster Vertrag ist fertig. Er gibt der Mercedes-Firma das Recht, dem sowjetischen Olympiakomitee einige Dutzend Autos schenken zu dürfen. Und einige Service-Stationen. Dafür hoffen die Mercedes-Leute, längerfristig mit den Sowjets ins Lkw-Geschäft zu kommen. Auch wenn es nicht klappt: Über die Mercedes-Werkstatt in Moskau werden sich viele freuen. Etwa tausend ausländische Diplomaten, Geschäftsleute und Journalisten in Moskau, die die Nobelmarke aus Untertürkheim fahren. Und mindestens drei prominente Sowjetbürger, die Besitzer des Autos mit dem Stern sind und die allein an Zoll den doppelten Preis des Neuwerts bezahlt haben: der Journalist Viktor Louis, der Clown Oleg Popow und der Bärendompteur Valentin Filatow. Dank ihrer häufigen Auslandsgastspiele verfügen sie über dicke Devisenkonten.

Leonid Breschnew braucht für seinen Mercedes die Werkstatt wohl nicht. Er läßt sich die Ersatzteile direkt einfliegen.

Der Wagen übrigens, den er bei seinem ersten Staatsbesuch in der Bundesrepublik 1973 als Gastgeschenk erhielt und bei einer Spritztour auf dem Petersberg in Bonn zu Schrott fuhr, ist längst ausgetauscht. Die Farbe hatte ihm ohne hin nicht gefallen.

Die Ausweisung Erhart Hutters

7. Oktober 1978
Heute hat Erhart Hutter Moskau verlassen. Er war Korrespondent des Österreichischen Fernsehens. Er ist ausgewiesen worden. Binnen 48 Stunden mußte er das Land verlassen. Er ist der siebte Korrespondent in zehn Jahren, den die sowjetischen Behörden zur »unerwünschten Person« erklärt haben.

Der Österreicher Hutter gilt als einer der bestinformierten Moskauer Kollegen. Er ist verheiratet mit einer Sowjetbürgerin, die mit ihm das Land verläßt, spricht fließend Russisch und hat unzählige private Kontakte zu sowjetischen Familien. Auch zu Dissidenten. Im vergangenen Jahr ist er, nach einem Interview mit Andrej Sacharow, wegen »unbegründeter Angriffe gegen die Sowjetunion« verwarnt worden. Sogar Bruno Kreisky persönlich hat sich für ihn in Moskau verwandt. Vergeblich. Sein Rausschmiß wird – wie üblich – mit kriminellen Vergehen begründet. Seine Frau, so lassen die Behörden unter der Hand verbreiten, habe angeblich illegal eine Ikone kaufen wollen.

Wir haben Hutter zum Flughafen begleitet.

Wladimir Semjonow

24. Oktober 1978
Aus Kreisen westlicher Diplomaten erfahren wir, daß Moskau einen neuen Botschafter nach Bonn schicken will. Valentin Falin, einer der Co-Architekten der Ostpolitik, soll abgelöst werden. Sowjetische Gesprächspartner bestätigen die Nachricht. Der neue Mann ist für viele ein alter Bekannter: Wladimir Semjonow. Nicht nur einer der erfahrensten sowjetischen Diplomaten, sondern zugleich einer der besten Deutschlandexperten Moskaus. Er ist 69 Jahre alt, spricht fließend Deutsch, Englisch und Französisch, gilt als Kenner deutscher Literatur, Musik und Malerei und war bereits vor dem Zweiten Weltkrieg Botschaftsrat in Berlin. Nach dem Krieg war er unter anderem erster sowjetischer Botschafter in der DDR, nahm an den Verhandlungen Adenauers über die Freilassung der deutschen

Kriegsgefangenen teil und verhandelte mit Egon Bahr über den Moskauer Vertrag. Wir haben ihn ein paarmal auf Diplomatenempfängen beobachtet: ein eleganter Weltmann in Anzügen westlichen Schnitts, wortgewandt und witzig. Deutsche Diplomaten nennen ihn allerdings den »T-34«, nach jenem legendären sowjetischen Panzer des Zweiten Weltkriegs. Er gilt als eisenharter Vertreter der Interessen des Kreml, aber auch als jemand, dem man seine Bemühungen um gute Beziehungen zu Deutschland abnimmt. Immerhin ist bekannt, daß er gegen die Spaltung Deutschlands war – ebenso wie gegen die Blockade Berlins.

Aus dem Jahr 1945 ist sein Satz überliefert: »Deutschland soll wieder groß und stark und mit Rußland befreundet sein. Und sein Selbstbestimmungsrecht behalten.« Daß er ein neutrales Deutschland meinte, versteht sich von selbst.

Westliche Diplomaten, die bei ihm in der Wohnung zu Gast waren, rühmen seine Sammlung moderner sowjetischer Malerei. Darunter viele Gemälde von Künstlern, die lange Jahre verfemt und verfolgt waren. Semjonow hat ihnen trotz Amt und Würden die Treue gehalten. Allein um dieser Sammlung willen, so ein kunstliebender Kollege, wäre es schön, wenn Semjonow nach Bonn käme – falls er seine Bilder dort auch mal zeigt.

Im Baltikum

31. Oktober 1978
Wir sind in Tallinn, der einstigen Hansestadt Reval. Hier wird heute, am Reformationstag, ein neuer lutherischer Erzbischof in sein Amt eingeführt. Wir dürfen die Zeremonie filmen.

Tallinn ist die Hauptstadt Estlands, der kleinsten der Sowjetrepubliken. 1,4 Millionen Einwohner zählt Estland. Gerade soviel wie ein größerer Stadtbezirk Moskaus.

Auf den Besucher, den es zum erstenmal hierher verschlägt, wirkt Tallinn wie eine mittelalterliche deutsche Bilderbuchstadt, eine Mischung aus Rotenburg ob der Tauber und Lübeck. Den Stadtkern bildet eine mittelalterliche Wehranlage mit Stadtmauer und Wehrtürmen. Sie tragen bis heute so anheimelnde Namen wie »Langer Herr-

mann« und »Kiek in de Koek«. Auf engen, spitzgiebligen Fachwerk-
häusern drehen sich Wetterhähne, die Spitze des Rathausturms ziert
eine eiserne Landsknechtsgestalt namens »Alter Thomas«.

Die Geschichte Estlands – wie des gesamten Baltikums – war
überaus wechselvoll. Dänen haben hier geherrscht und die Herren
des Deutschritterordens, die Hanse, die Schweden und die Russen.
Heute herrscht hier formal die Sowjetmacht – seit 1940, als sich Stalin
das Baltikum einverleibte. Fast beiläufig, aber unüberhörbar bemerkt unsere perfekt Deutsch sprechende Reiseleiterin: »Eigentlich
sind wir Esten ja jahrhundertelang heftig unterdrückt worden.« Es ist
die historische Wahrheit.

Dennoch, auch die Zeugnisse der deutschen Geschichte in Tallinn
sind erhalten und liebevoll restauriert. Das Haus der »Bruderschaft
der Schwarzhäupter«, einer deutschen Kaufmannsgilde, die alte
Ratsapotheke, der Dom. Im Altarraum des Doms hängen links und
rechts an den Wänden die gewaltigen Wappen der baltischen Adels-
geschlechter, deutsche zumeist. Die deutschen Inschriften sind ohne
Mühe zu entziffern.

Überhaupt, so stellen wir fest, scheint Deutsches näher und belieb-
ter zu sein als Russisches. Wenn wir Leute auf der Straße russisch
ansprechen, blicken sie uns an, als schauten sie durch uns hindurch.
Manche wenden sich sogar demonstrativ ab. Wortlos. Versuchen wir
es dann auf deutsch, erhalten wir nicht selten auf deutsch die Antwort: »Warum haben Sie nicht gleich so gefragt?«

Nein, beliebt sind sie nicht, die Russen im Baltikum. Als ich das
erstemal hier war, vor genau zehn Jahren, habe ich eine Woche als
»U-Boot« in einem Studentenheim in Tallinn gelebt, das heißt illegal,
legitimiert nur durch meinen Moskauer Studentenausweis. Als Ausländer hätte ich eigentlich im Hotel leben müssen, was aber aus
Geldmangel nicht möglich war. Mein Zimmernachbar, ein Este,
sprach acht Tage lang kein Wort mit mir; er hielt mich für einen
Russen; und ich mußte ihn in diesem Glauben lassen. Allerdings,
gesehen haben wir uns ohnehin nicht häufig. Meist saß er abends mit
seinen estnischen Kollegen im Gemeinschaftsraum und sah Fernsehen: finnisches, das in Tallinn ohne Schwierigkeiten zu empfangen
ist.

Am Widerstand gegen die russische Überfremdung hat sich auch heute nicht viel geändert. Noch immer, so erfahren wir, beträgt der Anteil der estnischen Bevölkerung in Tallinn mehr als 75 Prozent. In der Hauptstadt der benachbarten Sowjetrepublik Lettland, in Riga, sind bereits mehr als die Hälfte der Einwohner Russen. Estnisch ist mit Ausnahme einiger Spezialschulen auch die Unterrichtssprache; Russisch ist lediglich Pflichtfach. In keiner anderen Sowjetrepublik, so ein russischer Kollege, treffe man so viele junge Menschen, die kein Russisch verstehen oder verstehen wollen. Sehr zum Kummer mancher Eltern, die wohl wissen, welche Bedeutung Russisch für eine ordentliche Karriere hat.

Ebenso hartnäckig wie an ihrer Sprache halten die Esten an ihrer Religion fest, der lutherischen. Wie für Polen jahrhundertelang die Formel galt: »Pole = Katholik«, galt in Estland seit Jahrhunderten: »Este = Lutheraner«.

Genaue Angaben über die derzeitige Zahl der Gläubigen in Estland sind kaum zu bekommen. 85 000, sagt uns der örtliche Vertreter des staatlichen Amtes für Religionsangelegenheiten in Tallinn. 250 000 bis 300 000 der Erzbischof von Tallinn, Edgar Hark. Wie dem auch sei, einige Fakten sind unbestritten: So gibt es in Estland heute nicht weniger als 140 aktive lutherische Gemeinden, die von 94 hauptamtlichen Pastoren und dreißig Predigern betreut werden. Unter den Pastoren übrigens drei Frauen.

In Tallinn selbst sind zur Zeit fünf lutherische Kirchen »in Betrieb«. Die größte allerdings, die Nikolai-Kirche, ist im Krieg stark beschädigt worden und soll als »Historisches Museum« wiederaufgebaut werden. Alle Gottesdienste sind gut besucht. Nirgendwo können wir feststellen, daß Gläubige am Betreten der Kirchen gehindert werden. Auffallend ist der hohe Anteil jugendlicher Gottesdienstbesucher. Dennoch, so erzählt uns ein junger Pfarrer, sei die Lage der Kirche in Estland alles andere als normal. Das religiöse Leben sei – wie in der gesamten Sowjetunion – vom Staat streng reglementiert. Weder die Zahl der Pastoren reiche aus noch die Zahl der zur Verfügung stehenden Bibeln und Gesangbücher. Es sei der Kirche verboten, Kindern Religionsunterricht zu erteilen; und die Aufstiegschancen entschiedener Christen im beruflichen und gesellschaftlichen Leben der Sowjetunion entsprächen etwa denen amtlich anerkannter Radikaler in der Bundesrepublik. Sagt der junge Pfarrer.

In einem Interview mit Bischof Hark wollen wir wissen, ob er uns zumindest einen lutherischen Christen nennen könne, der im politischen, administrativen oder wirtschaftlichen Leben Estlands eine besondere Rolle spiele. Mit Namen, meint Bischof Hark, könne er niemanden nennen. Aber es gebe wohl Christen, die stellvertretende Leiter einer Kolchose sind. Oder Führer einer Traktoristenbrigade. Im übrigen, so Bischof Hark, sei die Situation der Kirche in Estland völlig normal. »Die Atheisten leben nach ihren Gesetzen. Wir, die Gläubigen, leben nach unseren Gesetzen, nach den Gesetzen des Glaubens. Das stört uns beiderseitig nicht.«

»Aber gibt es nicht«, fragen wir, »gewisse Konflikte? Kann denn ein gläubiger Christ überhaupt ein loyaler Bürger eines atheistischen Staates sein?«

»Sicher«, antwortet Bischof Hark. »Es ist auch völlig verständlich, daß wir alle, die Christen sind, gleichzeitig auch unserem Staat gegenüber loyal sind und alles erfüllen, was der Staat verlangt.«

Ob dies aber nicht von den Christen ein gewisses Maß an Anpassung, an Kompromissen verlange, fragen wir.

»Nein«, sagt Bischof Hark. »In diesem Sinne gehen wir auf keine Kompromisse ein. Was zum Beispiel den Friedenskampf angeht, sind alle Christen, alle Mitglieder unserer Gemeinde sehr loyal eingestellt. Dies ist die wichtigste Frage, die es gibt in der Welt. Dies verstehen wir alle voll und ganz und unterstützen in diesem Sinne die Politik der Sowjetunion.«

Bischof Hark gibt das Interview auf russisch. Obwohl er perfekt Deutsch spricht. Neben dem Bischofskreuz trägt er den Orden für »Freundschaft der Völker«. Er ist ihm am Tag zuvor von der Regierung in Moskau verliehen worden.

Kurz vor unserer Abreise gibt uns ein Kollege von Radio Tallinn noch die letzte in Estland kolportierte Anfrage an Radio Eriwan mit auf den Weg. Frage: »Kommentieren Sie bitte die Tatsache, daß Tallinn Olympiastadt ist.« Antwort: »So ein kleines Volk und so gestraft.«

In Tallinn sollen die olympischen Segelwettbewerbe stattfinden. Am meisten erfreut darüber ist eine Gruppe von Juden in Tallin. Sie hoffen, daß ihre Ausreiseverträge jetzt schneller bearbeitet werden.

Revolutionsfeiertag

7. November 1978
In Moskau. Ein Weltbild ist zusammengebrochen. Ich werde nie wieder eine Aussage über Nationaleigenschaften der Russen machen. Bislang war ich der Meinung, daß dieses Volk unendlich duldsam und unendlich belastbar sei. Daß es bereit ist, den Gürtel immer enger und enger zu schnallen, wenn dies von der Führung verlangt wird. Daß man hier, anders als in Polen, nicht auf die Straße gehen, nicht aufmucken, nicht demonstrieren würde – solange es zwei Dinge gibt: Brot und Wodka. Ich habe mich geirrt. Zum erstenmal seit der Revolution, so hat mir ein alter Moskauer versichert, hat es in diesem Jahr zum Revolutionsfeiertag in den Moskauer Geschäften keinen Wodka gegeben. Und nichts ist passiert. Keine Aufläufe vor den Geschäften, keine Diskussionen, nichts. Die Männer sind, allenfalls leise murrend, umgestiegen auf billigen Portwein aus Bulgarien. Den gab es gerade. Ich muß noch viel lernen, in diesem Land.

12. November 1978
Nina hat Geburtstag. Sie wird drei Jahre. Wir wollen versuchen, sie in einen russischen Kindergarten zu schicken. Am besten in den, der sich unmittelbar neben dem Ausländerghetto befindet. Der Hintereingang geht – durch die Küche – auf unseren Hof hinaus. Nina hat sich schon mit den Erzieherinnen angefreundet. Und mit den Frauen, die im Sommer häufig vor der Küchentür gesessen und Kartoffeln geschält haben. Alle würden sich freuen, wenn Nina käme. Aber es wird schwierig werden. Kindergartenplätze sind knapp. Auch für russische Mütter, selbst wenn sie – und das ist der Normalfall – berufstätig sind. Häufig beträgt der Weg zum nächsten Kindergarten mehr als eine Stunde. Von russischen Bekannten haben wir gehört, daß nicht selten erst mal »geschmiert« werden müsse, um einen Platz zu bekommen.

Wir schalten einen Kollegen vom Sowjetischen Fernsehen ein, von dem wir wissen, daß er gute Beziehungen zu allen möglichen Behörden hat. Seine Frau interessiert sich sehr für westliche Mode. Wir sind nicht ganz ohne Hoffnung.

Breschnews Kampf ums Brot

15. November 1978

Leonid hat seiner ruhmreichen Biographie ein weiteres Ruhmeskapitel hinzugefügt – seinen Kampf ums Brot. Seit einigen Tagen drucken alle sowjetischen Zeitungen die Erinnerungen Breschnews an seine Arbeit als Parteichef in Kasachstan. Dabei geht es um die Neulandgewinnung in den Steppen Kasachstans Mitte der fünfziger Jahre – das größte und schwierigste Projekt der sowjetischen Landwirtschaft seit der Revolution.

Mit über 600 000 Quadratkilometern, so lesen wir, ist Kasachstan größer als Frankreich. 1954 beschloß die Partei, 250 000 Quadratkilometer dieses Territoriums landwirtschaftlich nutzbar zu machen, als »Neuland« zu gewinnen. Eine Fläche, fast doppelt so groß wie England.

Doch die Steppe, so schreibt Leonid Breschnew, erwies sich als »harte Nuß«. Es gibt hier keinen Frühling und keinen Herbst, der Winter geht sofort in den Sommer über. Der Boden ist entweder knochenhart gefroren oder ein einziger Sumpf. Die Vegetationszeiten sind kurz und die Wirbelstürme so gewaltig, daß den Neulandgewinnern in den ersten Jahren Millionen Hektar frischgewonnener Ackerkrume davonflogen. Doch obwohl der Ausgang der Ernten in Kasachstan bis heute aufgrund der unvorherbestimmbaren Witterungsverhältnisse der ungewisseste von allen Sowjetrepubliken ist, gilt die Schlacht um das Neuland als »im Prinzip« gewonnen. Und der Sieger dieser Schlacht heißt natürlich Leonid Breschnew.

Das jedenfalls ist die Kernaussage dieses Teils seiner Biographie. Sie kommt nicht unerwartet – im Gegensatz zu anderen Aussagen Breschnews im Zusammenhang mit der Neulandgewinnung. Etwa zum Thema privater Landbesitz. Die ersten Siedler im Neuland, so berichtet er, wären mit einem Huhn unterm Arm angereist, mit einem Hund oder einer Katze. Sie hätten gefragt, wo sie ein Schwein kaufen könnten, wo ein Kalb aufziehen. »Man könnte dies«, so Breschnew wörtlich, »als Ausdruck menschlicher Schwäche abtun. Aber das Leben hat mich gelehrt, diese Dinge zu achten. Natürlich, die Hauptsache im Neuland waren Millionen Hektar und Tausende von Zentnern Getreide. Aber wichtig war auch, den Menschen zu helfen. Ihnen zu ermöglichen, sich private Gärten anzulegen, Vieh und Hühner zu halten. Denn ein Bauer ohne Hof ist wie ein Baum ohne Wurzeln.«

Sollte die Frage des privaten Landbesitzes, so rätseln wir, aufhören, ein politisches Tabu zu sein? Immerhin dürfen Kolchosarbeiter seit kurzem 600 Quadratmeter Land, ein kleines Stückchen Garten, in eigener Regie bewirtschaften. Ein amerikanischer Landwirtschaftsattaché in Moskau schätzt, daß die Arbeitsproduktivität auf diesen kleinen Flecken privaten Landes bis zu achtmal so groß ist wie auf dem staatlichen Boden. Auch die offizielle Statistik kann es nicht verschweigen: Auf nur zwei Prozent des sowjetischen Territoriums erzielen die Privatbauern ein Drittel der gesamten sowjetischen Gemüseproduktion. Ähnliches gilt für Milch und Molkereiprodukte.

All das jedoch erwähnt Leonid in seinen Memoiren nicht. Auch nicht die Tatsache, daß die Straßen in Kasachstan bis heute während der Erntezeit »goldene Wege« genannt werden. Das Korn liegt auf ihnen so hoch, daß der Asphalt nicht mehr zu sehen ist. Es gibt keine geeigneten Transportmittel für das Getreide, durch die klapprigen Ladeflächen der Lkw rinnt das Korn wie durch ein Sieb.

Ein Drittel der gesamten Getreideernte geht auf diese Weise – und durch schlechte Lagerung – alljährlich verloren, schätzt unser amerikanischer Experte. Ein Kollege der sowjetischen Bauernzeitung hat es uns bestätigt.

Leonid wird noch viele Schlachten schlagen müssen.

Winter in Moskau

28. Dezember 1978
Moskau erlebt den kältesten Winter seit Jahren. Minus 45 Grad sind heute nacht auf dem Flughafen gemessen worden. Bei uns auf dem Hof waren es minus 41 Grad.

Von allen Autos der Diplomaten und Korrespondenten ist nur ein einziger angesprungen, ein Fiat sowjetischer Bauart, ein sogenannter »Lada«. Alle deutschen, französischen und amerikanischen Modelle haben ebenso ihren Geist aufgegeben wie die angeblich so winterfesten Typen aus Skandinavien. Doch als wir mit dem »Lada« einen anderen Wagen abschleppen wollen, bricht dessen Kupplung. Ab minus 40 Grad, so lernen wir, bricht Metall wie Glas, reißen die stählernen Abschleppseile wie Bindfäden.

Einige besonders Clevere und wenig Umweltbewußte lassen ihre Autos zur Zeit die ganze Nacht laufen; andere nehmen die Batterien mit ins Schlafzimmer. Doch das hilft nicht gegen den Stromausfall in den Wohnungen und das Ausfallen der Heizungen und des Wassers – wovon inzwischen ganze Stadtteile betroffen sind. Dort herrschen in manchen Wohnungen Temperaturen unter null Grad. Ich habe ein Hochhaus gesehen, in dem die Kinder auf den Korridoren Schlittschuh liefen. Erst waren die Wasserrohre geplatzt, dann das ausgelaufene Wasser gefroren.

Im Büro der ARD ist die Temperatur inzwischen auf 8 Grad abgesunken. Vorübergehend fallen außer Heizung, Strom und Wasser auch alle Telefon- und Telexverbindungen aus. Eine himmlische Ruhe, wenn auch etwas ungewöhnlich.

Über Rundfunk und Fernsehen werden – wenn Strom da ist – die Eltern aufgefordert, ihre Kinder nicht auf die Straße zu lassen. Alle Kindergärten und Schulen sind ohnehin geschlossen. Doch auch so wagt sich kaum jemand raus. Gerd Ruges Hund, sonst durchaus kälteerprobt, macht auf den Vorderfüßen einen Handstand, wenn er Gassi geht, um nicht mit allen vier Pfoten auf den eisigen Boden zu kommen.

Der städtische Verkehr ist auf ein Minimum reduziert. Die Autobusse haben sich – soweit sie überhaupt noch fahren – in rollende Tiefkühltruhen verwandelt. Mit dem Unterschied, daß es in Tiefkühltruhen im allgemeinen wärmer ist.

Wenn wir ins Bett gehen, ziehen wir uns nicht aus, sondern an. Einen zusätzlichen Pullover, einen Mantel oder ähnliches.

Die Kraftwerke und alle anderen Moskauer Kommunalbetriebe arbeiten auf Hochtouren. Die Bevölkerung ist aufgerufen, Energie zu sparen und sich auch sonst besonnen zu verhalten. Man versucht alles, um eine Panik zu vermeiden.

Noch ist die Energie- und die Lebensmittelversorgung der Stadt zwar beeinträchtigt, aber nicht zusammengebrochen. Doch niemand weiß, wie lange die Frostperiode anhalten wird – und wie groß die Reserven der Acht-Millionen-Stadt wirklich sind.

Wir überlegen, Nina nach Deutschland auszufliegen. Der Flugverkehr, so die Auskunft der Lufthansa, sei nicht beeinträchtigt. Solange der Spritnachschub klappe. Die Maschinen würden sowieso immer in eisiger Höhe fliegen. Wir lassen Nina hier. Schließlich können die russischen Kinder ja auch nicht einfach aus Moskau verschwinden. Irgendwie wird es schon weitergehen. Ein bißchen mulmig ist uns aber doch.

Silvester 1978
Bis heute nachmittag war unklar, ob die große Party, zu der wir ins ARD-Büro eingeladen haben, überhaupt stattfinden kann. Der Frost hält an, die Störungen in der Stromversorgung ebenso. Andauernd fällt der Lift aus. Alle Getränke und sonstigen Vorräte müssen zu Fuß ins Büro geschleppt werden. Zwölf Stockwerke hoch. Die ausländischen Gäste kriegen ihre Autos nicht in Gang. Die sowjetischen Freunde haben Sorge, ob ihre Busse und Straßenbahnen funktionieren. Nur die Metro fährt ohne Probleme. Doch wer wohnt schon direkt an einer Metrostation.

Schließlich sind doch alle gekommen, irgendwie. Die Sowjetbürger muß ich jeweils einzeln auf der Straße am Eingang zum Ghetto in Empfang nehmen. Damit sie der Milizposten nicht anhält und nach ihren Papieren fragt. Sie würden sonst vielleicht Ärger bekommen. Manche Dienststellen sehen Kontakte mit Ausländern nicht gern.

Zwei Zimmer des Büros sind als Umkleideräume hergerichtet. Die Damen brauchen eine halbe Stunde, um sich aus der Winterverpackung zu schälen und in die Partykleidung zu steigen. Inzwischen tauen die mitgebrachten Salate auf.

Den Stromausfall überbrücken Kerzen. Wenn der Plattenspieler stehenbleibt, wird gesungen.

Es wird ein rauschendes Fest. Die letzten Gäste gehen am anderen Morgen um 11 Uhr.

3. Februar 1979
Wir haben die Genehmigung, in einer Sportschule zu drehen. Einer Sportschule für Kinder. Wir wollen endlich dahinterkommen, war-

um die Sowjetunion im Eishockey andauernd gewinnt. Allein in den letzten 25 Jahren, so haben wir nachgerechnet, ist sie fünfzehnmal Weltmeister und neunzehnmal Europameister geworden.

Die Schule, die wir besuchen, gehört zum Eishockeyclub SPARTAK im Südosten Moskaus. Auf den ersten Blick ist es eine reguläre zehnklassige Grundschule. Die Kinder lernen lesen, schreiben, rechnen, später Mathematik, Physik, Biologie, Deutsch oder Englisch, Geschichte, Wehrkunde, kurz: all das, was jedes sowjetische Kind in der Schule lernen muß. Mit einem Unterschied: Das Hauptfach ist Eishockey, vom ersten Schuljahr an. 6000 Kinder- und Jugendsportschulen, so erfahren wir vom Direktor, gibt es in der Sowjetunion. 750 von ihnen sind auf eine einzige Sportart spezialisiert, auf Eishockey. Daß auch jeder der 52 Eishockeyclubs der sowjetischen Spitzenligen eine derartige Schule unterhält, ist eine Selbstverständlichkeit.

Wie in der Schule des Clubs SPARTAK stehen überall täglich mindestens zwei Stunden Training auf dem Programm. Geleitet wird das Training übrigens nicht selten von den berühmtesten Stars der sowjetischen Nationalmannschaft. Bei SPARTAK ist es der vielfache Welt- und Europameister Anatolij Zimin, im benachbarten Armeeclub sein Teamkamerad Alexander Ragulin.

Wir nehmen zunächst an einer Deutschstunde teil; werden begrüßt mit einem donnernden »Gutten Tagg« und hören dann einige Gedichte. Heinrich Heines »Loreley«, Goethes »Zauberlehrling«. Dann einige Fragen zur antifaschistischen Literatur. Bertolt Brecht, Anna Seghers, Erich Weinert werden erwähnt. Die Antworten klingen auswendig gelernt. Lehrer und Kinder sind sichtlich stolz. Es ist eine 10. Klasse. Im Sommer wird sie die Abschlußprüfung machen, das russische Abitur, das etwa der deutschen Mittelschulreife entspricht. Danach können sich die Absolventen zur Aufnahmeprüfung für eine Universität oder eine Fachschule bewerben.

Dann filmen wir das Training in der Halle. Auf dem Eis die Schüler einer 2. Klasse, im Schnitt neun Jahre alt. In der Sowjetunion beginnt die Schulpflicht mit dem siebenten Lebensjahr.

Was zuerst auffällt, ist der verbissene Ernst, mit dem die Kleinen, eingemummt in ihre schwere Eishockeymontur, das Training betreiben. Die Anweisungen des Trainers sind fast militärisch, werden exakt und mit letztem Einsatz ausgeführt; Herumalbern, Abseitsstehen oder gar unerlaubtes Verschnaufen ist nicht zu beobachten. Aber vielleicht gibt man sich ja auch nur besondere Mühe, weil das Fernsehen aus dem Ausland da ist.

Als wir nach dem Training mit den Kindern ins Gespräch kommen, geben sie sich jedenfalls ganz locker und wohltuend unbefangen. Zuerst animieren sie uns, ein wenig mitzuspielen, zum Gaudium der ganzen Halle, denn mit unseren Straßenschuhen kriegen wir kein Bein auf die Erde, genauer: aufs Eis. Aber auch wenn wir auf Kufen stünden, wir hätten keine Chance. Die Jungen sind mit neun Jahren technisch bereits so gut wie erwachsene Spitzenspieler in der Bundesrepublik. Die meisten von ihnen haben im Alter von drei Jahren mit dem Eishockey angefangen.

Auf unsere Frage nach ihrem Berufswunsch gibt es nur eine Antwort: Eishockeyspieler. In der Tat keine schlechte Perspektive. Denn wie alle Spitzensportler sind auch alle Eishockeyspieler in den sowjetischen Ligaclubs Vollprofis. Kein anderer Berufsstand in der Sowjetunion – mit Ausnahme einiger Sänger, Schauspieler, Tänzer und Schriftsteller – verdient so gut wie die Spitzensportler. Und unter diesen sind die Eishockeyspieler die absoluten Stars. Sowohl in der Publikumsgunst als auch auf den Gehaltslisten.

Wir verstehen, warum die Sowjetunion im Eishockey so gut ist...

Am Polarkreis

Jakutsk

20. Februar 1978

Freunde in Moskau hatten uns gewarnt: Es sei sinnlos, mit der Kamera nach Sibirien zu fahren, wenn es dort kälter ist als minus 45 Grad. Von den Städten, Maschinen und Menschen sähe man nur eines – Dampf.

Unsere Freunde in Moskau scheinen recht zu behalten. Wir sind in Jakutsk, der Hauptstadt Ostsibiriens. 7000 Kilometer östlich von Moskau, nur wenige hundert Kilometer südlich des Polarkreises. Wir wollen noch höher nach Norden, nach Werchojansk, jenseits des Polarkreises, dem kältesten Punkt der Erde.

Doch zunächst hängen wir, nach zwölfstündiger Flugreise, in Jakutsk fest. Wir wollen die Gelegenheit nutzen, um Stadtaufnahmen zu machen. Aber es geht beim besten Willen nicht. Jürgen flucht, weil er durch die Kamera nichts als Dampf sieht: Dampf aus den Häusern, Dampf aus den Autos, Dampf aus den Gesichtern der Menschen. Jura, unser Tontechniker, stellt sein Gerät in die Ecke, weil die Batterien versagen. Es ist 50 Grad unter Null. Wir brechen die Dreharbeiten ab. Nicht nur, weil wir vor lauter Dampf oder Nebel, oder was immer es auch sein mag, nichts sehen, sondern weil wir trotz unserer westlichen pelzgefütterten Fliegerstiefel erbärmlich frieren. Wir beschließen, in ein Kaufhaus zu gehen und uns richtig einzukleiden. Wir kaufen je ein Paar Walenki, jene legendären russischen Filzstiefel. Dazu Einlegesohlen aus Rentierfell. Dann stopfen wir noch drei Lagen Zeitungspapier hinein, die »Prawda« natürlich. Und morgen, so hat man uns vertröstet, soll es ohnehin warm werden: minus 30 Grad.

Jakutsk zählt rund 180 000 Einwohner. 60 Prozent sind Jakuten, das heißt sibrirische Ureinwohner, 40 Prozent Russen. Stolz berichtet uns der Bürgermeister von seiner Stadt, die nicht nur das politische und kulturelle Zentrum Ostsibiriens ist, sondern zugleich die Hauptstadt der sogenannten autonomen Jakutischen Sowjetrepublik. Es gibt hier drei Theater, eine Philharmonie, eine Universität, achtzehn höhere Lehranstalten. »Vor der Revolution«, erklärt der Bürgermeister, »war hier nicht eine höhere Schule.« Auf dem Spielplan der Oper, so haben wir es an einer Litfaßsäule gesehen, stehen »Eugen Onegin«, »Tosca« und »Rigoletto«. Und vor dem Gebäude der Stadtverwaltung steht natürlich Lenin. Jürgen enthält sich jedes Kommentars.

Wir bummeln durch die Stadt, suchen Motive für die Kamera. Den größten Teil der Stadtfläche bedecken kleine, zum Teil reich verzierte Holzhäuschen. Zwar hätten schon um die Jahrhundertwende, so erzählt uns eine reizende Kollegin vom Jakutischen Fernsehen, reiche russische Kaufleute versucht, in Jakutsk Steinbauten zu errichten, doch mit dem immer gleichen Ergebnis: Die schweren Steinhäuser erwärmten den ewig gefrorenen Untergrund und versanken. Das Problem des Dauerfrosts, des sogenannten Permafrosts, war damals noch nicht bekannt. Fast die Hälfte des gesamten Territoriums der Sowjetunion liegt im Gebiet des ewigen Frostes. Bis in eine Tiefe von mehreren hundert Metern ist der Boden hier das ganze Jahr über gefroren. Nur im Sommer taut er einige Zentimeter auf.

Inzwischen hat man das Phänomen des Permafrosts weitgehend erforscht. Um eine Erwärmung des Bodens und damit das Versinken der Häuser im Schlamm zu verhindern, ist man dazu übergegangen, alle größeren Bauten auf Pfählen zu errichten, die zwölf Meter tief in den gefrorenen Boden gerammt werden. Auf diese Weise ist in Jakutsk ein Stadtzentrum entstanden, das durchaus westlich urbanen Charakter hat. Fünfgeschossige Wohn- und Verwaltungsgebäude, Warenhäuser, ein Hotel. Einen Bahnhof allerdings sucht man vergeblich. Die nächste Eisenbahnlinie ist 1200 Kilometer entfernt. Auch eine Straße nach Jakutsk gibt es nicht. Die Stadt muß aus der Luft versorgt werden. Oder durch Versorgungsschiffe, die vom Eismeer die Lena hochkommen. Allerdings nur vier Monate im Jahr. Die restlichen acht Monate ist die Lena zugefroren.

21. Februar 1978

Es ist Samstag. Wir wohnen im »Hotel Jakutsk«, dem einzigen am Ort. Es ist vier Stockwerke hoch. Wenn man hinein will, muß man durch drei Türen. Die Fenster sind ebenfalls dreifach. Der Kälte wegen. Trotzdem laufen wir in dicken Pullovern herum. Und legen uns nachts noch unseren Mantel aufs Bett.

Am Abend komme ich im Restaurant mit einem bärtigen Mann ins Gespräch. In einem Einkaufsnetz hat er ein paar Flaschen Bier mitgebracht. Er sei Ingenieur und auf Dienstreise, stellt er sich vor, nachdem er sich auf den einzigen freien Platz an meinem Tisch gesetzt hat. Nikolaj Sergejewitsch sei sein Name, abgekürzt Kolja. Das passe gut, sage ich, mein Name wäre im Russischen auch Nikolaj, also Kolja.

Jakutsk, so der bärtige Kolja, sei ja doch ganz anders, als er sich vorgestellt habe. Man hätte ihm erzählt, hier gebe es Lebensmittel nur auf Marken zu kaufen, und auch sonst sei alles ganz ärmlich. Da habe er sich vorsichtshalber die Verpflegung mitgebracht. Was man so brauche: Wurst, Käse, Eier, Fischkonserven. Als er auf dem Weg vom Flughafen eine Bude mit Bier gesehen habe, hätte er gleich zehn Flaschen mitgenommen. Bier würde es im Hotel bestimmt nicht geben. Recht hat er.

Er öffnet die beiden ersten Flaschen, ich bestelle Wodka. Natürlich auch eine Flasche.

Wo er denn herkäme, frage ich Kolja. »Ach«, meint er, »das kennen Sie ja sowieso nicht.« Selbst die Russen würden den Ort nicht kennen. Fragend blicke ich ihn an. »Oder kennen Sie vielleicht Tscherskij?«

»Nie gehört«, sage ich.

»Schade«, sagt Kolja, »da sollten Sie mal hin. Von hier aus 3000 Kilometer nordöstlich, am Eismeer. Eine kleine Hafenstadt, an der Mündung der Kolyma.«

Mich durchzuckt es. Im Gebiet der Kolyma befinden sich die berüchtigsten Straflager der Sowjetunion. Es ist das Zentrum jenes Archipels GULAG, den Solschenizyn so eindringlich beschrieben hat. Hunderttausende von Gefangenen sind hier ums Leben gekommen, erfroren, verhungert, gestorben an Erschöpfung und Mißhandlung.

Doch Kolja schwärmt von Tscherskij. Einen Moment bin ich

irritiert, weiß nicht, ob er mich auf den Arm nehmen will oder es tatsächlich so meint.

Wie er denn dahingekommen sei, frage ich vorsichtig. Kolja versteht die Frage. Aus der Ukraine, sagt er, vor zwölf Jahren, freiwillig. Er sei Spezialist für Installationen, Sanitäranlagen und so. Er habe sich ursprünglich nur für drei Jahre dorthin verpflichtet. Ihm sei der dreifache Lohn in Aussicht gestellt worden und eine eigene Wohnung, wenn er danach wieder in die Ukraine zurückkehre. Dann sei er aber mit seiner Frau dort hängengeblieben.

»Aus der sonnigen, warmen Ukraine freiwillig ans Eismeer?« frage ich ungläubig.

Hätte er sich auch nicht vorstellen können, sagt Kolja. Aber nach drei Jahren hätten sie sich daran gewöhnt. Ja, mehr als das, sie wollten gar nicht wieder weg. Kalt sei es. Zugegeben. Im Winter durchschnittlich minus 40 Grad, manchmal sogar unter minus 60 Grad. Aber damit könne man leben, die Kälte sei etwas Ehrliches. Und solange kein Wind gehe, würde man sich sogar richtig wohl fühlen. Auch langweilig sei es nicht. Allein die Sonnenaufgänge und Sonnenuntergänge über dem Eismeer. Allerdings, so korrigiert er sich, im Winter geht die Sonne ja gar nicht auf. Aber dafür sei es im Sommer um so faszinierender. Und auf Fischfang könne man gehen, im Sommer wie im Winter. Man könne Beeren sammeln. Oder jagen. Nur sei es im Winter ein bißchen mühsam, weil man sich erst einmal ein oder zwei Meter ein Loch durchs Eis bohren müsse. Und die Würmer andauernd erfrören. Aber die könne man ja im Mund aufwärmen.

Ich schaue auf unsere Wodkaflasche, aber sie ist noch nicht einmal halb leer. Und Kolja macht auch nicht den Eindruck, als ob er flunkere. Und dann erzählt er von den Menschen in Tscherskij. Eine bunte Mischung sei es. Aber ihr Grundgesetz sei, einander zu helfen. »Allein«, meint Kolja, »bist du in Sibirien verloren. Das wissen dort alle. Man hat Zeit füreinander. Fühlt sich zusammengehörig, fast wie eine große Familie.« Man mache zwar nicht viel Worte und große schon gar nicht. Aber das, was man sage, stimme dann auch. Sicher, es sei ein Kaff. Außer dem kleinen Hafen, einer Fischfabrik und einer Molkerei gebe es dort nicht viel. Ein Kino noch und ein Kulturhaus. Aber man treffe sich eben privat oder mache tagelange Wanderungen durch die Taiga, im Winter auf Skiern. Und für diejenigen, die gar nichts mit sich und der Natur anfangen könnten, gebe es schließlich in Tscherskij auch das Fernsehen. Über Satellit könne man es direkt aus Moskau empfangen. Also, hinter dem Mond lebten sie dort wirklich nicht.

Ob er denn wenigstens regelmäßig in Urlaub fahre? Auf die Krim, in den Kaukasus oder so? Als Freiwilliger in Sibirien stünden ihm doch kostenlose Urlaubsreisen und Sanatoriumsaufenthalte zu.

Urlaub, sinniert Kolja und öffnet die beiden letzten Bierflaschen, Urlaub habe er erst einmal gemacht. Das nun kann ich überhaupt nicht verstehen. »Doch«, bekräftigt Kolja, »ein einziges Mal; und dann hatten wir, meine Frau und ich, die Nase voll. Wir waren in einem Ferienheim im Baltikum, an der Ostsee, in Palanga.« »Von dem Ort habe ich gehört«, sage ich. Er liegt unweit von Memel, nördlich der Kurischen Nehrung. Es müsse ein bezaubernder Badeort sein. »Mag sein«, brummt Kolja, »aber die vielen Menschen da haben uns verrückt gemacht. Und der Krach. Und die Hektik.« Und alles sei so eng gewesen. Und jeder nur mit sich selbst beschäftigt. Er und seine Frau seien jedenfalls wieder abgereist, vorzeitig; und hätten beschlossen, auch im Urlaub in Tscherskij zu bleiben. Sie jedenfalls hätten keine Sehnsucht mehr nach der Großen Erde, nach dem Mutterland – wie sie hier den europäischen Teil Rußlands nennen. Ich solle doch mal nach Tscherskij kommen, sagt Kolja, während wir aufstehen. Es würde mir sicher gefallen.

»Kommen«, sage ich, »würde ich gern. Aber bleiben? Ich weiß nicht . . .«

»Glaub' mir«, sagt Kolja, »nicht alles an der Kolyma ist schlimm.«

»Ich glaub' Dir«, sage ich. Und ich glaube es wirklich.

Deutschstunde in Sibirien

23. Februar 1979
Ich fühle mich um Jahre zurückversetzt: Ich nehme an einem Seminar für Mittelhochdeutsch teil. Nicht an der Universität Wien oder Hamburg, sondern in Sibirien, an der Universität von Jakutsk.

6000 Studenten zählt die Universität von Jakutsk. 120 von ihnen studieren als Hauptfach Germanistik. Und das, obwohl es kaum

Möglichkeiten gibt, die Sprachkenntnisse in der Praxis zu erproben. Selbst die DDR ist 9000 Kilometer entfernt. Nach Amerika ist es viel näher, und nach China auch.

Dennoch: Die alten Verbindungen zwischen Deutschland und Sibirien scheinen noch immer lebendig. Auch die sonst so nationalbewußte sowjetische Geschichtsschreibung verschweigt nicht den großen Anteil, den deutsche Wissenschaftler und Gelehrte in den vergangenen Jahrhunderten an der Erforschung Sibiriens hatten. Immerhin soll es niemand anders als Alexander von Humboldt gewesen sein, der in Sibirien den ersten Diamanten fand.

Doch als wir die Studenten, die im Vierten Semester Germanistik studieren, nach ihren Motiven fragen, ist von der Geschichte erstaunlich wenig die Rede. Fast alle erklären – einige übrigens in fast akzentfreiem Deutsch –, daß sie über die Literatur an die Germanistik gekommen seien. In der Schule hätten sie Heine gelesen, natürlich auch Gedichte von Goethe und Schiller, auch Stücke von Bert Brecht, den »Kaukasischen Kreidekreis« zum Beispiel.

Wir fragen nach ihrer Beziehung zur zeitgenössischen deutschen Literatur. O ja, so die spontane Antwort, damit würden sie sich auch beschäftigen. Vor allem mit Heinrich Böll. Der sei ihr Lieblingsdichter. Ein wenig mißtrauisch fragen wir, was von Böll sie denn gelesen hätten. »Billard um halb zehn«, »Haus ohne Hüter«, »Und sagte kein einziges Wort«. Wir bohren nach: Welche Figur von Böll ihnen denn besonders vertraut sei? Die Leni aus »Gruppenbild mit Dame«. Wir sind einigermaßen verblüfft. Wo sie denn die Bücher her – hätten, es gäbe sie doch nirgends zu kaufen in der Sowjetunion? Auf deutsch sowieso nicht, und die Übersetzungen seien so begehrt, daß sie nur auf dem Schwarzmarkt erhältlich seien. Aus der Universitätsbibliothek, lautet die einfache Antwort. Auf unseren ungläubigen Blick hin zieht eines der Mädchen ein zerlesenes Exemplar aus der Tasche. »Billard um halb zehn«. Die Originalausgabe. Mit dem Stempel der Universität Jakutsk.

Wie, in aller Welt, so fragen wir uns, kommt Heinrich Böll nach Sibirien? Über die Deutsche Botschaft vielleicht? Oder Inter Nationes? Wir beschließen, der Frage nachzugehen.

Vorher wollen wir aber noch wissen, was die Studenten in Jakutsk so an Böll fasziniert. Daß im Mittelpunkt der Mensch steht, sagt eines der Mädchen – es sind fast nur Studentinnen in diesem Kurs. Eine andere: »Er ist ein ehrlicher Schriftsteller. Ich glaube, daß Deutschland so ist, wie er es beschreibt. Und er hat den Krieg nicht vergessen.« Das, so wirft eine dritte ein, täten die Schriftsteller aus der DDR auch nicht. Die würden sie ebenfalls lieben. Anna Seghers zum Beispiel, und Willi Bredel... und Erich Maria Remarque. Der allerdings, so mischt sich erstmals die Professorin ein, sei doch schon älter als die DDR und stamme aus Osnabrück. Und das gehöre, soweit sie wisse, heute zur BRD. Sie sagt es leicht tadelnd. Die Mädchen scheint es wenig zu kümmern. »Er ist dennoch gut«, beharren sie. Wir können nur zustimmen.

Beim Abschied versprechen wir, ein paar neue Bücher zu schicken. Von Günter Grass zum Beispiel und Siegfried Lenz. Ob sie ankommen werden, wissen wir allerdings nicht.

Winterwege durch die Taiga

24. Februar 1979
Wir sehen zum erstenmal einen sibirischen Winterweg. »Winterwege« ist die offizielle Bezeichnung für jene Trassen, auf denen sich im Winter die Konvois der Lastwagen durch die Taiga kämpfen – oder über das Eis der gefrorenen Flüsse. Im Sommer ist die Taiga unpassierbar, die Autos versinken im Schlamm. Straßen gibt es nicht.

Für Jakutsk ist die Lena, auf deren Eis wir uns befinden, der wichtigste der Winterwege – vom Dezember bis April neben dem Flugzeug die einzige Verbindung zur Außenwelt.

14 Kilometer breit ist an dieser Stelle die Lena, jener gewaltige Strom, den die Sibiriaken »Straße des Lebens« nennen. Etwa 4400 Kilometer lang ist sie, mehr als dreimal so lang wie der Rhein. Der nächste größere Ort in Richtung Norden, die Hafenstadt Tiksi am Eismeer, ist etwa 1500 Kilometer entfernt; stromaufwärts, in Richtung Südwesten, sind es etwa 2000 Kilometer bis zum nächsten Ort, der Industriestadt Ust-Kut.

Das Eis, auf dem die Wagen fahren, ist ein bis zwei Meter dick. Eine eigens dafür geschaffene Behörde kontrolliert ständig die Dicke der Eisdecke und sorgt für das Aufstellen der unerläßlichen Verkehrsschilder. Es sind die gleichen Schilder wie auf den russischen Landstraßen und Autobahnen. Da gibt es Gewichtsbegrenzungen und Überholverbote, Geschwindigkeitsbegrenzungen und Einbahnstraßen. Wenn das Eis zu tauen beginnt, sammelt die Behörde die Schilder wieder ein.

Niemals, so erzählt unser sibirischer Begleiter, dürfe sich ein einzelnes Fahrzeug über eine längere Strecke auf einen Winterweg begeben. Sollte der Motor irgendwo draußen seinen Geist aufgeben, hätten die Insassen kaum eine Chance. Bei 50 Grad unter Null läßt sich keine Reparatur ausführen, kein Stück Metall anfassen, ohne daß sofort die Hand anfriert. Hilfe kann weit sein und der Weg dorthin lang. Deshalb fährt man grundsätzlich im Konvoi.

Alle Autos in Sibirien sind mit Doppelfenstern ausgerüstet. Da es aber keine geheizten Garagen gibt, müssen die Motoren im Winter ohne Unterbrechung 24 Stunden rund um die Uhr laufen. Bleibt ein Wagen dennoch einmal stehen, so erklärt uns der Taxifahrer, der uns auf die Lena gebracht hat, entzünden die Fahrer ein Feuerchen unter dem Motorblock. Daß dabei mancher Wagen in die Luft fliegt, gehöre zum sibirischen Risiko. Ein Auto, das stehe, sei ja schließlich auch nichts wert. Wir finden die Logik einleuchtend.

Am kältesten Punkt der Erde

25. Februar 1979
Wir haben es geschafft. Wir sind in Werchojansk, dem kältesten Punkt der Erde.

Bis zur letzten Minute war es ungewiß, ob uns die Behörden in Jakutsk die Erlaubnis zur Weiterreise geben würden. Der Ort hätte keine Unterbringungsmöglichkeiten für Ausländer. Die Nomaden mit ihren Rentierherden, die wir filmen wollten, seien in der Taiga verschwunden. Der Flugverkehr sei wegen Nebels eingestellt. Und ein Fernsehteam sei sowieso noch nie dort gewesen. Und so weiter. Schließlich klappt es doch. Als Begleiter bekommen wir einen Redakteur vom Jakutischen Rundfunk mit, einen gemütlichen Sibirjaken, den offenbar nur ein Thema interessiert: die Jagd. Stundenlang erzählt er davon. Uns kann's nur recht sein.

Zuerst geht es nach Batagaj, rund 1000 Kilometer nordöstlich von Jakutsk. Mit einer JAK-40, einem eleganten, kleinen zweistrahligen Düsenflugzeug; dem einzigen sowjetischer Bauart, das den internationalen Sicherheitsvorschriften entspricht. Behauptet Jura, unser Toningenieur. Internationalen Komfort bietet es allerdings nicht. Es hat in der Passagierkabine nämlich keine Heizung. Oder zumindest funktioniert sie nicht. Wir schätzen die Temperatur im Flugzeug so um die 30 Grad unter Null. Selbst unsere Walenki, die Angora-Unterwäsche und die Pelze retten uns nicht. Nach kurzer Zeit fühlen wir uns wie Eisklumpen. Denn bewegen kann man sich in der engen Kabine nicht. Und insgesamt dauert der Flug knapp zwei Stunden.

Von Batagaj geht's mit einem Doppeldecker weiter. Etwa eine halbe Stunde bis Werchojansk. Die Maschine vom Typ Antonow-2 ist offenbar ein Nachbau des deutschen Fieseler Storch. Im europäischen Teil Rußlands wird sie Maishüpfer genannt, russisch:»kukuruzec«. Weil sie so niedrig über die Felder fliegt. Von Maiskolben zu Maiskolben. Uns bringt sie sicher von der Betonpiste in Batagaj zur Eispiste in Werchojansk. Das Flughafengebäude ist eine kleine Holzhütte.

Der Ort Werchojansk besteht aus einer Ansammlung von etwa dreißig Holzhäusern entlang einer breiten Dorfstraße. Allerdings: Ob es tatsächlich eine Straße ist, können wir nicht feststellen, denn der Schnee liegt etwa anderthalb Meter hoch. Neben der Straße ist das Bett eines zugefrorenen Flüßchens zu erkennen. Es muß die Jana sein.

Werchojansk, 200 Kilometer nördlich des Polarkreises, gilt als der Kältepol der Erde. Der Winter dauert hier neun Monate. Vor rund hundert Jahren wurden hier 67,8 Grad unter Null als Tagesdurchschnitt gemessen, die niedrigste Temperatur, die je an einem Ort der Erde herrschte. Zwar wurde im benachbarten Ojmjakon, 500 Kilometer südöstlich, schon mal eine niedrigere Temperatur gemessen, doch diese Messung, so sagen die Leute in Werchojansk, sei irregulär gewesen. Sie sei nämlich nur über wenige Stunden erfolgt, nicht rund um die Uhr. Wie dem auch sei: Werchojansk gilt als der Kältepol. In der Wetterkarte der Regierungszeitung »Iswestija« ist er eingetragen. Ein schlichter Obelisk im Zentrum des Ortes erinnert ebenfalls daran. Gegründet wurde Werchojansk übrigens, so lesen wir es in der

»Großen Sowjetenzyklopädie«, schon 1638: von Kosaken. Und der Begründer der meteorologischen Forschung in Werchojansk, so erfahren wir dort ebenfalls, war ein Verbannter: ein Terrorist, der ein Attentat auf den Zaren geplant hatte. Heute, so sagt man uns, gebe es in Werchojansk keine Verbannten mehr. Wir glauben es. Sonst hätte man uns wohl auch nicht hierher gelassen. Wir wissen aber, daß in Ojmjakon zumindest ein Verbannter lebt, der Physiker und Regimekritiker Andrej Twerdochlebow.

Auf den ersten Blick scheint die Zeit in Werchojansk stehengeblieben. Zottige kleine Pferde ziehen Schlitten auf hölzernen Kufen. Aus den kleinen Holzhäusern steigt der weiße Rauch schnurgerade in den wolkenlosen, blauen Himmel. Auf der Dorfstraße balgen sich sibirische Promenadenmischungen um einen Knochen. Außer Hundegebell und dem zeitweiligen Knattern eines uralten Motorrads ist nur noch das helle Klingen der Pferdeglöckchen zu hören.

Und dennoch, die Unterschiede zu früher sind gewaltig. Um die Jahrhundertwende, so erzählt uns die Bürgermeisterin, eine Jakutin von schätzungsweise fünfzig Jahren, lebten hier 250 Menschen – unter ihnen etwa hundert Verbannte. Heute zähle Werchojansk 2000 Einwohner. Die meisten arbeiten in der Landwirtschaft, als Holzfäller oder Jäger. Zwar gebe es noch immer keine Kanalisation und keine Wasserleitungen, und im Sommer versinke der Ort im Schlamm. Aber man sei »voll elektrifiziert«, es gebe Telefon, und auch das Moskauer Fernsehen sei zu empfangen. Außerdem gebe es eine geregelte ärztliche Betreuung, ein Clubhaus für kulturelle Veranstaltungen wie Kino, Laienspiel, Volkstanz sowie ein dörfliches Warenhaus. Letzteres haben wir bereits besichtigt. Es ist der einzige Steinbau im Dorf. Im Parterre werden Lebensmittel verkauft – Brot, Fleisch- und Fischkonserven, Mehl, Grütze, Spirituosen und Milch. Letztere wird nicht in Flaschen, sondern am Stück verkauft – in marmorartigen Blöcken. Die Leute tragen sie unterm Arm nach Hause.

Wir fragen die Bürgermeisterin nach den schwierigsten Problemen ihres Ortes. Die Antwort verblüfft zunächst: »Obwohl wir am Kältepol leben, haben wir keinerlei Probleme, die mit der Kälte zusammenhängen. Aber wie alle anderen Städte unserer Republik«, so die Bürgermeisterin, »haben auch wir eine ganze Reihe von Problemen. Unser Hauptproblem ist der mangelnde Wohnraum, die Erweiterung unserer Bautätigkeit. Damit fangen wir eigentlich jetzt erst an. Als erstes wollen wir einen Kindergarten bauen, dann noch eine Schule. Wenn's geht, sogar mit Schwimmbad. Wir wollen auch einige Steinhäuser bauen, zweistöckige sogar.«

Wir fragen, ob sie als Bürgermeisterin des kältesten Ortes der Welt nicht manchmal davon träume, Bürgermeisterin in einer wärmeren Gegend zu sein, etwa auf der Krim?

»Nein«, antwortet die Bürgermeisterin, ohne zu zögern, »davon träume ich nicht. Ich bin hier geboren, dies ist meine Stadt. Wir Leute aus dem Norden halten es nirgendwo länger aus.«

Der Stolz der Leute in Werchojansk ist ihre Schule. Sie ist – wie so häufig in sibirischen Dörfern – das größte und schönste Gebäude am Ort. Es ist die obligatorische zehnklassige Grundschule. Die Kinder müssen übrigens auch bei minus 50 Grad noch zur Schule. Kältefrei gibt es erst ab 51 Grad unter Null.

Der Schule angegliedert ist ein kleines, liebevoll gepflegtes Schulmuseum, dessen Ausstellungsstücke von den Schülern selbst zusammengetragen und arrangiert sind. Kochgeräte und Eßgeschirr aus grauer Vorzeit, historische Utensilien der Jagd und des Fischfangs, Spinnrocken, alte Skier, Schlitten usw., kurz: ein sibirisches Heimatmuseum. Natürlich auch mit einer politischen Abteilung unter dem Motto: »Die Geschichte der revolutionären Bewegung in Werchojansk«. Und mit einer Ehrentafel für die Veteranen des Zweiten Weltkriegs aus Werchojansk. Einer hat sogar beim Sturm auf den Reichstag teilgenommen.

Als Unterrichtssprache können die Schüler wählen zwischen Russisch und Jakutisch. 80 Prozent, so sagt die Direktorin, entscheiden sich für Jakutisch. Das entspricht genau dem jakutischen Bevölkerungsanteil.

Wir drehen den Englischunterricht. Die Lehrerin, die auf jakutisch unterrichtet, ist wie alle anderen Lehrer der Schule in Werchojansk geboren. Ihre Ausbildung erhielt sie auf der Pädagogischen Hochschule in Irkutsk. Ihre Biographie scheint typisch. Denn anders als in Zentralrußland, an der Wolga etwa, drängt die Jugend Sibiriens nicht in jedem Fall in die Städte, sondern kehrt meist, wenn es die Arbeitssituation erlaubt, in ihre Dörfer zurück. Das erzählt uns jedenfalls die Direktorin. Auch die Schüler dieser 8. Klasse, die wir filmen, werden da offenbar keine Ausnahme machen. Nachdem wir einige gefragt haben, was sie werden wollen – Lehrer, Arzt, Tierzüchter usw. –, bitten wir diejenigen, die später einmal Werchojansk verlassen wollen, die Hand zu heben. Es rührt sich keine.

26. Februar 1979

Unsere erste Nacht in Werchojansk. Es war kalt. Minus 51 Grad sollen es gewesen sein. Draußen. Wir hatten das Gefühl, drinnen sei es auch nicht viel wärmer. Jedenfalls war auch die innerste Scheibe des Dreifachfensters bis oben mit Eisblumen bedeckt.

Wir sind im sogenannten Gästehaus des Stadtrates untergebracht, einem geräumigen zweistöckigen Holzhaus. Eigentlich ist es ganz gemütlich. In den gußeisernen Öfen bollern die Holzscheite, in der Küche hören wir einen unsichtbaren guten Geist mit Töpfen und Pfannen hantieren. Wir werden köstlich bewirtet – und zwar zunächst ganz anders als erwartet. Kommt man nämlich in Sibirien im Winter von draußen in einen geheizten Raum, wird nie heißer Tee oder ein anderes warmes Getränk angeboten. Statt dessen gibt es zunächst in hauchdünne Scheiben geschnittenen, tiefgefrorenen Fisch – eine sibirische Spezialität. Dazu Wodka aus der Tiefkühltruhe, sprich: aus dem Schneehaufen vor der Tür. Auf diese Weise sollen die unterkühlten Lungenbläschen vor Verbrennungen geschützt und allmählich wieder an wärmere Temperaturen gewöhnt werden. Wodka unter 45 Prozent übrigens gilt in Sibirien als Limonade. Normalerweise trinken die Männer reinen Spiritus, 98prozentig.

Dann erst, nach diversen kalten Vorspeisen, gibt es eine warme Suppe. In unserem Fall eine Milchsuppe mit Heidelbeeren. Anschließend gekochtes Rentierfleisch. Zum Abschluß noch einmal Heidelbeeren mit Zucker. Der Vitamine wegen, wie unsere Gastgeber sagen.

Als Waschgelegenheit dient ein Becken mit einer Blechbüchse darüber. Aus dem Boden der Blechbüchse ragt ein Metallstift nach unten. Drückt man diesen Metallstab nach oben, tröpfelt Wasser aus der Büchse. Ist sie leer, braucht man von draußen nur ein wenig Schnee zu holen und sie wieder aufzufüllen.

Etwas problematischer ist es mit der Befriedigung anderer menschlicher Bedürfnisse. Unser jakutischer Reiseführer hatte uns schon von der ältesten sanitären Einrichtung seines Landes erzählt, dem sibirischen »Stangenklo« – eine Stange zum Festhalten, die andere zur Abwehr der Wölfe. In Werchojansk ist man inzwischen ein wenig fortschrittlicher: Es gibt ein in den Frostboden gehacktes Loch im Hinterhof unseres Gästehauses, drumherum ein Bretterzaun. In dem licht- und luftdurchlässigen Geviert – unseres ist besonders luxuriös, denn es hat noch ein Holzdach drauf – sind die seltsamsten Stalagmiten gewachsen.

Wir machen Außenaufnahmen in Werchojansk. Die Dorfstraße, das Kulturhaus, das Warenhaus, die Holzhütten, die kleinen Brükken über die Jana, die im Winter ohne Funktion sind, da man einfach über das gefrorene Eis geht. Die Menschen sind freundlich, ohne Scheu, haben keinerlei Einwände, von uns fotografiert zu werden. Manche bleiben stehen, fragen, woher wir kommen, ob es in »Germania« auch solche Kälte gibt wie bei ihnen. Die Kinder vor der Schule fordern uns zu einer Schneeballschlacht auf, was nicht ganz ungefährlich ist, denn der Schnee ist knochenhart gefroren. Eine Einladung zu einem Eishockeyspiel auf der Jana lehnen wir dankend ab. Der Hinweis auf fehlende Schlittschuhe erspart uns eine Blamage. Die kleinen Knirpse spielen wie wahre Eishockeyteufel.

Die Temperatur beträgt etwa 40 Grad unter Null. Es ist absolut windstill. Vom blauen, wolkenlosen Himmel strahlt die Sonne, als wäre es Sommer. Bei diesem Wetter, meint Jürgen, könne es eigentlich jeder aushalten. Wir zumindest haben erstaunlich wenig Probleme. »Mit der Kälte«, hatte uns ein alter Mann in Werchojansk erklärt, »ist es wie mit den Mücken im Sommer. Beides ist vor allem ein psychologisches Problem. Achtest du auf die Mücken, werden sie dich stechen; achtest du auf die Kälte, wirst du frieren.« Unsere Erfahrung hingegen: Nicht die Psychologie schützt vor Kälte, sondern einzig die richtige Kleidung. Und die haben wir. Auf dem Kopf die »Schapka«, die legendäre russische Pelzmütze mit Ohrenklappen, unter dem Pelzmantel mehrere Pullover und unsere Unterwäsche aus Angora; an den Füßen die handgewirkten Filzstiefel, die Walenki, die wir in Jakutsk gekauft haben. Solange die Luft trocken und es windstill ist, kann man sich in dieser Kleidung stundenlang im Freien aufhalten. Das einzige Problem: Wir müssen gegenseitig ständig die Farbe der Nasenspitzen kontrollieren. Werden sie weiß, muß man sie kräftig reiben. Andernfalls frieren sie ab. Jürgen hat noch ein zusätzliches Problem mit dem Zeigefinger. Um den Auslöser der Kamera bedienen zu können, hat er ein Loch in den Handschuh geschnitten. Jetzt muß er aufpassen, daß der nackte Finger nicht am Metall der Kamera festfriert; und er den Finger auch nicht so lange draußen läßt, daß er erfriert. Ansonsten haben wir ein neues Spiel entdeckt. Das Spucken im hohen Bogen. Am Schluß klirrt es immer sehr schön.

Auch unsere Geräte funktionieren. Befürchtungen, daß bei Temperaturen unter 40 Grad die Filme reißen würden, bewahrheiten sich nicht. Welche Auswirkungen der Frost allerdings auf die Emulsion haben wird, müssen wir abwarten. Entwickelt werden die Filme in Köln. Auch die Akkumulatoren arbeiten reibungslos. Man muß sie nur sehr häufig wechseln. Probleme gibt es nur, wenn wir aus der Kälte in einen geheizten Raum kommen. Dann beschlagen die Objektive innen wie außen, und es dauert mindestens eine halbe Stunde, bis die Kamera wieder einsatzbereit ist. Aber Geduld haben die Menschen, die wir hier filmen wollen, ohnehin. Und wir sind inzwischen auch schon sehr viel ruhiger geworden. Der Rhythmus Sibiriens färbt auch auf uns ab.

Auf den Spuren der Nomaden

27. Februar 1978
Ein Hubschrauber hat uns von Werchojansk noch einmal 200 Kilometer nach Norden gebracht. Wir sind auf der Suche nach einer Rentierherde und den sie begleitenden Nomaden. Den Hubschrauber haben wir ohne Schwierigkeiten bei AEROFLOT, der staatlichen Fluggesellschaft, gemietet. Hubschrauber sind das einzige Verkehrsmittel in dieser Gegend, abgesehen von Rentierschlitten. Für die Menschen hier ist das Fliegen mit dem Hubschrauber eine Selbstverständlichkeit wie bei uns das Straßenbahnfahren. Auch die Preise sind vergleichsweise niedrig. Für Sowjetbürger. Für uns westliche Ausländer allerdings hat AEROFLOT einen astronomisch hohen Sonderpreis gemacht: 1000 Rubel für einen Tag, umgerechnet etwa

3000 D-Mark. Zähneknirschend zahlt ihn Jura aus der Reisekasse. Eine Alternative haben wir ohnehin nicht. Es sei denn, wir verzichten auf die Rentiere.

Der Flug verläuft ein wenig merkwürdig. Zunächst machen wir einen Zwischenstopp in einer kleinen Siedlung. An Bord kommt ein malerisch gekleideter Jakute in langem, zotteligem Pelz und buntbestickten Fellstiefeln. Er stellt sich als der Brigadier der Rentierkolchose vor. Er wolle uns helfen, die Herde zu suchen. Eine Zeitlang fliegen wir dicht über den Wipfeln der Bäume. Doch außer vereinzelten kleinen Gruppen von Wildpferden ist nichts Lebendiges zu entdecken. Dann steigt der Hubschrauber plötzlich. Vor uns taucht ein schnee- und eisbedecktes Bergmassiv auf, das uns an die Alpen erinnert.

Daß es auf Kamschatka Berge und Vulkane gibt, hatten wir gewußt, von Bergen in Sibirien jedoch nie etwas gehört. Und dann gleich so gewaltige! Die Bergtaiga sei das, erklärt uns unser jakutischer Begleiter, der sogenannte Werchojansker Gebirgsrücken. Bis zu 3300 Meter hoch seien die Berggipfel. Irgendwo in einem der Täler hier müsse sich seine Herde befinden. Die Piloten wollen offenbar unsere Nerven testen. Oder unseren Mut. Jedenfalls fliegen sie so nahe an die schneebedeckten Berghänge heran, daß wir meinen, sie durch das Kabinenfenster mit Händen greifen zu können. Dann landen sie auch noch in irgendeiner Schlucht und erklären lakonisch, daß sie sich wohl verflogen hätten. Prost Mahlzeit, murmelt Jürgen. Funkkontakt mit irgendeiner Bodenstelle scheinen sie auch nicht zu haben. Was, so schießt es mir durch den Kopf, wenn der Sprit ausgeht und wir hier im Freien übernachten müssen? Bei 50 Grad unter Null. Schließlich starten wir wieder. Der Brigadier hat offensichtlich einen Anhaltspunkt gefunden, in welcher Himmelsrichtung wir weitersuchen müssen.

Nach einiger Zeit taucht in einem langgestreckten Tal unter uns tatsächlich eine riesige Rentierherde auf, etwa tausend Stück, schätzen wir. Der Brigadier erkennt: Es ist seine Herde. Wir landen. Erleichtert.

Die Rentierhirten haben uns offenbar erwartet. Sie stehen mit ihrer Basis einmal pro Tag in Funkkontakt. Jedenfalls haben sie eine Art Empfangskomitee ausgeschickt, um uns zu begrüßen. Sie selbst tragen einfache Arbeitskleidung – selbstgenähte Pelzmützen, Fellmäntel und Stiefel. Ihren Rentieren haben sie jedoch Feiertagsgeschirr angelegt. Buntbestickte Lederriemen in allen möglichen Farben. Einige tragen sogar das Olympia-Emblem.

In flachen, hölzernen Rentierschlitten geht es durch die Taiga zum Lager. Über Stock und Stein und in derart atemberaubendem Tempo, daß wir uns krampfhaft festhalten müssen, um nicht vom Schlitten zu fallen. Einen Metallkoffer mit Filmbüchsen verlieren wir trotzdem. Er wird uns später nachgebracht.

Das Lager ist ein einfaches Blockhaus. Im Sommer ist es ein Zelt. Rund um das Blockhaus befinden sich Koppeln. Die Umzäunung ist aus rohen Baumstämmen gezimmert. Während die große Herde, bewacht von einigen Hirten, draußen in der Taiga waidet, das heißt, unterm Schnee ihre Nahrung sucht, werden hier die sogenannten Transporthirsche gehalten. Jene Rentiere, die die Schlitten ziehen, mit denen die Hirten ihre Habe von Lager zu Lager transportieren.

Das Lager, so erfahren wir, wird jede Woche gewechselt. Nur die Alten und die Kinder sind in einer festen Siedlung zurückgeblieben – jener, in der wir den Brigadier an Bord genommen hatten. In den drei Sommermonaten stoßen aber auch sie zur Herde.

Mit den Hubschrauberpiloten, so beobachten wir, sind die Hirten bestens bekannt. Sie bringen ihnen im Sommer Lebensmittel und andere Versorgungsgüter und im Bedarfsfall jederzeit medizinische Hilfe. Offenbar macht man wohl auch den einen oder anderen kleinen Handel. Jedenfalls sehen wir, wie einer der Piloten mit einer Kiste Wodka im Blockhaus verschwindet und mit einem Stapel Felle unterm Arm wieder herauskommt.

Während wir filmen, taucht im Lager ein Taigajäger mit seinem Rentierschlitten und seinen Transporthirschen auf. Das wettergegerbte Gesicht mit leicht mongolischen Zügen – eingerahmt von einer zottigen Pelzmütze, der dunkle Bart durchsetzt mit hellen Eiszapfen, auf dem Rücken eine riesige Flinte – eine Gestalt wie aus dem Märchenbuch. Er war, so erfahren wir, auf der Jagd nach Zobeln, Polar- und Silberfüchsen. Im Sommer jagt er Bären; und zu jeder Jahreszeit Wölfe, für die es eine Sonderprämie gibt.

Die Taiga verläßt er nur zu Feiertagen: zum Revolutionstag am 7. November, zu Neujahr, zum Frühlingsbeginn und zum 1. Mai.

Dann, so erklärt uns der Brigadier, feiert er drei Tage und verschwindet wieder. Kein Wunder, daß er ebenso menschen- wie kamerascheu ist. Unser Versuch, mit ihm ins Gespräch zu kommen, schlägt jedenfalls fehl. Aber vielleicht liegt es ja auch nur daran, daß er kein Russisch versteht, sondern nur Jakutisch.

In einer der Koppeln erhebt sich plötzlich heftiges Geschrei und Gejohle. Die Hirten haben begonnen, mit einem Lasso ein Rentier einzufangen. Sie bestehen auf der Erfüllung eines uralten Gesetzes der Taiga. Es befiehlt, zu Ehren und in Anwesenheit des Gastes ein Rentier zu schlachten. Die Prozedur läuft nach altem Ritual ab. Das Rentier wird eingefangen, an einen Baum gebunden und mit einem einzigen Hieb des Messers in das zentrale Rückenmark getötet. Das Tier wird abgezogen. Zugleich wird aus dem Unterschenkel ein rohes, noch warmes Stück Fleisch herausgeschnitten und uns, noch triefend von Blut, in der Hütte serviert. Jürgen wendet sich ab und tut, als sei er mit seiner Kamera beschäftigt. Als Ehrengast ist es an mir, die höchste Delikatesse der Taiga zu probieren. Ein großer Schluck Wodka hilft über den ersten Bissen, dann gewöhnt man sich. Das Fleisch ist in der Tat so zart, daß es fast im Munde zergeht. Ein wenig erinnert es an feinen Lachs. Auf jeden Fall soll es so kalorienhaltig sein, daß ein Nomade mit einer Portion zwei Tage auskommt, ohne etwas anderes zu essen. Dies zu probieren bleibt uns zum Glück erspart.

Dafür öffnen unsere Gastgeber, offensichtlich alle Angehörige einer Familie, Fleischkonserven, Gurkengläser, Büchsen mit eingelegten Salzheringen sowie Schachteln mit Konfekt und Plätzchen. Alles wird zur selben Zeit auf den Tisch gestellt, ebenso wie die Flaschen mit Wodka, Sekt und Limonade. Nur der Rentierbraten kommt etwas später – nach den Sakuski, den Vorspeisen.

Wir kommen mit der Familie ins Gespräch. Die Söhne sind sechzehn und neunzehn Jahre alt, die Tochter 21. Die Eltern schätzen wir auf sechzig, sie sind aber erst 45. Dabei sind noch Onkel und Tanten. Ganz schauen wir nicht durch. Es ist auf jeden Fall eine Großfamilie. In der Hütte übrigens, die aus einem großen Raum besteht, sind sie durchaus europäisch angezogen. Der Vater hat zur Feier des Tages sogar einen Schlips umgebunden.

Sie sprechen Russisch mit starkem Akzent. Die Lebens- und Arbeitsweise der Rentierhirten in Sibirien, so erzählen sie, sei seit Jahrhunderten dieselbe. Sie seien im Prinzip Nomaden geblieben. Alle Versuche, sie seßhaft zu machen, seien gescheitert. Der Staat habe dies auch begriffen, sagen sie, ohne jede Emotion; wir glauben, eine unausgesprochene Befriedigung darüber herauszuhören. Allerdings habe sich auch vieles geändert. Zwar hätten sie ihr ungezwungenes Leben behalten, doch seien sie voll in die Planung und Fürsorge des Sowjetstaates einbezogen. Mit ihren Herden gehörten sie zu großen Staatsgütern – die Sowjetmacht erfasse eben auch das letzte Rentier. Sozial seien sie vom Staat abgesichert, und für gute Arbeit gebe es auch gute Prämien. Sogar Orden würden sie bekommen. Der Vater habe einen erhalten – zwar nicht als »Held der sozialistischen Arbeit«, wohl aber als »Verdienter Meister der Rentierzucht«. Sie hätten Anspruch auf Urlaub, Pension und kostenlose Krankenpflege. Der Analphabetismus und die Syphilis, zu Zarenzeiten die Volksseuche vieler sibirischer Nomadenstämme, seien ausgerottet. Die Kinder unterliegen im Winter der Schulpflicht und sind in Internaten zusammengefaßt.

Wie stark aber die Tradition sei, sehe man daran, daß jedes dritte von ihnen wieder Rentierhirt wird.

Zwei Stunden bleiben wir in der Hütte. Dann drängen die Piloten zum Aufbruch. Wir wollen noch die große Herde in der Taiga drehen und vor Dunkelheit in Werchojansk zurück sein. Nach den Erfahrungen des Herflugs beeilen wir uns. Zuvor aber singt uns die Familie noch ein Lied ihres Stammes. Und gibt uns Gastgeschenke mit. Das Geweih eines sibirischen Steinbocks und das eines kapitalen Rentiers. Unser Begleiter vom Fernsehen in Jakutsk bekommt einen Sack mit Rentierfleisch.

Auf dem Rückflug fällt Jürgen ein, daß wir die Geweihe wohl nie durch den Zoll in Moskau kriegen – wollten wir sie nach Hause, nach Deutschland, mitnehmen. Wer glaubt uns schon, daß sie ein Geschenk sibirischer Nomaden sind. Aus der Werchojansker Gebirgstaiga, 300 Kilometer jenseits des Polarkreises.

Gute und schlechte Nachrichten
aus Moskau

Wahltag

4. März 1979

Wieder in Moskau. Es ist Sonntag, ein ganz besonderer: ein Wahlsonntag. Wahlen zum »Obersten Sowjet« stehen an, jener Institution, die Lothar Loewe einst das »größte Scheinparlament der Welt« nannte – und dafür um ein Haar aus Moskau abreisen mußte. Die Strafe wurde dann abgemildert. Man legte seine Telefonverbindung nach Deutschland für einige Zeit still.

Die Wahlen interessieren uns eigentlich wenig, denn der Ausgang ist bekannt. Es gibt pro Stimmbezirk nur einen einzigen Kandidaten. »Sozialistische Demokratie« nennt man dies offiziell. Bestimmt werden die Kandidaten in der Praxis von der Partei. Was nicht heißt, daß sie alle ein Parteibuch haben müssen, doch den Segen der Partei brauchen sie. Unklarheit herrscht nur über die Wahlbeteiligung. Ob es 99,98 oder 99,99 Prozent werden. Aber das regt nicht einmal mehr die ausländischen Korrespondenten auf.

Formal sieht die sowjetische Verfassung zwar auch andere Möglichkeiten vor. Sie gibt sogar das Recht, Wählerinitiativen zu gründen. Doch wie es denen gehen kann, zeigt das Beispiel einer Gruppe von Moskauer Intellektuellen, die zwei Dissidenten als Kandidaten aufstellen wollten. Formaljuristisch wurde alles korrekt eingeleitet. Doch der Vorschlag wird von den Behörden noch immer – wie es heißt – geprüft. Heute abend sind die Wahlen vorbei.

Wir haben uns um die Drehgenehmigung in einem Wahllokal am Kutuzowskij-Prospekt, schräg gegenüber dem ARD-Büro, bemüht. Es ist das Wahllokal, das zum Wohnbezirk Leonid Breschnews gehört. Er ist gleichsam unser Nachbar. Das Haus, in dem er seine Stadtwohnung hat, liegt nur einige Blocks von unserem entfernt. Eine Etage unter ihm wohnt der Kulturminister, eine Etage über ihm der Innenminister.

Pünktlich zur Eröffnung des Wahllokals stehen auch wir vor der Tür – und werden eingelassen. Auf dem mit einem Seil abgesperrten Platz, der uns an der Stirnseite des Raums zugewiesen wird, herrscht ein beängstigendes Gedränge. Nicht nur das Sowjetische Fernsehen hat hier seine Kameras und Lampen aufgebaut, sondern auch die unzähligen Kollegen aus den USA, Frankreich, Italien, Japan und sonstwoher. Sie alle interessieren sich nur für Leonid. Die Sitten unter ihnen sind rauh. Wer keine Ellenbogen hat, keinen Stoß in die Rippen vertragen oder austeilen kann, gerät hoffnungslos in die hinteren Reihen und bekommt allenfalls die Rücken der Kollegen, nicht aber das Gesicht Leonids vor die Kamera.

Jürgen hat Routine. Und ist gut trainert. Er ergattert einen Platz in der ersten Reihe. Ich stehe knapp hinter ihm, das Mikrofon in der Hand, denn ich will versuchen, ein Abstauber-Interview mit Leonid zu machen. Eine Chance, den Platz zu verlassen, gibt es nicht.

Wir haben viel Zeit. Leonid wird erst gegen Mittag erwartet. In aller Ruhe können wir beobachten, wie der Wahlvorgang abläuft. Die festlich gekleideten Wähler werden gegen Vorlage ihres Personalausweises ins Wahlregister eingetragen. Dann erhalten sie den Wahlzettel. Diesen Wahlzettel falten sie, ohne ihn zu lesen oder etwas anzukreuzen, zusammen und stecken ihn in einen Briefumschlag, der ihnen ebenfalls ausgehändigt wird. Danach werfen sie den Briefumschlag mit dem zusammengefalteten Wahlzettel in die danebenstehende Urne. An der Längsseite des Raumes stehen zwei Wahlkabinen. Niemand benutzt sie. Gegen 11 Uhr erscheint Leonid mit seiner Frau Viktoria. Sie trägt ein grünes Kostüm und einen topfartigen grünen Hut; er einen dunkelblauen Mantel, die Knöpfe sind offen. In der Hand hält er einen blauen Hut. Er zeigt sich strahlender Laune und begrüßt die Wahlhelfer mit Handschlag. Junge Pioniere überreichen ihm und seiner Frau Blumen. Dann läuft die Zeremonie ab wie bei allen anderen. Mit einer Ausnahme: Leonid Breschnew braucht nicht seinen Personalausweis zu zeigen. Nachdem er seinen Wahlzettel eingeworfen hat, nähert er sich dem Podest mit den wartenden Journalisten – gleichsam als wolle er vor den Kameras aus aller Welt demonstrieren, wie gut sein Gesundheitszustand ist. In den letzten Wochen hatte es wieder wilde Gerüchte gegeben.

Als er auf Hörweite heran ist, spreche ich ihn an. »Herr Generalsekretär, gestatten Sie eine Frage.« Leonid stutzt, schaut in Richtung auf unsere Kamera. Ich beginne: »Wie fühlen Sie sich?«

Mit großer Geste öffnet Leonid seinen Mantel: »Prima.«

Seine Frau legt ihm die Hand auf den Arm und schwächt ab: »Gut.«

Darauf Breschnew: »Wir werden uns nicht schlagen.«

Ich versuche noch eine Frage anzubringen: »Herr Generalsekretär, wie wird die Sowjetunion reagieren, wenn die Chinesen ihre Aggression in Indochina fortsetzen?«

Breschnew: »Das müssen Sie die fragen.« Spricht's, dreht sich auf dem Absatz herum und verläßt das Wahllokal.

Zurück bleibt das Moskauer Korrespondentenkorps. Ratlos, wen er denn wohl gemeint haben könnte.

Die »Tagesschau« freut sich über das Interview. Wenigstens ein Beweis, daß er lebt. Heißt es aus Hamburg.

Arbeit am Sibirien-Film

10. März 1979
Jürgen ist glücklich. Das entwickelte Sibirien-Material ist aus Köln gekommen. Es ist alles in Ordnung. Die Belichtung stimmte – was bei den vielen Aufnahmen im gleißenden Schneelicht keineswegs sicher war. Und das wichtigste: Das Filmmaterial hat nicht unter den extrem niedrigen Temperaturen gelitten; sie hatten keinerlei Einfluß auf die Emulsion. Die Herstellerfirma hatte sich außerstande gesehen, dafür eine Garantie abzugeben. Wir beglückwünschen Jürgen. Und laden zur Feier des Tages die Kollegen vom Hörfunk und vom ZDF ein. In solchen Situationen gibt es in Moskau kein Gefühl der Konkurrenz. Nicht einmal Neid. Diesmal haben wir Glück gehabt. Das nächstemal die Kollegen vom anderen Kanal. Hauptsache, wir kriegen überhaupt etwas heraus aus diesem Land.

Es wird ein langer Abend.

12. März

Monika Bednarz hat die erste Sequenz fertig. Sie ist wirklich eine der besten Dokumentarfilm-Cutterinnen in unserem Laden, wie wir die ARD schlicht nennen. Die Filme über Schlesien hat sie geschnitten, über Masuren, die Stadt Lodz, die polnische Armee. In Moskau war ihre Premiere »Wolga – Wolga«. Dafür hat es Preise gegeben. Mit Sibirien, hoffen wir, wird es ähnlich.

Vera, unsere neue sowjetische Cutterin, assistiert. Sie hat bislang beim Sowjetischen Fernsehen gearbeitet. Ein überaus sympathisches und bescheidenes Mädchen. An einen großen Dokumentarfilm, sagt sie, traue sie sich noch nicht. Sie hat bislang vor allem kurze Nachrichtenfilme geschnitten. Aber sie hat »ein Händchen«, wie es unter Kollegen heißt. Und wir sind sicher, daß sie bald auch größere Filme allein schneiden kann.

Zusammen mit Monika, Vera, Jürgen und Jura suchen wir die Musik für den Film aus. Teils nehmen wir Lieder, die uns die Studenten in Jakutsk sangen, teils alte sibirische Volkslieder in der Aufnahme der Chöre von Nowosibirsk und Omsk. Auch das Lied, das uns die Nomaden in der Gebirgstaiga von Werchojansk sangen, kommt in den Film. Am schönsten wird die Sequenz mit der Rentierherde. Ein richtiges Rentier-Ballett sei es, meint Natascha. Jura ist anderer Meinung: Es sei wie ein Hollywood-Western, die manchmal auch das Sowjetische Fernsehen zeige. Nur, daß es statt der Kühe Rentiere seien, statt der Prärie die verschneite Taiga. Mit einem Wort: kein Western, sondern ein Eastern. Letzteres sagt Jura auf englisch.

Nina sitzt stundenlang im Schneideraum und schaut zu. Wenn es ihr langweilig wird, klebt sie Filmreste zusammen. Vielleicht wird sie ja auch mal Cutterin, sagt sie. Oder so was wie Breschnew.

Noch einmal Ostsibirien

13. März 1979

Jetzt ist auch die Drehgenehmigung für Nerjungri da. Nerjungri ist das Zentrum eines neuerschlossenen Kohlegebiets in Ostsibirien, 1000 Kilometer südlich von Jakutsk. Da ich in Moskau den Film schneiden muß, machen sich Jura und Jürgen noch einmal allein auf den Weg, begleitet von einem Kollegen des Sowjetischen Fernsehens. Unsere Argumente haben offenbar überzeugt: Ein Film über Sibirien ohne die neue Industrie in Sibirien könne doch wohl nicht »objektiv« sein. Und wenn man die Wirtschaft in der Bundesrepublik dafür interessieren wolle, sich an der Erschließung Sibiriens zu beteiligen, müsse man auch etwas von den Möglichkeiten zeigen, die sich dort böten. Schließlich gelte Sibirien heute als das rohstoffreichste Gebiet der Welt. Hier lagert mehr Kohle als in allen westlichen Ländern zusammen, doppelt soviel Eisenerz wie in den USA, Großbritannien und der Bundesrepublik Deutschland, mehr Erdöl als im Mittleren Osten und mehr Erdgas als in irgendeinem anderen Land der Erde. Hinzu kommen viele andere seltene Minerale und Metalle – Kupfer, Nickel, Diamanten, Gold. Doch die sowjetische Führung selbst – so unsere Argumentation – weise immer wieder darauf hin, daß es an Menschen, Technologie, Transportmöglichkeiten und Geld zur Hebung all dieser Schätze fehle. Kooperation mit dem Westen werde beschworen. Dann solle man westliche Journalisten auch mal dahin lassen. Rentiere allein seien doch noch nicht Sibirien.

Heute abend sind Jura und Jürgen abgeflogen. Wir drücken ihnen die Daumen.

Das »Spiel der Zaren«

15. März 1979

Dusja hat Theater gemacht und zum endgültigen Vernichtungsfeldzug geblasen – gegen die Kakerlaken.

Dusja ist der gute Geist des Büros. Der Putzgeist. Sie stammt vom Land, ist etwa 55 Jahre alt, klein, mit dem verhärmten Gesicht einer frühzeitig gealterten Frau. Dabei hat sie das Temperament und die Begeisterungsfähigkeit eines jungen Mädchens. Sie steckt voller Geschichten, Erzählungen und Anekdoten aus dem dörflichen Leben, kennt für alle Krankheiten irgendwelche Heilkräuter oder sonstige Naturrezepte. Ihr wichtigstes Mittel, gut gegen alles: heißer Wodka, innerlich und äußerlich. Sie liebt Kinder und Tiere und singt den ganzen Tag vor sich hin. Nur mit den Kakerlaken, da steht sie auf

Kriegsfuß. Besonders schlimm sind die in der Küche des Büros. Sie kommen wohl aus dem Ausguß, haben auf jeden Fall einen Aufstieg von zwölf Stockwerken hinter sich. Was eindeutig für ihre Leistungsfähigkeit spricht.

Wie Dusja früher die Kakerlaken bekämpft hat, weiß ich nicht; seit ich da bin jedenfalls, mit irgendeinem westlichen Insektenzeug, das besonders gut und besonders wirksam sein soll und das wir jedesmal in großen Mengen im Handgepäck aus Deutschland mitbringen. Doch Dusja will festgestellt haben, daß die »Viecher« seither immer größer geworden sind. Manche haben bereits die Länge einer Zigarettenschachtel. Natascha triumphiert: Da sehe man mal wieder, wir mit unserer westlichen Überlegenheit... Statt die Kakerlaken zu vernichten, machte das Zeugs des deutschen Weltkonzerns aus Leverkusen mit dem Kreuz im Firmenzeichen die Dinger nur noch immer fetter. Kleinlaut geben wir zu, daß ein gewisser Immunisierungseffekt bei allen Medikamenten auftreten könne. Und wer weiß, vielleicht sei ja auch das Klima in Moskau in diesem Jahr für das Wachstum der Kakerlaken besonders günstig. Das Wetter wäre wie immer, beharrt Dusja, die Viecher aber so groß wie nie.

Boris hat einen Vorschlag. Wir sollten Kakerlakenrennen veranstalten. Und dazu Mannschaften einladen, von denen wir wüßten, daß sie ebenfalls besonders schöne Exemplare haben. Die deutsche Botschaft beispielsweise, und die Vertretungen von AEG und Siemens; vom ZDF und der Lufthansa höre man auch Wunderdinge. Sollen sie doch mal mit ihren lieben Tierchen kommen. Unsere jedenfalls schlage so schnell keiner.

Boris ist ein ernsthafter Mensch. Und er meint es auch diesmal ernst. Am Zarenhof, so erklärt er, seien Kakerlakenrennen ein beliebtes Gesellschaftsspiel gewesen. Mit Holzleisten habe man auf langen Tischen Bahnen gelegt und dann die Kakerlaken laufen lassen. Besonders berühmte hätten auch Namen gehabt, wie Hannibal zum Beispiel oder Iwan der Schreckliche. Die feine Hofgesellschaft hätte Unsummen verwettet. Gleichsam als Ersatz für Pferderennen, die ja im Winter nicht stattfinden können.

Boris hat recht. Ich erinnere mich an ein Stück des lange Zeit verfemten sowjetischen Schriftstellers Michail Bulgakow, »Beg«, »Flucht«. Dort verdienen sich weißrussische Emigranten nach der

Oktoberrevolution ihren Lebensunterhalt in Konstantinopel durch das Veranstalten von Kakerlakenrennen, dem »Spiel der Zaren«. Ihre Kunden sind Matrosen, Huren, Falschspieler und Gesindel aller Art. Die Kakerlaken tragen Namen wie »Schwarze Perle«, »Janitschar«, »Weine nicht, mein Kind«. Im Stück Bulgakows verliert »Janitschar«, weil er mit Bier betrunken gemacht wird.

Dusja meint, das alles helfe ihr nicht weiter. Und finster fügt sie hinzu, sie werde es wieder auf ihre Weise versuchen. Was immer damit gemeint sein mag...

20. März 1979

Jura und Jürgen sind zurück. Sie haben Glück gehabt. Sie sind tatsächlich im Kohlegebiet von Nerjungrij gewesen. Und sie sind beeindruckt. Ein riesiges Gebiet sei es, bedeckt mit Taiga. Man brauche nur das Erdreich wegzusprengen, und schon sei man an der Kohle. 500 Millionen Tonnen hochwertige Kokskohle sollen dort lagern. Sie können im Tagebau abgebaut werden. Aber bislang hapert es mit der Erschließung. Nur Japan habe einen Kredit von 450 Millionen Dollar gegeben, die USA und die Bundesrepublik hielten sich zurück. Dabei wird Nerjungrij demnächst an die neue Trasse der Transsibirischen Eisenbahn, die Baikal-Amur-Magistrale, kurz BAM genannt, angeschlossen. Und dann sei auch der Abtransport kein Problem mehr.

Immerhin haben Jura und Jürgen in fast jeder Taigasiedlung rund um Nerjungrij deutsche Lastwagen getroffen, Magirus-Deutz, von denen die Sowjetunion unlängst 9000 Stück gekauft hat. Mit einigen Fahrern hat Jura Interviews gemacht. »Sie sind hier das beste, was wir haben«, sagt einer. »Bloß ab minus 40 Grad haben sie ein paar Mängel: Die Heizung funktioniert nicht, die Reifen platzen durch den Frost, und die Handbremse arbeitet nicht. Aber im Prinzip ist es eine gute Maschine.« Maschine ist der russische Begriff für Auto.

21. März 1979

In zehn Tagen soll der Sibirien-Film laufen. Wir haben ihm den Titel gegeben: »Am kältesten Punkt der Erde«.

Monika schneidet in Tag-und Nachtschichten. Ich sitze am Text. Nina ist umgezogen. Nach Hause zu Walja. Von dort ruft sie einmal täglich an, allerdings nur ganz kurz: »Mir geht's gut, ich habe keine Zeit. Ich muß mit Walja spielen.«
Es geht ihr wohl wirklich sehr gut.

Mit Boris Birger im Arbat

4. April 1979
Der Sibirien-Film ist gelaufen. Wir beschließen, es die nächste Zeit etwas ruhiger angehen zu lassen.

Mit Boris bummeln wir durch Moskau; nicht mit Boris aus dem Büro, sondern Boris Birger, dem Maler. Wir haben ihn bei Lew Kopelew kennengelernt und waren einige Male zu Gast in seinem Atelier. Boris B. ist in seiner Malweise durchaus traditionalistisch. Ein überaus feines Spiel der Farben und eine geheimnisvolle Wechselwirkung von Licht und Schatten bestimmen die meisten seiner Bilder. »Boris Rembrantowitsch« nennen ihn einige seiner Schüler scherzhaft und achtungsvoll zugleich. Seine Motive: Meereslandschaften, Stadtansichten des alten Moskau: versteckte Hinterhöfe, Winkel, Fenster, Türen, einsame Bäume. Und immer wieder malt er die Porträts seiner Freunde: Andrej Sacharow und Jelena Bonner, Lew Kopelew und seine Frau Raja Orlowa, den Schriftsteller Wassilij Aksjonow, die Schauspielerin Alla Demidowa.

Boris ist kein Dissident, und dennoch darf er seit 1966 kein Bild mehr ausstellen. Er ist öffentlich für Andrej Sacharow eingetreten, hat sich um die Familien politischer Häftlinge gekümmert und hält auch Kontakt zu Kunstkritikern und Intellektuellen im Westen. Das alles gilt als Unbotmäßigkeit gegenüber dem Regime. Der Künstler bezahlt nicht mehr wie zu Stalins Zeiten mit dem Leben, wohl aber mit dem Verlust seiner materiellen Existenz. Denn der Kunsthandel ist vom Staat monopolisiert. Auch das Ausstellungswesen. Boris B. lebt von dem, was ihm seine Freunde abkaufen.

Wir schlendern durch das alte Adels-und Kaufmannsviertel im Zentrum der Stadt, den Arbat. Genauer gesagt, durch die Reste, die von ihm übrig sind. Nikita Chruschtschow hat quer durch den Arbat eine neue Prachtstraße, den Kalinin-Prospekt, legen lassen, dessen Glas-und Betonpaläste den Einzug des neuen architektonischen Zeitalters in Moskau signalisieren sollten.

Zusammen mit seinem Freund, dem Liedermacher und Schriftsteller Bulat Okudschawa, hatte sich Boris B. in einer Art Bürgerinitiative gegen den Abriß des alten Arbat gewandt. Vergeblich.

Einst, so erzählt Boris B., hat ganz Moskau so ausgesehen wie heute der Kreml. Es war, wie es Knut Hamsun nannte, eine »Märchenstadt«, ein unverwechselbares Panorama aus vierzig mal vierzig Kuppeln und Kirchen. Doch davon ist nicht allzuviel geblieben. Die Sprengmeister der Sowjetmacht haben ganze Arbeit geleistet. Der Kahlschlag setzte gleich hinter dem Kreml ein. Dort, wo sich heute der häßliche Betonklotz des Hotels »Rossija« erhebt, befand sich einst die Moskauer Altstadt – der schönste und eigenwilligste Teil der Stadt. Bis auf ein paar Kirchen am Rande wurde er abgerissen. Gegen den Willen der Stadtschützer und Architekten.

Überhaupt: die Kirchen. Seit der Revolution wurden mehr als die Hälfte der rund 400 Moskauer Kirchen abgerissen. Darunter so berühmte wie die doppeltürmige Iberische Kathedrale, die als Torkirche den Zugang zum Roten Platz bildete und in der die Zaren zu beten pflegten, bevor sie in den Kreml einzogen. Gesprengt wurde 1932 auch das höchste und imposanteste Bauwerk Moskaus, die marmorne Erlöserkirche, das christliche Wahrzeichen der Stadt. An ihrer Stelle wollte Stalin ein neues Wahrzeichen errichten, den 415 Meter hohen »Palast der Sowjets«. Krönen sollte ihn der höchste Turm der Erde mit einer gewaltigen Lenin-Statue auf der Spitze. Doch schon das Fundament versank im Morast des Moskwa-Ufers. Statt des Palastes der Sowjets befindet sich heute an der Stelle der einstigen Erlöserkirche ein Schwimmbad, ein offenes Thermalbad – mit 130 Meter Durchmesser das größte der Welt. Wir haben dort schon gebadet; auch im Winter, bei Temperaturen von minus 30 Grad im Freien.

Selbst die Basilius-Kathedrale auf dem Roten Platz, erzählt Boris, wollte Stalin sprengen lassen. Sie behindert die Truppenparaden am Revolutionsfeiertag. Erst als der Stadtarchitekt von Moskau mit Selbstmord drohte, gab Stalin den Plan auf. Der einzige bekannte Fall, in dem sich Stalin erweichen ließ.

Boris B. ist vor sechzig Jahren in Moskau geboren. Seit seinem neunten Lebensjahr hat er die alten Ecken und Winkel dieser Stadt gemalt. Er kennt sie wie kein anderer. Und er findet noch heute in den Resten des alten Arbat einzelne Straßenzüge, die aussehen, als habe Hollywood eine Filmkulisse gebaut, aus der jeden Moment Dr. Schiwago hervortreten könnte. Hier existiert noch das alte Moskau, wie es Alexander Ostrowskij und Lew Tolstoj im vergangenen Jahrhundert beschrieben haben und wie es Bulat Okudschawa heute in seinen Chansons besingt. Es ist ein ruhiges Viertel mit reichem Baumschmuck und vielen kleinen Plätzen, die zum Verweilen einladen. In den Adelsvillen und Kaufmannspalästen sind heute Museen, Schulen, Institute, aber auch viele ausländische Botschaften untergebracht. Die Namen der kleinen, stillen Seitengassen erinnern an die Handwerker, die einst hier lebten. Die Gasse der Brötchenbäcker, die Gasse der Zimmerleute, die Gasse der Silberschmiede. Boris B. hat sie alle gemalt. Er zeigt uns die kunstvollen schmiedeeisernen Gitter, die reichverzierten Holzschnitzereien an Fenstern und Türen.

Doch das alles, so Boris B., dürfe nicht darüber hinwegtäuschen, daß Moskau heute eine völlig andere Stadt sei als zu seiner Jugendzeit. Damals war es ein einzigartiges, unverwechselbares architektonisches Ensemble, eine »Kunststadt«, die russischste aller russischen Städte. Natürlich verstehe auch er, daß sich jede Stadt in jedem Land verändern muß. Es kommen neue Generationen, es müssen neue Dinge gebaut werden, Wohnungen, Straßen... Aber, so fragt er verbittert, ist es dafür nötig, das Alte so radikal zu zerstören wie in Moskau? Auch er wisse nicht, warum man es tat. Er könne es sich nur so erklären, daß man dem Volk die Erinnerung an seine eigene Geschichte nehmen wollte. »Die Kirchen zum Beispiel«, so Boris B., »sind doch nicht nur religiöse Denkmäler, sondern Denkmäler der Geschichte des Volkes, der Kulturgeschichte – das, worauf das Volk stolz ist, was zu seinem geistigen Reichtum beiträgt, die Menschen zu Patrioten macht. Die Vernichtung von Kunstdenkmälern, gleichgültig, ob Bilder, Gebäude oder Bücher, ist doch nichts anderes als geistige Beraubung des Volkes. Und dies«, so Boris B., »ist in Moskau leider sehr gründlich gemacht worden.«

Immerhin, es gebe einen schwachen Trost. In den letzten Jahren habe man begonnen, umzudenken und sich auf die alten Werte zu besinnen. Man habe mit der planmäßigen Restaurierung der alten Stadtsubstanz bzw. dem, was davon übriggeblieben ist, begonnen. Mehr als 500 historische Objekte seien unter Denkmalschutz gestellt. Doch mindestens ebensoviele seien ja schon für immer vernichtet. Und das, obwohl Lenin gefordert hat, bei der Umgestaltung Moskaus dürfe kein einziges Architekturdenkmal angetastet werden. »Aber wer«, so Boris B. bitter, »hört in diesem Land schon auf Lenin. Alle reden nur von ihm.«

Wir verstehen, warum Boris kein Liebling der Partei ist. Aber ein großartiger Maler. Der Maler Moskaus und seiner Menschen.

Die Ausweisung Robert Stengls

16. Mai 1979
Es hat uns wie ein Schlag getroffen: Robert Stengl, der Korrespondent des ZDF, und sein Kameramann Herbert Altmann sind ausgewiesen worden. Begründung: Sie hätten alles getan, um die Sowjetunion »anzuschwärzen«. Weiß der Himmel, was damit gemeint ist. Robert Stengl ist ein ruhiger und journalistisch zuverlässig arbeitender Kollege. Seine Berichte aus Moskau waren eher rücksichtsvoll, gekennzeichnet vom Bemühen um Verständnis selbst für die vertracktesten Probleme dieses Landes. Er hatte sich gründlich auf die Arbeit hier vorbereitet, sah sie als Höhepunkt seines an Erfahrung reichen Berufslebens. Und nun? Nach nicht einmal einem Jahr ist alles vorbei: 48 Stunden bleiben ihm, das Land zu verlassen.

Kein einziges konkretes Beispiel aus seiner Berichterstattung wird ihm vorgeworfen. Keine angeblich auf dem Schwarzmarkt gekaufte Ikone, kein angeblich geschmuggeltes Pfund Kaviar. Nichts.

Allerdings hatte die »Iswestija« am 10. Mai eine wüste »Räuberpistole« über Stengl und Altmann aus Sibirien berichtet. Bei einem Trinkgelage mit dem örtlichen Dorfsowjet habe es eine Auseinandersetzung zwischen Herbert Altmann und dem sowjetischen Dolmetscher des ZDF-Teams gegeben. Dabei habe Altmann, was er auch nicht bestreitet, dem Dolmetscher eine runtergehauen. Die Reibereien zwischen den beiden sind bekannt und dauern schon länger. Selbst von seinen sowjetischen Kollegen wird der Dolmetscher nur »der Typ« genannt, die russische Umschreibung für »mieses Stück«.

Die Auseinandersetzung in Sibirien liegt auch schon zehn Wochen zurück und ist gleich an Ort und Stelle geschlichtet worden. Hinterher ging die Feier weiter. Man war ja schließlich in Sibirien. Warum also jetzt diese Maßnahme? Und warum gegen Altmann und Stengl?

Das Ganze ist um so unverständlicher, als unlängst zwei amerikanische Kollegen, Craig Whitney von der »New York Times« und Harold Piper von der »Baltimore Sun«, von einem sowjetischen Gericht wegen »verleumderischer Berichterstattung« verurteilt wurden, beide aber weiterhin in Moskau leben und arbeiten. Die einzige Erklärung, die wir haben: Es handelt sich um eine Art Solidaritätsaktion mit der DDR, die vor zwei Tagen den ZDF-Korrespondenten Peter von Loyen ausgewiesen hat. Und es kann ein Indiz dafür sein, daß die Behörden generell den Bewegungsspielraum ausländischer Journalisten einschränken wollen. Altmann und Stengl sind offenbar die ersten, an denen ein Exempel statuiert wird.

Unter den Kollegen allerdings hält sich hartnäckig die Meinung, daß dieses Exempel vielleicht zu vermeiden gewesen wäre, hätte die Bundesregierung das Alarmzeichen des »Iswestija«-Artikels richtig verstanden und sofort interveniert. So wie die amerikanische Regierung im Fall von Whitney und Piper. »Sofort« heißt nicht hinterher, sondern schon im Vorfeld. Wenn die Ausweisung erstmal verhängt ist, hilft auch kein Protest mehr. Dann ist es eine Frage des Prestiges. Und in dieser Frage kannten schon die Zaren vor der Revolution kein Pardon.

17. Mai 1979
Das Sowjetische Fernsehen hat uns eine Überspielleitung nach Hamburg verweigert. Ich hatte einen Kommentar zur Ausweisung von Robert Stengl und Herbert Altmann gemacht: für die »Tagesschau«. Ich hatte gesagt, daß die Vorwürfe gegen die ZDF-Kollegen konstruiert und künstlich aufgebauscht sind, daß die Sprache, in der sie in der »Iswestija« vorgebracht wurden, nach Meinung eines sowjetischen Philologen weniger die Sprache eines Regierungsorgans als die der Gosse sei. Und daß die einzige Erklärung, die man in Moskau zur

Zeit für die Ausweisung habe, eine demonstrative Solidaritätsaktion an die Adresse Ost-Berlins ist.

Eine Begründung für die Verweigerung der Leitung wurde vom Sowjetischen Fernsehen nicht gegeben. Die ARD wird morgen protestieren. Was rauskommt, sagt Iwan, wisse er jetzt schon. Nichts. Wahrscheinlich wird er recht behalten.

Warten auf Böll

19. Mai 1979
Heinrich Böll soll kommen. Ganz Moskau redet davon. Ganz Moskau – das bedeutet, all jene aus der Moskauer Intelligenzja, die noch nicht völlig angepaßt, resigniert oder korrumpiert sind. Boris Birger und Lew Kopelew gehören dazu, die Dichterin Bella Achmadulina, die Schriftsteller Wladimir Wojnowitsch, Semjon Lipkin und Wassilij Aksjonow, der Regisseur Jurij Ljubimow, der Liedermacher Bulat Okudschawa und viele andere. Heinrich Böll ist für sie alle die Verkörperung des anderen Deutschland, jenes Deutschland des Geistes und der Kultur, dem man vertrauen kann. Zugleich ist Böll die große Hoffnung und Symbolfigur für alle Verfolgten. Seine Stimme, das weiß man, zählt in der Welt. Auch bei den Mächtigen in Moskau, denen er längst unbequem geworden ist – spätestens, seit er Alexander Solschenizyn bei sich aufgenommen hat. Man kennt die vielen Fälle, in denen sich Böll öffentlich für politisch bedrängte Kollegen in der Sowjetunion, aber auch anderswo eingesetzt hat. Und einige kennen auch die vielen diskreten Aktionen, mit denen Böll im stillen geholfen hat – und immer noch hilft. Böll und Marion Gräfin Dönhoff, das sind die Namen, die immer wieder fallen, wenn kritische Künstler und Intellektuelle in Moskau in Not geraten und an Hilfe denken.

Seit bekannt ist, daß Heinrich Böll kommen will, sind seine Freunde heillos zerstritten. Jeder will ihn in den kurzen Tagen seines Moskau-Aufenthalts bei sich haben. Fahrpläne werden aufgestellt, Zeittafeln, wer Böll wann zu Gast haben soll. Lew Kopelew besteht darauf, mit ihm zum Grab des Armenarztes Friedrich Haass zu gehen, jenes Deutschen aus Bad Münstereifel, der als der »heilige

Doktor von Moskau« zur Symbolfigur des guten Deutschen in Rußland wurde. 1853 ist Haass in Moskau gestorben. An seiner Beerdigung nahmen etwa 20 000 Menschen teil. Sein Grab auf dem Wwedenskij-Friedhof, der in Moskau immer noch der »deutsche Friedhof« genannt wird, schmücken bis heute frische Blumen. Daß Heinrich Böll dorthingehen wird, steht außer Zweifel.

Aber noch ein anderes Grab muß besucht werden. Das will Heinrich Böll so, und das wollen auch seine Moskauer Freunde: das Grab von Boris Pasternak auf dem kleinen Dorffriedhof von Peredelkino. Boris Birger möchte, daß Heinrich Böll sein Atelier besucht. Wassja Aksjonow möchte ihn mit jüngeren, noch unbekannten Schriftstellern zusammenbringen. Bella Achmadulina möchte, zusammen mit ihrem Mann, dem Maler Boris Messerer, in ihrer bezaubernden Atelierwohnung ein Fest für Böll geben. Jurij Ljubimow möchte, daß sich Böll eine Inszenierung in seinem Taganka-Theater ansieht... Wie das alles unter einen Hut gebracht werden soll, ist noch schleierhaft. Wenn Böll das wüßte! Aber noch haben die Freunde einige Wochen Zeit, sich zu streiten und vielleicht auch zu einigen. Heinrich Böll plant ja, erst im Juli zu kommen. Wenn er überhaupt ein Visum erhält, was noch keineswegs sicher ist. Schließlich hat er erst kürzlich die Mörder des Dichters und Rilke-Übersetzers Konstantin Bogatyrjow öffentlich angeklagt. Sie sind – davon sind alle Freunde Bogatyrjows überzeugt – in den Reihen des KGB zu suchen. Und der entscheidet letztlich auch, wer ein Visum bekommt und wer nicht.

Natascha

Ihre Freunde

20. Mai 1979

Wir haben Natascha kennengelernt. Natascha Wolkowa. Sie ist siebzehn Jahre und geht in die 10. Klasse der 46. Schule im Südwesten Moskaus. In einem Monat wird sie Abitur machen. Diesen letzten Monat wollen wir sie begleiten. In der Schule, in ihrer Freizeit, bei ihren Eltern, ihren Freunden. Wir wollen versuchen, mit der Kamera Einblick zu gewinnen in bestimmte soziale Strukturen der sonst für Ausländer so schwer zugänglichen Sowjetgesellschaft. Wir wollen abseits aller Propaganda und aller lackierten »glücklichen Sowjetwelt« zeigen: Wie ist die Situation der jungen Generation in der Sowjetunion? Was verbindet sie mit ihren Altersgenossen im Westen? Was unterscheidet sie von ihnen? Wie sieht der Alltag in der Schule aus? Wie die Situation in der Familie? Wie verbringen junge Sowjetbürger ihre Freizeit? Wie ist ihr Verhältnis zu Staat und Partei, zu Ideologie und Kirche, zu Partnerschaft und Sexualität?

Wir wissen, nicht alles werden wir im Film zeigen können, vieles wird nur im Kommentar gesagt werden. Dennoch, keine Szene soll gestellt, nichts arrangiert werden.

Das schwierigste war, Natascha zu finden. Wir kennen eine ganze Reihe junger Mädchen, die jetzt Abitur machen. Aber einen Film mit ihnen zu drehen könnte deren Eltern, mit denen wir privat Kontakt haben, in Schwierigkeiten bringen. Außerdem würden wir ohne offizielle Genehmigung nie in ein Schulgebäude kommen, nie mit der Kamera einen Jugendclub betreten dürfen. Also haben wir die Kollegen vom Sowjetischen Fernsehen gebeten, uns bei der Suche nach einer Abiturientin behilflich zu sein. Dann bekommen wir auch automatisch die Drehgenehmigungen.

Zwei Monate hat diese Suche gedauert. Zunächst vermuteten wir, die Kollegen hätten Schwierigkeiten, eine Musterschülerin zu finden. Doch dann erfuhren wir, daß die Schwierigkeiten ganz anderer Natur waren. Es sollte eine »vorzeigbare« Abiturientin sein. Und da wir verlangt hatten, auch in der Familie drehen zu dürfen, mußte auch die Familie »vorzeigbar« sein. Eine derartige zu finden, bereitete jedoch Probleme. Entweder waren die Eltern geschieden – jede zweite Ehe in Moskau wird bereits vor Ablauf des ersten Ehejahres wieder geschieden –, oder die Eltern lebten getrennt; oder der Vater war Alkoholiker; oder die Familie wohnte – wie ein Viertel aller Moskauer Familien – in einer Gemeinschaftswohnung. Und als man schließlich Natascha gefunden hatte, deren Familie intakt und vorzeigbar ist, legte sich die Direktorin der Schule quer. Natascha sei keineswegs ihre beste Schülerin. Und wenn schon in Westdeutschland ein Film über ihre Schule gezeigt werden sollte, dann, bitte schön, nur mit der Schülerin, die es wirklich verdient. Außerdem, das könne sie als Frau sagen, sei Natascha auch gar nicht fotogen. Zur Sicherheit haben die Kollegen vom Fernsehen noch zwei andere Kandidatinnen ausgesucht. Damit wir nicht glauben, sie wollten uns nur auf eine einzige festnageln; und für den Fall, daß uns Natascha vielleicht aus irgendeinem Grund doch nicht geeignet erscheint. Wir könnten uns aussuchen, wen wir wollten. Nach der Begegnung heute mit Natascha haben wir uns entschieden, nach keiner anderen mehr zu suchen.

Wir haben Natascha am Nachmittag von der Schule abgeholt. Und sind sofort ins Gespräch gekommen. Ganz unbefangen hat uns Natascha gefragt, was wir denn von ihr wollten. Die Direktorin habe zwar mit ihr geredet, aber so richtig könne sie sich das alles noch gar nicht vorstellen. Wir erklären es ihr.

»Und das interessiert die Leute bei euch wirklich?« fragt sie.

»Wir hoffen es«, sagen wir.

»Einverstanden«, sagt sie schließlich, »aber unter einer Bedingung: daß ihr nicht im Deutschunterricht dreht. Da würde ich mich genieren.« Alles andere dürfen wir drehen. Die Unterrichtsstunden, selbst die Abiturprüfungen. Natascha, ihre Eltern, die Direktorin und die Schulbehörde haben zugestimmt.

Natascha stellt uns ihre Freunde vor: Azamat, mit dem sie, wie es auf russisch heißt, »geht«; ein hübscher Junge mit offenem, klarem Gesicht und langen Haaren; Wolodja, kräftig, untersetzt, in verwaschenen Jeans; Jura, ein etwas verträumter Typ, und Lena, die immer lacht und zwei hinreißende Grübchen hat. Es ist Nataschas Clique. Ob wir Lust hätten, am Abend ins Wäldchen neben der Schule zu kommen? Sie würden dort ein Lagerfeuer machen. Wir haben Lust und bringen gleich die Kamera mit.

Zuerst suchen wir Holz im Birkenwäldchen. Niemand stört sich daran, daß wir mitten im staatlichen Gehölz ein Feuer anmachen. Im Gegenteil, manche Spaziergänger bleiben stehen, fangen ein Schwätzchen mit den Jugendlichen an oder schauen einfach stumm ins Feuer. Wir braten Kartoffeln in der Glut. Jura holt seine Gitarre hervor. Er singt nicht gerade schön, aber stimmungsvoll. Mit leiser, manchmal kaum hörbarer Stimme, so als spräche er mit sich selbst. Von Möven singt er, vom Meer, von der Liebe. Die Funken stieben in den dunklen Himmel, die Flammen knistern, von weitem schreit hin und wieder ein Käuzchen. Es ist richtig romantisch. Fast wie im Film – meint Jürgen respektlos. Aber er muß ja auch arbeiten. Er dreht. Die Jungen und Mädchen beachten ihn kaum. Sie hören Jura zu. Es sind offenbar eigene Texte, die er singt. »Nas poet«, nennt ihn Natascha, »unser Dichter«. Es klingt halb ironisch, halb bewundernd.

Gegen 23 Uhr ist das Feuer niedergebrannt. Jürgen und Jura packen ihre Geräte zusammen. Die Kinder, wie wir Natascha und ihre Freunde nennen, müssen nach Hause. Wir auch. Morgen früh wollen wir im Unterricht drehen.

Beim Abschied kommt uns zu Bewußtsein, daß wir fast nichts miteinander geredet haben. Aber wir sind ein wenig vertrauter geworden. Wir freuen uns auf morgen.

Schulalltag

4. Juni 1979
Zwei Wochen lang haben wir den Unterricht in Nataschas Schule beobachtet. Fast täglich. Die Kinder nehmen kaum noch Notiz von uns. Die Lehrer offenbar auch nicht. Wir haben am Geschichtsunter-

richt teilgenommen, in Mathematik, Physik und Chemie, Russisch und Gesellschaftskunde. Nur der obligatorische Wehrkundeunterricht war für uns tabu. Wir haben lediglich auf dem Schulkorridor die Anweisungen gelesen, was im Katastrophenfall, sprich Kriegsfall, zu tun ist. Bis hin zu den Anweisungen, wie man sich bei der Evakuierung zu verhalten hat.

Vieles, was wir schon wußten, hat sich bestätigt. Aber eine Reihe von Beobachtungen sind auch für uns überraschend.

Da ist zunächst das äußere Erscheinungsbild der Schüler. Schuluniform ist Pflicht. Für die Mädchen schwarze Kleider mit weißer Schürze, Rüschen und weißem Spitzenkragen. Für die Jungen scheint es keine so strengen Kleidervorschriften zu geben. Unsere Freunde jedenfalls kommen, wie sie wollen. Lediglich dunkelblaue Blousons scheinen einheitlich.

Mit den Accessoires nimmt man es offenbar nicht so genau. Viele Mädchen und Jungen tragen das Komsomolabzeichen mit dem Bild Lenins, manche allerdings statt dessen auch den Olympiabären. Als Schultaschen dienen einfache Aktentaschen, aber auch Jutebeutel und Plastiktüten. Nataschas Jutebeutel trägt die Aufschrift ABBA.

Mit der Disziplin ist es auch nicht so toll, wie es oft beschrieben wird. Sicher, es ist ein autoritärer Erziehungsstil, doch der Drill, der zu Stalins Zeiten geherrscht hat, ist offensichtlich vorbei. Die Behauptung westlicher Zeitungen jedenfalls, sowjetische Schüler seien »diszipliniert wie Zinnsoldaten«, finden wir bei Natascha und ihren Freunden nicht bestätigt. Ein paarmal beobachten wir Azamat und Wolodja, wie sie ungerührt zu spät zum Unterricht kommen. Sie entschuldigen sich nicht einmal, sondern setzen sich einfach in ihre Bänke. In den Pausen stürmt die halbe Klasse aufs Klo. Es ist der einzige Ort, wo man rauchen kann – allerdings nicht darf. Eigentlich. Drogenprobleme indes scheinen an Nataschas Schule noch unbekannt. An anderen Schulen, das wissen wir von russischen Freunden, gehören sie längst zum Alltag. Der »Stoff« kommt aus den mittelasiatischen Sowjetrepubliken.

Der Unterrichtsstil ist ein reiner Paukstil. Mit Ausnahme der naturwissenschaftlichen Fächer, wo viel experimentiert wird und die Kinder am lebhaftesten Anteil nehmen.

Nicht ein einziges Mal erleben wir eine politische Diskussion;

nicht einmal im Geschichtsunterricht, wo es um den 20. Parteitag geht, jenen berühmten Parteitag, auf dem Nikita Chruschtschow zum ersten Mal in einer großen Rede von den Verbrechen Stalins sprach. Für die Kinder ist Stalin der große Heerführer, der Hitler und die Deutschen besiegte. Von seinen Verbrechen erfahren sie nichts. Allenfalls, daß es unter seiner Herrschaft zu ungesunden »Auswüchsen des Personenkults« kam, die aber von der Partei längst korrigiert und abgestellt sind. Fragen stellt in dieser Stunde keiner der Schüler. Und den Lehrern scheint es nur darauf anzukommen, daß die richtigen Antworten gegeben werden. Wie sie zustande kommen, ist gleichgültig. In der Regel durch Auswendiglernen.

Nach der Schule kleiden sich die Mädchen als erstes um. Natascha trägt meist Jeans ungarischer Produktion und ein weißes T-Shirt. Wolodja ist stolzer Besitzer einer echten »Wrangler«. Wenn wir mit den Kindern nachmittags durch die Moskauer Innenstadt bummeln, in einem der wenigen Eiscafés rumsitzen oder in Schallplattengeschäften stöbern, unterscheiden sie sich in nichts von ihren Altersgenossen im Westen. Mit Ausnahme Wolodjas, der an seinem Gürtel eine Schnalle der sowjetischen Kriegsmarine trägt. Mit einer Schnalle der US-Army hätte er wohl auch Schwierigkeiten.

Über Politik wird nie gesprochen. Sie interessiert die Kinder nicht. Dafür diskutieren sie über westliche Schlagermusik und westliche Filme, die gerade in Moskau laufen. »Cleopatra« etwa, mit Richard Burton und Liz Taylor.

Ansonsten, so klagen Natascha und ihre Freunde, sind die Möglichkeiten für die Freizeit in ihrem »Rayon«, wie hier die Stadtbezirke genannt werden, sehr bescheiden. Sicher, man kann zum Training in einen Sportclub gehen. Aber nicht alle mögen Sport. Diskotheken gibt es nicht – erst im nächsten Jahr zur Olympiade soll eine in Moskau eröffnet werden. Und die Jugendclubs sind dünn gesät und außerdem, so Natascha, »stinklangweilig«. Langeweile ist überhaupt das Problem Nr. 1 für viele Jugendliche. Die sowjetische Presse beklagt es immer wieder – Natascha und ihre Freunde bestätigen es.

Die Eltern

5. Juni 1979

Zu Gast bei Nataschas Eltern. Sie wohnen im selben Neubauviertel am Stadtrand Moskaus, in dem sich auch Nataschas Schule befindet. In den fünfstöckigen Wohnblocks, die von viel Grün umgeben sind, leben offenbar nicht nur Privilegierte, sondern Menschen aus allen Schichten der Bevölkerung. Die Männer jedenfalls, die an den Tischen vor den Haustüren laut knallend Domino spielen, kommen mit Sicherheit aus der Arbeiterschicht. Ihre rauhe Sprache – jeder zweite Satz ist ein deftiger, aber nicht unbedingt ernstgemeinter Fluch – läßt darauf schließen. An anderen Tischen spielen distinguierte Herren, Rentner, ehemalige Angestellte offenbar, Schach. Und an wieder anderen Tischen sitzen ältere Mütterchen, stricken und beaufsichtigen die Enkel im Kinderwagen.

Nataschas Eltern sind berufstätig. Der Vater ist Bautechniker, die Mutter Bauingenieurin. Sie bewohnen eine Zweizimmerwohnung im vierten Stock eines Blocks, 31 Quadratmeter. Genausoviel, wie ihnen als dreiköpfiger Familie zusteht. Den Bonus für Angehörige der technischen Intelligenz bereits mit eingerechnet.

Der Stolz der Wohnung ist eine Stereoanlage, aus der während der ganzen Zeit unseres Besuchs westliche Schlagermusik dröhnt: Boney M., Abba und Baccara. Mitgeschnitten offenbar von ausländischen Radiosendern.

Ob dem Vater denn diese »Beatmusik« gefalle, fragen wir.

»Nicht besonders«, antwortet er, »aber den jungen Leuten gefällt's, sollen sie sie doch spielen.«

Dann fragen wir den Vater, der Mitglied im Elternrat der Schule ist, welches aus seiner Sicht denn die wichtigsten Probleme seien, denen sich die Jugendlichen gegenübersehen.

»Das wichtigste Problem ist«, sagt er mit unerwarteter Offenheit, »nach der Schule Arbeitsplätze für die Jugendlichen zu finden. Und zwar solche, die sie auch tatsächlich mögen. Ein Teil der Schüler aus Nataschas Klasse hat schon seit der 8. Klasse nebenbei in einem Rechenzentrum gearbeitet, im Rahmen des polytechnischen Unterrichts. Wenn alle Stricke reißen, können sie erst mal da anfangen. Aber ob die wirklich so viele Leute brauchen, weiß ich auch nicht.«

Nataschas Mutter, etwa vierzig Jahre alt, macht einen sehr selbstbewußten Eindruck. Offenbar ist sie, wie wir schon öfter in russischen Familien beobachtet haben, der Herr im Haus. Sie hat für uns Torten und Gebäck eingekauft; jetzt sorgt sie dafür, daß die Stereoanlage ein wenig leiser gestellt wird.

Welches denn für sie die wichtigsten Prinzipien bei der Erziehung ihrer Tochter seien, wollen wir wissen. Nataschas Mutter überlegt einen Moment, dann antwortet sie sehr entschieden: »Daß sie ein guter Kamerad wird. Das heißt, daß sie ehrlich ist, nicht gleichgültig gegenüber anderen; bereit zu helfen, überall, wo es nötig ist, wo es Unglück gibt. Am wichtigsten scheint mir, daß ihr Leben ausgefüllt ist. Das versuche ich, ihr die ganze Zeit einzurichten. Nur darüber reden wir. Mit dem Lernen und den Hausaufgaben beschäftige ich mich überhaupt nicht. Das einzige, was ich möchte: daß sie ein guter Mensch wird.«

Nataschas Vater fragt, ob er uns ein Glas Sekt anbieten darf. Mit dem Hinweis, wir müßten noch Auto fahren, und in Moskau herrsche die Null-Komma-Null-Promillegrenze, lehnen wir dankend ab. Dann möchte er aber noch etwas ergänzen zu dem, was seine Frau gerade gesagt hat. Er sei im Gegensatz zu seiner Frau der Meinung, daß das Wichtigste für Natascha ist, ihr Studium zu beenden. »Und dann natürlich auch das Private. Vor allem, daß sie heiratet. Je eher, je besser. Und daß sie viele Kinder hat. Wir haben nur eins. Je mehr sie hat, um so mehr freuen wir uns.«

Natascha ist das Thema offensichtlich unangenehm. »Papa«, sagt sie und betont das Wort, wie im Russischen üblich, auf der zweiten Silbe, »Papa, das ist doch jetzt wirklich nicht wichtig.« Sie wendet sich ihrer Stereoanlage zu und wechselt die Kassette. Die Beatles ertönen. »Let it be.« Natascha dreht lauter.

Abiturprüfung

5. Juni 1979
Festakt in der Aula der Schule. Es ist der letzte Unterrichtstag vor dem Beginn der Abiturprüfungen. Die feierliche Zeremonie, an der auch die Eltern teilnehmen, heißt »Das letzte Klingelzeichen«. Die

Schüler der 1. Klasse haben für die, die heute ihren letzten Unterrichtstag begehen, kleine, selbstgebastelte Geschenke mitgebracht. Eine Geste, die dokumentieren soll, daß sich in dieser Schule alle mit allen verbunden fühlen.

Die Direktorin, eine resolute Mittfünfzigerin im grauen Kostüm, hält eine kurze Ansprache:»Liebe Kinder. Ich möchte nur eins sagen: Die wunderbarste Zeit des Lebens ist die Kindheit. Und Kindheit heißt Schule. Wenn ihr die Schule verlassen habt, werdet ihr alles Unangenehme vergessen, und es wird ein wunderbares, erregendes Gefühl des Dankes gegenüber der Schule zurückbleiben. Dankt euren Lehrern. Dankt euren Eltern.«

Natascha wirkt ein wenig ergriffen. Azamat kaut ungerührt Kaugummi.

Dann feierlicher Trommelwirbel, Fanfarenklang, Einmarsch der Jungen Pioniere. Blaue Hosen, weißes Hemd, rotes Halstuch. Den Jungen Pionieren gehören alle Schüler unter fünfzehn Jahren an. Automatisch. Ebenso automatisch werden sie dann Mitglied der Komsomol-Organisation. Die Jungen Pioniere bedanken sich bei den Schülern und Komsomolzen der 10. Klasse dafür, daß sie sich so intensiv um sie gekümmert haben. Manche Komsomolzen der 10. Klasse waren zugleich Leiter von Pioniergruppen. Auch Natascha. Sie hatte übrigens, wie wir erst jetzt erfahren, noch eine weitere Komsomolzen-Funktion: Sie war Klassensprecherin. Auch dafür dankt man ihr.

6. Juni 1979
Erster Tag des Abiturs: mündliche Prüfung in russischer Literatur. An der Prüfung nimmt die Klasse geschlossen teil. Die Prüfungskommission ist eine schulinterne. Sie besteht nur aus Lehrern der eigenen Schule und der Direktorin. Die Fragen, die das Kulturministerium erarbeitet hat, sind bekannt. Es sind vierzig Stück, von denen jeder Schüler per Los zwei ziehen muß. Natascha hat die Themen gezogen:»Lenin in den Werken Majakowskijs« und »Tolstoj in den Werken Lenins«. Zwanzig Minuten hat sie Bedenkzeit. Sie darf sich Notizen machen. Glücklich scheint sie nicht. Bis ihr Lena in einem günstigen Moment einen kleinen Zettel zusteckt. Sie hatte offenbar

mit dieser Frage gerechnet – Arbeitsteilung, hatte die Clique vorher ausgemacht. Es scheint zu funktionieren. Nach zwanzig Minuten jedenfalls trägt Natascha wie am Schnürchen vor:

»Majakowskij zeigt die neue Beziehung zwischen den Menschen. Er zeigt, wie sich die Massen zur Revolution vorbereiten, zu ihrem künftigen Glück. Majakowskij zeigt, daß alles Schlechte im Menschen durch die kapitalistische Gesellschaft hervorgerufen wird. Wenn der Mensch alles haben wird, wird es auch nichts Schlechtes mehr geben. Majakowskij war in Amerika und Westeuropa. Er war begeistert von den Errungenschaften dort, von der Zivilisation. Aber er behauptet trotzdem, daß es in Rußland besser zugeht...«

Genau achtzehn Minuten trägt Natascha vor. Dann ist die Prüfungskommission zufrieden. Oder auch nicht. Die Zensuren werden vorerst nicht bekanntgegeben. Natascha kann nun der Prüfung der anderen zuhören oder nach Hause gehen. Sie ist noch unentschlossen und geht erst einmal auf den Korridor. Zunächst ist sie stumm. Sie wirkt unglücklich. Dann sprudelt es aus ihr heraus: Aufgeregt sei sie gewesen, ganz fürchterlich. Und dann diese blöden Fragen. Majakowskij, der habe ihr grad' noch gefehlt. »Ich verstehe ihn nicht, und ich mag ihn nicht.«

Vorsichtig fragen wir, wen sie denn möge.

»Puschkin natürlich. Und Čechov. Aber doch nicht solche Fragen...«

Sie holt ein Taschentuch heraus und putzt sich die Nase. Tränen kullern. Wir sind traurig, daß wir ihr nicht helfen können. So schlimm, versuchen wir zu trösten, war es doch gar nicht. Und mit Majakowskij hätten wir auch unsere Probleme. »Aber ihr habt euer Abitur ja schon«, sagt Natascha. »Und außerdem: Wer braucht bei euch schon Majakowskij?«

Jetzt lacht sie wieder. Ganz zaghaft. Aber immerhin...

20. Juni 1978
Abschlußfeier in der Schule. Überreichung der Abiturzeugnisse. Natascha hat kein überragendes, aber auch kein schlechtes Zeugnis. Fünfen, die beste russische Note, in ihren Lieblingsfächern Mathematik und Chemie. Auch in Literatur hat es gerade noch dazu

gereicht. Trotz Majakowskij. Vieren unter anderem in Russisch, Physik und Gesellschaftskunde. Für die Universität, das ist jetzt sicher, reicht ihr Notendurchschnitt nicht. Zugleich mit dem Abiturzeugnis erhält Natascha ein Diplom als Programmiergehilfin für elektronische Rechenmaschinen. Sollte sie die Aufnahmeprüfung zur Fachhochschule für Mathematik, wo sie studieren möchte, nicht bestehen, hat ihr das Rechenzentrum, in dem sie ihren polytechnischen Unterricht absolviert hat, einen Arbeitsplatz zugesagt. Einen schlecht bezahlten allerdings.

Letzte Worte der Direktorin, sie macht es kurz: »Vergeßt nicht, was der Staat, die Partei für euch getan haben!«

Weiter ist von Politik nicht die Rede.

»An erster Stelle die Heimat!«

21. Juni 1979
Wir sind mit Natascha zum Interview verabredet. Wir haben damit gewartet, bis wir sie näher kennengelernt haben – und sie ihren Abiturstreß hinter sich hat. Wir haben uns in den Leninbergen am Fuße der Moskauer Universität verabredet. Unterhalb des Platzes, an dem die Brautpaare nach der Trauung ein erstes Glas Sekt im Freien trinken.

Wir sitzen im Gras. Natascha in einem langen, roten Rock, einem weißen T-Shirt und einer schwarzen, selbstgestrickten Jacke.

Jürgen hat die Kamera aufgebaut. Jura macht wie immer den Ton.

Wir fragen Natascha, wer ihrer Meinung nach den stärksten Einfluß auf ihre Erziehung gehabt hat.

»Vor allem anderen – und bis heute – meine Mutter.«

Welche Rolle denn der Komsomol und die Jungen Pioniere gespielt haben, wollen wir wissen.

»Wir haben sehr interessante Pionierversammlungen gehabt. Wir haben Lumpen gesammelt und Schrott. Es hat viel Spaß gemacht.«

Ob sie sich denn für Politik interessiere?

«Nicht besonders.«

Und für Ideologie?

»Nein.«

Und dann entspinnt sich folgender Dialog:

»Zeitungen lesen Sie?«

»Ja, die ‹Komsomoloskaja Prawda›, die Jugendzeitung«

»Und was lesen Sie da?«

»Im Prinzip die letzte Seite. Erziehungsprobleme, eben solche Fragen, die die Jugend angehen. Und Kreuzworträtsel.«

»Waren Sie schon einmal in der Kirche?«

»Ja, ich war. Und es gefällt mir sehr. Die alten Bräuche und das alles. Ich war gerade an dem Tag in der Kirche, als ich in den Komsomol eintrat. In dem Bezirk, in dem wir wohnen, ist eine ›arbeitende‹ Kirche. Genau gegenüber dem Parteibüro. Da waren wir. Es gefällt mir dort sehr.«

»An Gott glauben Sie?«

»An meinen – ja.«

»Wie stellen Sie sich die Zukunft vor? Welches sind ihre wichtigsten Pläne?«

»Vor allem möchte ich die Aufnahmeprüfung zur Fachhochschule bestehen.«

»Und danach, wie soll es da weitergehen?«

»Daran habe ich noch nicht gedacht.«

»Vielleicht heiraten?« frage ich.

»Das kommt darauf an. Im Prinzip schon.«

»Und möchten Sie Kinder haben?«

»Ja, ich mag Kinder sehr.«

»Wie viele?«

Das hängt davon ab, was zuerst kommt. Wenn es ein Junge ist, dann zwei. Wenn es ein Mädchen ist, eins.«

»Und wie muß der Mann ihrer Vorstellung sein?«

»Vor allem muß er mich lieben. Alles andere ist unwichtig. In jedem Menschen gibt es Gutes und Schlechtes. Man kann nicht nur das Gute haben wollen.«

Wir machen eine Pause. Dann frage ich:

»Gab es bei Ihnen in der Schule ein Unterrichtsfach wie Sexualkunde?«

»Wir haben Anatomie gehabt. Aber so etwas wie Sexualkunde hat es nicht gegeben.«

»Aber woher haben Sie in dieser Hinsicht ihre Kenntnisse?«

»Aus Büchern. Praxis haben wir noch nicht.«

Ich stelle die letzte Frage:

»Wenn Sie eine private Wertskala aufstellen sollten – was stünde da an erster Stelle, was wäre für Sie das Wichtigste: die Familie, die Heimat, der Staat, die Partei, die Freunde?«

Natascha schaut mich an, dann antwortet sie ohne Zögern: »An erster Stelle die Heimat. Dann meine Eltern, dann meine Freunde. Dann alles andere.«

Ich glaube ihr jedes Wort.

Abschlußball

8. Juni 1979

In der Turnhalle der Schule sind links und rechts an den Wänden Bänke aufgestellt, die Fläche in der Mitte ist frei. Zum Tanzen. An der Stirnseite, unter einem Basketballkorb, hat sich eine Vier-Mann-Kapelle etabliert. Die Musiker sind befreundete Studenten eines Physikinstituts. Erschienen sind neben den Abiturienten und ihren Freunden auch die Lehrer und einige Eltern.

Anfangs geht es besinnlich zu. Viele der Jungen haben offenbar keine Lust zum Tanzen. Die Mädchen tanzen unter sich. Stimmung kommt erst auf, als die Band nach etwa zwei Stunden mit ihrer – wie Natascha es nennt – langweiligen Dudelmusik aufhört und die Tonbänder auspackt. Es sind, wie erwartet, Abba, Boney M., die Beatles, Simon und Garfunkel, sogar die Rolling Stones. Absoluter Hit des Abends: der verbotene Song »Rasputin« von Boney M.

Jetzt tanzen auch die Jungen. Und es stellt sich heraus, daß sie dies keineswegs schlechter können als ihre Altersgenossen im Westen. Im Gegenteil, sie scheinen viel bewegungsfreudiger. Nur Natascha und Azamat bevorzugen langsame Rhythmen. Zum Schmusen.

Ich komme beim Tanzen mit einem blonden Mädchen ins Gespräch. Sie gehört nicht in Nataschas Klasse, auch nicht zum Kreis ihrer Freundinnen. Jedenfalls habe ich sie bislang nicht gesehen. Auch scheint sie etwas älter. Ob sie eine Lehrerin sei, frage ich, obwohl ich inzwischen auch alle Lehrer der Schule kenne. Nein, antwortet sie, sie wäre keine Lehrerin. Vielleicht eine Studentin, ehemalige Absolventin dieser Schule? Auch das nicht. Ich rate weiter: Die Schwester eines der Jungen oder Mädchen hier? Nein, auch nicht. Ich gebe es auf. Sie habe dienstlich mit der Schule zu tun, erklärt sie. Sie sei Leutnant der Miliz.

Als die Musik eine Pause macht, das Tonband gewechselt wird, setzen wir uns. Irina, wie meine neue Bekanntschaft heißt, erzählt, sie sei die Jugendbeauftragte der Miliz für diesen Rayon. Ich bin mir nicht sicher, ob sie mich als Ausländer erkannt hat. Jedenfalls erzählt sie mit einer Freimütigkeit, die mich daran zweifeln läßt.

In jedem Moskauer Polizeirevier, so Irina, gebe es einen sogenannten Jugendbeauftragten. Er habe überall da einzugreifen, wo Jugendliche in Gefahr seien, auf die schiefe Bahn zu geraten. Und das sei leider sehr häufig der Fall. Die Jugendkriminalität sei in den letzten Jahren erschreckend gestiegen. Immer mehr Fälle von jugendlichem Alkoholismus seien zu beklagen, auch eine bedrohliche Zunahme der Gewalttätigkeit. Viele Jugendliche würden sich immer häufiger den staatlichen Bildungs- und Erziehungseinrichtungen entziehen, schwänzten die Schule, lungerten auf der Straße herum, rotteten sich zu Banden zusammen. Sie interessierten sich nicht für Sport, nicht für Theater, gingen nicht in Jugendclubs oder Veranstaltungen des Komsomol. Es sei eine ausgesprochene Protesthaltung. Sie selbst würden sich »Hippies« nennen, »Punks« oder so ähnlich. Eine Gruppe in Moskau nenne sich sogar »Faschisti«. Etwas dagegen zu tun, sagt Irina, sei schwer. Zunächst gebe es kaum attraktive Alternativen, um die Jugendlichen von der Straße zu holen. Es gebe keine Diskotheken, kaum Jugendclubs, die wirklich anziehend wären. Die meisten verbreiteten eine sterile Atmosphäre und würden durch das ideologisch gefärbte Unterhaltungsangebot eher abstoßen als einladen.

Am stärksten gefährdet seien die Jugendlichen, die nach Abschluß der Schule oder häufig auch schon früher, nach der 8. oder 9. Klasse, direkt in einen Betrieb gingen. Binnen kurzer Zeit wären sie da in der Regel verdorben. Das Wichtigste, so Irina bitter, was sie dort von den älteren Kollegen lernen, sei, möglichst wenig zu arbeiten und viel zu saufen. Die Demoralisierung der Arbeiter in manchen Betrieben jedenfalls sei erschreckend. Deshalb bemühe man sich, die Jugendlichen zumindest bis zum achtzehnten Lebensjahr, möglichst aber noch länger, von den Betrieben fernzuhalten. Indem man sie auf Institute, weiterführende Schülen usw. schicke.

Mit Nataschas Schule habe man glücklicherweise wenig Probleme. Die Elternschaft habe sehr aktiv an der erzieherischen Arbeit teilgenommen. Man habe viele attraktive Freizeiten veranstaltet, die Kinder behutsam an Theater und Konzertaufführungen herangeführt, ihnen aber auch viel Raum für das Ausleben eigener Interessen gelassen. Wollen Sie nachmittags oder abends in der Turnhalle tanzen, bitte, sollen sie doch. Wo denn sonst? Andere Möglichkeiten gibt es doch nicht! Und daß die Hälfte aller Kinder in der 10. Klasse rauche — mein Gott, solange es keine Narkotika sind... Im übrigen versuche sie, Irina, so unauffällig wie möglich zu arbeiten. Nie würde sie in Uniform in eine Schule gehen, zum Gespräch mit den Lehrern oder einer Klasse. Im Gegenteil, sie versuche ein eher kameradschaftliches Verhältnis aufzubauen. Und da sie in dem Rayon, in dem sie arbeite, auch wohne, gelinge das auch meist. Für manche Mädchen zumindest sei sie ein richtiger Kumpel. Aber auch die Jungen hätten Vertrauen zu ihr. Was ganz wichtig sei, da bei vielen die häuslichen Verhältnisse so schlimm seien, daß sie gar keinen anderen Ansprechpartner haben. Jedenfalls sei sie sehr stolz darauf, daß sie in ihrem Rayon keinen Alkoholiker unter sechzehn Jahre habe.

Es läuft wieder »Rasputin«. Wir gehen tanzen.

Gegen 2 Uhr ist der Abschlußball beendet. Vor der Schule stehen Busse, die die Kinder und ihre Eltern ins Stadtzentrum bringen. Zum Roten Platz. Eine Zeremonie, die wir bislang nicht kannten. Doch so machen es, wie wir erfahren, alle Abiturklassen in Moskau. Auch Natascha und ihre Freunde.

Sie versammeln sich zunächst am Grabmal des Unbekannten Soldaten an der Kremlmauer. Im Halbkreis stehen sie schweigend um die ewige Flamme. Eines der Mädchen legt einen Blumenstrauß nieder. Einige der Kinder halten sich an den Händen. Die Gesichter sind ernst. Natascha hat Tränen in den Augen. Niemand hat die Kinder hierher dirigiert, niemand Anweisungen gegeben, nichts ist eingeübt.

Nach einigen Minuten löst sich die Spannung. Die Gruppe zieht auf den Roten Platz. Hier begegnet man anderen Abiturklassen. Doch merkwürdig: Die Stimmung ist auch hier keineswegs ausgelassen, sondern ernst, nachdenklich. Gemeinsam erwartet man den Sonnenaufgang. Die jungen Leute wirken übermüdet und verfroren. Doch an dieser Tradition, dem Erwarten des Morgengrauens auf dem Roten Platz, wird festgehalten. Ausdruck der Sehnsucht nach Ritualen als Wegmarken des eigenen Lebens?

Als sich die Sonne im Osten über der Silhouette des Kaufhauses GUM erhebt, machen sich Natascha und ihre Freunde auf den Weg zurück zu den Bussen. Wir begleiten sie ein letztes Mal mit der Kamera.

Wir haben viel gelernt. Doch auch viele Fragen sind offengeblieben. Wie es mit dem Leben unserer jungen Freunde weitergehen wird, ist ungewiß. Sicher ist, daß nur jeder fünfte einen Platz auf der Universität bekommen wird; daß mancher nur eine Arbeit findet, die unter dem Existenzminium liegt, und weiterhin von den Eltern ernährt werden muß.

Auch Nataschas Zukunft ist noch ungewiß. Ihre Aufnahmeprüfung zum Mathematikstudium findet erst in drei Wochen statt. Doch auch wenn sie durchfällt – sie wird als Programmiergehilfin arbeiten und sicher nicht ganz unglücklich sein.

Mach's gut Natascha! Wir drücken dir die Daumen. Das werden auch die letzten Worte unseres Films sein.

2. Juli 1979

Natascha hat angerufen, unsere Abiturientin. Sie hat die Aufnahmeprüfung bestanden. Am 1. September wird sie mit dem Mathematikstudium an einer Fachhochschule beginnen. Wir freuen uns mit ihr. Jürgen bringt ihr einen kleinen Kassettenrecorder vorbei. Zur Gratulation und als kleine Geste des Danks. Mehr als einen Monat haben wir sie fast täglich mit der Kamera belästigt, selbst bei den Prüfungen. Natascha ist immer freundlich geblieben und natürlich, hat sich nie als Star aufgespielt, nie Launen gezeigt, ist uns gegenüber immer offen gewesen. Wir mögen sie einfach. Wir haben sie liebgewonnen.

Gefragt, womit wir ihr denn nach bestandenem Abitur und abgeschlossenen Dreharbeiten eine Freude machen könnten, hatte sie übrigens nur geantwortet: »Mit einer Schallplatte von Abba.« Wir haben sie besorgt.

Heinrich Böll und Lew Kopelew

Begegnungen

1. August 1979

Heinrich Böll ist gekommen. Seine Freunde haben sich geeinigt. Alle zusammen haben ihn am Flughafen abgeholt. Blumen, Küsse, Umarmungen – ein großer Bahnhof. Er hat das Grab von Friedrich Haass, dem deutschen Armenarzt, besucht und das Grab von Boris Pasternak, dem Autor des »Dr. Schiwago« und russischen Übersetzer des »Faust«. Er war im Atelier von Boris Birger und hat sich bei Wassja Aksjonow mit alten und jungen Literaten getroffen. Und er war bei Andrej Sacharow, mit dem er seit langem korrespondiert. Es muß ein sehr schöner und wichtiger Briefwechsel sein. Hoffentlich wird er einmal veröffentlicht.

Böll ist als Privatmann in Moskau. Dennoch folgt ihm auf Schritt und Tritt eine schwarze Limousine. Die Herren vom Geheimdienst sind offenbar nervös. Doch Böll macht es ihnen leicht. Ganz offen pflegt er seine Kontakte, macht er seine Besuche, trifft sich mit denen, die das Regime am liebsten völlig von der Außenwelt isolieren möchte. Und zum Teil auch isoliert. Seit Jahren schon ist bei Lew Kopelew zum Beispiel das Telefon stillgelegt, wird ihm keine Post mehr zugestellt.

Mit Kopelew ist Böll seit Jahren befreundet. Beide verbindet eine merkwürdige Parallelität ihres Schicksals. Beide gelten in ihrer Heimat als Nestbeschmutzer. Beide sind immer wieder der Gegenstand widerlicher Hetzkampagnen in bestimmten Gazetten ihres Landes. Kopelew, der in einem seiner Bücher u.a. den Einmarsch der Roten Armee in Ostpreußen schilderte, ist in seiner Heimat beruflich und gesellschaftlich ein Ausgestoßener. Er darf nicht publizieren, nicht ins Ausland reisen. Nach dem Krieg hatte er wegen »Mitleid mit dem Feind« zehn Jahre in Stalins Gefängnissen und Lagern gesessen. Für Kopelew wie für Böll ist der Zweite Weltkrieg das Schlüsselerlebnis ihrer Existenz. Böll hatte als Obergefreiter der Deutschen Wehrmacht gegen die Russen gekämpft, Kopelew als Propagandaoffizier der Roten Armee gegen die Deutschen.

In wenigen Wochen, am 1. September, ist der 40. Jahrestag des Kriegsausbruchs. Ich überlege, Heinrich Böll und Lew Kopelew um ein Gespräch vor der Kamera zu bitten. Thema: »Warum eigentlich haben wir aufeinander geschossen?«

»Warum eigentlich haben wir aufeinander geschossen?«

5. August 1979

Böll und Kopelew haben zugesagt, ohne zu zögern. Beide, so sagen sie, haben schon oft über diese Frage nachgedacht. Es sei an der Zeit, dies einmal gemeinsam und öffentlich zu tun.

Wir treffen uns in unserer Wohnung am Kutuzowskij-Prospekt. Die Kameras sind in meinem Arbeitszimmer aufgebaut, vor einem Bücherregal mit russischer und deutscher Literatur. Wir wollen mit zwei Kameras drehen, um beide Gesprächspartner die ganze Zeit groß im Bild haben zu können. Die eine Kamera wird Jürgen bedienen, die andere Boris. Jura wird den Ton machen.

Böll wirkt müde. Die Falten in seinem Gesicht sind noch tiefer als sonst. Nein, es gehe ihm tatsächlich nicht gut, körperlich. Aus einem Nebensatz glaube ich herauszuhören, daß es ihm auch psychisch nicht allzu gutgeht. Einige negative Kritiken zu seinem neuen Buch »Fürsorgliche Belagerung« haben ihn offenbar tiefer getroffen, als er nach außen vermuten läßt. Trotz seines angegriffenen Gesundheitszustandes raucht er eine Zigarette nach der anderen. Darauf angesprochen, sagt er nur: »Ach ja«, lächelt und zündet die nächste an.

Ich beginne das Gespräch mit der Frage nach der Identität der beiden: Lew Kopelew ist 1912 in der Ukraine geboren – als Sohn jüdischer Eltern. Als was fühlt er sich eigentlich, als Ukrainer, als Russe, als Jude?

Kopelew antwortet mit einem Zitat des großen polnischen Dichters jüdischer Herkunft, Julian Tuwin: »Ich habe nie jüdisch gesprochen, habe nie jüdisch geglaubt, aber ich muß mich zum Judentum bekennen. Nicht wegen des Bluts, das in meinen Adern fließt, sondern wegen des Bluts, das aus so vielen Adern herausgeflossen ist.« Dann macht Kopelew eine Pause und sagt: »Vor allem aber fühle ich mich als Russe. Russisch ist die Sprache, die ich seit Kindheit spreche. Die russische Kultur ist meine Kultur. Und russische Geschichte ist meine Geschichte – mit all ihren Tragödien, mit all ihrem Guten und Schlechten.« Er macht wieder eine Pause. »Ich bin ein Russe jüdischer Herkunft.«

Die deutsche Sprache, die er so perfekt beherrscht, hat er von seinem deutschen Kindermädchen gelernt. Ich vermute, es war eine Verehrerin von Rilke.

Heinrich Bölls erste Begegnung mit Rußland erfolgte durch die russische Literatur. Als er sechzehn, siebzehn Jahre alt war, so erinnert er sich, hat er Dostojewskij gelesen, auch den ganzen Čechov und auch Tolstoj. In billigen, verramschten Ausgaben, wohl auch schlechten Übersetzungen. Und er erinnert sich an die Erzählungen von Verwandten, die im Ersten Weltkrieg in Rußland waren, zum Teil sogar in Gefangenschaft. Es sei ein armes Land, hätten sie berichtet, aber nicht unfreundlich. Auch später, als die Nazis kamen, hätte sich sein Bild von Rußland und vor allem den russischen Menschen nicht geändert. Das ganze Propagandabild von den Russen als Untermenschen sei bei ihm völlig wirkungslos geblieben. Was nicht sein Verdienst sei, sondern das seiner Eltern, die ihn so erzogen hätten. Und auch das Kommunistenbild der NS-Propaganda habe er immer mit den Kommunisten verglichen, die er aus Köln kannte. In der Werkstatt seines Vaters, der Tischler war, hätten ja viele Kommunisten gearbeitet. Daß sie Atheisten gewesen seien, hätte als schrecklich gegolten. »Aber«, sagt er, »es waren doch Menschen. Ich konnte mit ihnen reden, ich habe mit ihnen in einem Haus zusammengelebt. ›Mein Gott‹, habe ich gedacht, ›die Russen werden ja so schlimm auch nicht sein.‹«

Auch Lew Kopelews positives Deutschlandbild geriet nach der Machtergreifung der Nazis nicht ins Wanken. »Wir glaubten, daß der Nazismus nicht so stark war, wie er tatsächlich war.« Im Gegenteil, die vielen deutschen Emigranten, die er während der Hitlerzeit in Moskau kennenlernte – wie Erich Weinert zum Beispiel und Willi Bredel –, bestärkten ihn in seinem Glauben an das »Kulturvolk der Deutschen«. Noch als Hitler die Sowjetunion überfiel, habe er geglaubt, daß sich das deutsche Proletariat erheben werde, um dem Nazispuk ein Ende zu machen. Die Enttäuschung sei erst im Krieg gekommen, als die ersten deutschen Gefangenen gemacht wurden und er feststellen mußte, daß gerade viele Arbeiter unter den Soldaten der Wehrmacht Nazis waren, richtige Nazis. Die wenigen Antinazis und Antifaschisten unter den deutschen Kriegsgefangenen seien meist Intellektuelle gewesen. Und von denen hätten sich manche auch nur aus Opportunismus als Antifaschisten ausgegeben. »Ich muß gestehen, eine Zeitlang im Kriege war auch ich sozusagen russisch-nationalistisch gestimmt. Als wir uns aus Nowgorod zurückziehen mußten, da war es ein seltsam gräßliches Gefühl – Nowgorod zum ersten Mal in seiner tausendjährigen Geschichte in Feindeshand! Das schmerzte, da kamen einem richtig nationalistische Gefühle.« Dennoch, so Kopelew, einen Deutschenhaß habe es selbst damals bei ihm nicht gegeben. »Dagegen war ich nicht nur durch meine Erziehung in der Kindheit immun geworden, dazu gehörte auch die allgemeine humanistische Erziehung und dann die internationalistische.« Was im Sprachgebrauch der Kommunisten, und als solcher fühlte sich Kopelew damals, die Beurteilung der Menschen ausschließlich nach Klassengesichtspunkten bedeutete. Und da die Arbeiterklasse nirgendwo schlecht sein konnte, konnte sie es auch in Deutschland nicht sein. Höchstens verführt. Von den Nazis.

Heinrich Böll erinnert sich, wie der Krieg auf sein Rußlandbild wirkte. Zunächst, und er legt Wert darauf, dies festzustellen, sei er durchaus freiwillig nach Rußland gekommen, an die Front. Aus Neugierde, einer wirklich törichten und unverantwortlichen Neugierde, wie er sagt. »Ich denke, mein Gott, da willste doch mal hin.« Merkwürdigerweise habe er dabei kein schlechtes Gewissen gehabt. »Ich bin nun mal in dieser Armee mitgetrottet. Ich kann das nicht anders nennen. Ich war ein Mitläufer im wörtlichen Sinn...«

Der Grund für diese Neugierde sei sehr kompliziert. Er hänge mit dem Männlichkeitsmythos des Fronterlebnisses zusammen, von dem die Lehrer ihnen in der Schule erzählt hätten und der ihm schon immer verdächtig vorgekommen sei: »Da stürmten wir, und dann schoß mir einer durchs Kochgeschirr und so'ne Scheiße...« Das, meint er, wollte er damals entmythologisieren. »Und das ist mir gründlich gelungen. Auch an mir gründlich gelungen, verstehen Sie?«

Die konkrete Begegnung mit Rußland, mit der Realität der Sowjetunion, der wirtschaftlichen und sozialen Situation, sei für viele oder sogar die meisten eine »ungeheure Enttäuschung« gewesen. »Du siehst ein Dorf, die schlechten Wohnungen, die schlechten Straßen... Und sehen konnten sie ja, diese deutschen Soldaten, waren doch nicht alles Idioten.« Nur vor diesem Hintergrund sei auch der Antikommunismus der vierziger und fünfziger Jahre zu verstehen. »Das Erlebnis der Sowjetunion, auch als Angehöriger der Armee, egal, ob Nazi oder nicht, war nicht sehr ermutigend als Vorzeigemöglichkeit für den Sozialismus und Kommunismus...«

Sein persönliches Bild von Rußland habe sich aber durch dies alles nicht verändert. »Es hat eigentlich meine Sympathie eher verstärkt. Nicht mein Mitleid, sondern Sympathie. Darauf lege ich Wert.«

Wir kommen auf das Kriegsende zu sprechen, den Einmarsch der Roten Armee in Ostpreußen und andere Teile des Deutschen Reiches, die grausamen Verbrechen sowjetischer Soldaten an der deutschen Zivilbevölkerung. Ich frage Heinrich Böll, ob diese Geschehnisse sein Bild von Rußland und den Russen beeinflußt haben?

Zunächst, sagt Heinrich Böll, dürfe man diese Dinge nie generalisieren. Die psychologische Situation der Roten Armee sei ihm jedoch völlig klar gewesen: »Der Vormarsch durch das eigene total zerstörte Land, nach jahrelangem Krieg, der eine fast totale Vernichtung der sowjetischen Struktur und Landschaft war – und dann kommt man plötzlich in das Land des Feindes... Ich kann mir psychologisch sehr gut vorstellen, wie die Soldaten der Roten Armee, und nicht nur Kriminelle, empfunden haben. Das muß vorausgesetzt sein, wenn man über diese Greuel spricht. Die historische Reihenfolge... Was ich schlimm finde und was mir auch mit eine der Ursachen des propagandistischen Antikommunismus war: daß dort eine sozialistische Armee kam, die auf diese Weise ›befreite‹.«

Ich frage Lew Kopelew nach diesem für die Deutschen traumatischen Erlebnis des Einmarsches der Roten Armee in Ostpreußen. Er war dabei, er war Augenzeuge, er hat ihn in seinem Buch »Aufbewahren für alle Zeit!« eindringlich und schonungslos beschrieben. Hat er eine Erklärung, eine Entschuldigung, eine Einordnung dessen, was da passiert ist?

»Erklärung wohl, Entschuldigung nicht.« Sagt Kopelew. »Ich habe auch Verständnis für die Soldaten gehabt, deren Familien umgekommen waren, umgebracht wurden, die zusehen mußten, wie ihre Dörfer zerstört wurden, abbrannten; das habe ich selbst erlebt. Und manche Greueltaten auch. Aber was da geschah, das war auch für mich absolut unerwartet. Ich glaubte, wir sind doch eine sozialistische, eine internationalistische Armee. Ich kenne nicht die Statistiken, wie viele Lumpen und Marodeure und Gewalttäter wir gehabt haben. Ich glaube, daß es doch eher eine kleine Minderheit war. Und die war auch eher bei der Etappe als bei der kämpfenden Truppe. Die kämpfenden Soldaten, die hatten einfach weniger Zeit dazu ... Und ich habe auch Soldaten und höhere Offiziere erlebt, die strikt dagegen waren. Ich kenne einen Fall von einem Oberst, der seinen Leutnant an Ort und Stelle füsilieren ließ, weil dieser bei einer Notzucht mitgemacht hatte. In Ostpreußen war das, in Allenstein.«

Kopelew verstummt. Er spricht nicht davon, daß er für den Versuch, als Offizier in Ostpreußen Ausschreitungen zu verhindern, vor ein sowjetisches Kriegsgericht gestellt wurde. Zehn Jahre dauerte seine Odyssee durch die Gefängnisse und Lager, den gesamten Archipel GULAG, wo er auch Alexander Solschenizyn traf. Viel schlimmer scheint für ihn das Zusammenbrechen seines eigenen Weltbildes gewesen zu sein, die »bittere Enttäuschung an der eigenen Armee, der eigenen Ideologie. Verstehen Sie mich?«

Wie er denn heute das Verhältnis der Russen, der Sowjetbürger, zu Deutschland und den Deutschen sehe, will ich wissen.

»Ich glaube, mit einer gewissen Sicherheit behaupten zu können«, antwortet Kopelew, »daß Nachklänge vom Krieg und den durch den Krieg erzeugten Haß so gut wie nichtig geworden sind. Bei der Jugend keine Spur davon, keine Spur.« Und das, so Kopelew, gelte nicht nur in bezug auf die DDR, sondern auch für die Bundesrepublik. Trotz der Propaganda der vierziger und fünfziger Jahre, als man immer vom »revanchistischen Westdeutschland« sprach und Mücken zu Elefanten aufbauschte. Auch heute noch gebe es einen bestimmten

Teil der Presse, der diesen »Revanchistenschreck« immer wieder benutze. Aber im großen und ganzen glaube er, daß die Nachwehen des Krieges begonnen haben aufzuhören. »Es gibt keinen Deutschenhaß heute bei uns.«

Dazu beigetragen habe nicht zuletzt die Lektüre der Bücher von Heinrich Böll, die 1957 zum ersten Mal in der Sowjetunion verlegt worden sind. Kopelew: »Sie waren ein großes Erlebnis für Hunderttausende und nachher für Millionen von Menschen. Ich kenne Leute, nicht nur Russen, sondern auch Polen, die noch in den fünfziger Jahren sagten, nein, nach Deutschland gehe ich nie, ein deutsches Buch nehme ich nie in die Hand, mit einem Deutschen werde ich nie Freund sein können, die gerade nach der Böll-Lektüre umgelernt haben.«

Ob er, Lew Kopelew, einmal daran gedacht habe, sein Land zu verlassen, frage ich zum Schluß des Gesprächs. Schließlich sei er im eigenen Land ein Geächteter, habe keine Möglichkeit, seine Bücher zu veröffentlichen, müsse immer wieder damit rechnen, wegen seiner politischen Haltung vor ein Gericht gestellt zu werden.

»Nein«, antwortet Kopelew, »verlassen nicht. Reisen möchte ich, sehr gerne, ich brauche es einfach, beinahe lebensnotwendig. Ausreisen aber will ich nicht... Dies ist mein Land. Ich bin doch Russe, und Russisch ist meine Sprache, und russische Geschichte ist meine Geschichte, und russische Tragik ist meine Tragik. Ich kann es anders nicht. Es wäre ein großes Unglück für mich, ausgebürgert zu werden. Verstehen Sie mich?«

Wir schreiben den 5. August 1979.

Drei Stunden hat das Gespräch gedauert. Ich hoffe, einen Sendeplatz zu finden. Wenn's geht, am 1. September, dem 40. Jahrestag des Kriegsausbruchs.

Schwierige Zeiten

Khomeinis Schatten

15. August 1979

Jetzt haben sie Harald Brand am Wickel. Harald ist seit einem Jahr der zweite Fernsehkorrespondent im Moskauer ARD-Büro. Wir teilen uns die Arbeit. Reise ich im Land umher, macht Harald die tagesaktuelle Berichterstattung aus der Hauptstadt, ist er unterwegs, mache ich sie.

Gestern nun hat Radio Moskau zugeschlagen. »Lügenhafte Erdichtungen über das Leben in der Sowjetunion«, »heuchlerische Berichterstattung« und »unverschämtes Umgehen mit Tatsachen« hat man Harald vorgeworfen. Die Rede ist von einem Film, den er vor acht Monaten in der mittelasiatischen Sowjetrepublik Turkmenien gedreht hat, in unmittelbarer Nähe zur persischen Grenze. Wir wollten unter anderem feststellen, ob es in dieser Sowjetrepublik irgendwelche Auswirkungen der moslemischen Revolution des Ajatollah Khomeini im Iran gibt. Der Film lief im »Weltspiegel«, etwa acht Minuten lang.

Ganz sachlich hatte Harald berichtet, was er gesehen hatte: daß er sich der sowjetisch-iranischen Grenze auf nur 50 Kilometer habe nähern dürfen, dann beginne die Sicherheitszone, die zu betreten lediglich noch den turkmenischen Schafhirten und ihren Herden erlaubt ist. Daß in der Hauptstadt Turkmeniens, in Aschchabad, auf den Straßen weniger Militär zu sehen sei, als in sowjetischen Städten üblich. Daß die Atmosphäre dort asiatisch gelassen sei, auf dem Markt die Kolchosbauern ihre Waren anbieten, das Angebot an Obst und Gemüse größer sei als in Moskau und in anderen Teilen der

Sowjetunion. Es herrsche, so hatte Harald festgestellt, keinerlei Unruhe über die Ereignisse im benachbarten Iran, obwohl Turkmenien nicht nur durch eine 1200 Kilometer lange Grenze mit dem Iran verbunden sei. Vielmehr bestünden noch viele verwandtschaftliche Beziehungen. Viele Turkmenen, tiefgläubige Moslems, seien unmittelbar nach der Revolution, als die Grenzen noch nicht geschlossen waren, ins benachbarte Persien ausgewandert, weil – wie Harald in seinem Bericht formulierte – »Lenin die Religionsfreiheit einschränkte«. Heute, so hatte Harald weiter berichtet, sind kaum noch zehn Prozent der Einwohner Turkmeniens gläubige Moslems.

Insgesamt leben in den südlichen und mittelasiatischen Sowjetrepubliken etwa fünfzig Millionen islamische Sowjetbürger, die ihre Religion allerdings kaum noch ausüben. Weder in der Hauptstadt Turkmeniens noch in den angrenzenden Dörfern gibt es Moscheen. Die nächste ist 400 Kilometer entfernt. Kontakte zwischen den Auswanderern und ihren Verwandten in Turkmenien gibt es kaum noch, obwohl die nächste iranische Großstadt nur 300 Kilometer entfernt, gleich hinter den Grenzbergen, liegt. Früher legten die Turkmenen diese Strecke bequem mit dem Dromedar zurück. Heute ist die Straße über die Berge gesperrt. Es führt auch keine Eisenbahnlinie in den Iran. Reisende zwischen den Städten Aschchabad in Turkmenien und Meschehd im Iran müssen einen Umweg von 5000 Kilometer machen – über Moskau und Teheran.

Weiter hatte Harald über den Besuch in einer turkmenischen Teppichfabrik und auf einer Kolchose berichtet. 70 Prozent der Landfläche Turkmeniens sei von Wüste bedeckt, der Kara Kum. Durch den Bau neuer Kanäle jedoch würden der Wüste jährlich viele Quadratkilometer landwirtschaftlich nutzbarer Boden abgewonnen.

Zum Schluß seines Berichts hatte Harald noch kurz die Sprachenproblematik gestreift – in den Mittelschulen wird auf russisch unterrichtet, die Muttersprache Turkmenisch wird lediglich als Fremdsprache gelehrt. Und er hatte festgestellt, daß es eine religiöse Erziehung in Turkmenien ebensowenig gebe wie in allen anderen Sowjetrepubliken.

Haralds Bericht schloß mit den Sätzen: »Ein religiös-fanatischer Mullah-Staat im Iran jedoch, so die Sorge Moskaus, könnte mit seinem Sendungsbewußtsein versuchen, die derzeit schlummernde, aber noch vorhandene Religiosität zu wecken. Moskau befürchtet, die vielen Moslems sowjetischer Abstammung, die jetzt im Iran leben, könnten Druck auf eine Mullah-Regierung ausüben, sich für die Religionsfreiheit ihrer Nachkommen im Sowjetstaat einzusetzen. Und das wäre den Sowjets genauso unlieb wie amerikanische Soldaten unmittelbar vor der Haustür.«

Das also sind die »erstaunlichen lügnerischen Erfindungen«. Radio Moskau hat den Bericht offenbar gar nicht gesehen, sondern bezieht sich in seinen Angriffen auf einen Artikel in der Zeitung »Turkmenskaja Iskra« aus Aschchabad, in der Harald »Treuebruch«, »Lügen« und »Provokation« vorgeworfen wurden. Besonders aufgebracht ist man dort offenbar über Haralds Bemerkungen zur Religions- und Sprachenproblematik in Turkmenien. Jedenfalls hätten die empörten Bauern der Kolchose »Sowjet-Turkmenien«, die Harald besucht hatte, auf einer Dorfversammlung »aufs schärfste« gegen die Verleumdung ihrer sozialisitschen Wirklichkeit protestiert und festgestellt, daß sie es nicht bedauern würden, wenn dieser »Verleumder« ihr Land »verlassen müßte«.

Ihre Kenntnis von Haralds Film hatten sie durch den in München stationierten amerikanischen Sender »Radio Liberty«, der in einer Sendung in turkmenischer Sprache aus Haralds Bericht zitiert hatte.

Und das ist für uns wirklich gefährlich: »Radio Liberty« hatte ohne unsere Kenntnis und ohne unser Einverständnis Kommentarteile aus Haralds Film in die Sowjetunion ausgestrahlt. Dies ist auch schon anderen passiert, und man ist als Korrespondent dagegen machtlos. Man protestiert hinterher, und das nächste Mal geschieht es doch wieder. In den Verdacht zu geraten, mit einem der amerikanischen Sender in der Bundesrepublik – sei es »Free Europe«, sei es »Liberty« – zusammenzuarbeiten, aber ist für einen Korrespondenten in einem Ostblockland, beruflich gesehen, tödlich. Denn diese Sender gelten als amerikanische Spionage- und Diversionszentren, ihre Mitarbeiter als, wie es die »Turkmenskaja Iskra« schrieb: »überlebte Faschisten und verstockte Anhänger des Kalten Krieges, die auf Kommando der versierten Feinde unseres Landes die sowjetische Wirklichkeit stets boshaft verleugnen, die nationale Politik der Sowjetunion entstellen.«

Wenn jetzt »Radio Moskau« behauptet, Harald habe »mit seinem

WDR-Ausweis getarnt für ›Radio Liberty‹ gearbeitet«, so bedeutet dies höchste Alarmstufe. Der WDR muß handeln.

16. August 1979

Der WDR hat gehandelt. Er hat öffentlich erklären lassen, die Vorwürfe gegen Harald Brand seien »aus der Luft« gegriffen, und zugleich darauf hingewiesen, daß Brand nie Kontakte zu »Radio Liberty« gehabt hat. Die amerikanische Rundfunkstation habe ohne Einwilligung des WDR Mitschnitte des Berichts von Harald Brand angefertigt und diese in die Sowjetunion ausgestrahlt.

Gleichzeitig hat der Chefredakteur des WDR beim Presseattaché der Sowjetischen Botschaft in Bonn schärfstens gegen die Vorwürfe protestiert und eine Richtigstellung der falschen Behauptungen in dem sowjetischen Presseorgan verlangt. Sein Schreiben an den sowjetischen Presseattaché schließt mit den Worten: »Sie stimmen gewiß mit mir überein, daß ein bei der Regierung der UdSSR akkreditierter Journalist Anspruch darauf hat, vor berufsschädigenden, auf Unwahrheiten beruhenden Angriffen in Schutz genommen zu werden. Sicherlich verstehen Sie auch, daß der WDR Wert darauf legt, Vorfälle zu bereinigen, die das Verhältnis zwischen WDR und ARD einerseits und der sowjetischen Regierung und Presse andererseits stören.«

Eine Richtigstellung ist nach unseren bisherigen Erfahrungen mit Sicherheit nicht zu erwarten. Ein sowjetisches Presseorgan irrt nicht. Wohl aber hoffen wir, daß nichts Schlimmes nachkommt und wir in Ruhe gelassen werden. Die nächsten Wochen werden es zeigen.

5. September 1979

Ninas erster Tag im Kindergarten. Nach langem Hin und Her hat es nun doch geklappt. Und ganz ohne Sonderbedingungen. Wir müssen als Ausländer weder – wie sonst üblich – spezielle Gebühren entrichten, noch gibt es irgendwelche anderen Spezialvorschriften. Nina wird behandelt, als wäre sie ein russisches Kind – wie alle anderen. Einzige Formalität vor der Aufnahme: eine ärztliche Untersuchung. Aber das ist allgemeine Vorschrift.

Um 8.30 Uhr ist Nina losgezogen. Monika hat sie die wenigen Schritte über den Hof begleitet. Schließlich ist es der erste Tag. Nina Petrowna, die Leiterin des Kindergartens, hat sie freundlich empfangen. Sie kennt Nina schon lange vom Spielen auf dem Hof. Auch alle anderen Erzieherinnen, wie die Kindergärtnerinnen auf russisch genannt werden, kennen Nina – und umgekehrt. Eigentlich haben sie schon im Frühjahr mit Nina gerechnet.

Der Kindergarten befindet sich im Parterre und im ersten Stock des Wohnblocks. Gleich am Eingang ist die Garderobe, in der jedes Kind sein eigenes Schränkchen hat. Jede Gruppe hat einen großen Raum für sich. In jedem der Räume steht ein Klavier. An den Wänden hängen Kinderzeichnungen, an den Fenstern kleben Scherenschnitte und selbstgebastelte Figuren aus Buntpapier. Die Motive sind wie bei Kindern in aller Welt: Tiere, Blumen, Autos, große und kleine Menschen sowie – wohl eine sowjetische Spezialität – Raketen. Politisches findet sich an keiner Stelle, mit Ausnahme des obligatorischen Lenin-Porträts in allen Räumen.

Jede Gruppe besteht aus etwa zwanzig Kindern, jeweils ein Jahrgang. Sie wird betreut von zwei Erzieherinnen. Außerdem ständig im Kindergarten anwesend: eine Krankenschwester und – bei den Kindern besonders beliebt – das Küchenpersonal. Meist ältere Babuschkas mit hohen, weißen Häubchen, resolut und gutmütig.

Der Kindergarten ist von 8 bis 18 Uhr geöffnet. Es gibt drei warme Mahlzeiten. Von 13 bis 14 Uhr ist Mittagsruhe im gemeinsamen Schlafsaal.

Allerdings nicht für Nina. Heute mittag nämlich, kurz nach 13 Uhr, hat eine etwas entnervte Nina Petrowna bei uns angerufen und gebeten, Nina wieder aus dem Kindergarten abzuholen. Solange sie dasei, sei es unmöglich, die Kinder in den Mittagsschlaf zu bringen. Nina säße mitten im Schlafsaal aufrecht in ihrem Bettchen und erzähle den anderen Kindern »bajki«, russische Märchen. Wir beschließen, Nina abzuholen und sie in Zukunft nur noch vormittags zum Kindergarten zu schicken. Alle Versuche, sie zum Mittagsschlaf zu bewegen, sind auch bei uns längst gescheitert.

Walja ist glücklich über diese Lösung. Dann, so sagt sie, habe sie Nina wenigstens nachmittags und könne mit ihr spielen oder spazierengehen. Die beiden sind ein Herz und eine Seele. Ohne Nina, hat

Walja verkündet, würde ihr die Arbeit bei uns keinen Spaß machen. Das bißchen Hausarbeit fülle sie nun wirklich nicht aus. Ein Kind sei eigentlich sowieso zu wenig. Wir sollten uns ein Vorbild an Pleitgens nehmen. Die hätten ihre Kinderzahl in Moskau auch erheblich vergrößert. Wir kennen die Geschichte. Walja erzählt sie immer wieder. Immerhin bestehen wir darauf, daß Nina noch im Kindergarten zu Mittag ißt. Wenn sie schon mit den russischen Kindern zusammenlebt, soll sie auch keine Extrawurst gebraten bekommen, im wahrsten Sinne des Wortes.

So sind schließlich alle zufrieden: Nina Petrowna, weil sie ihre Kinder wieder in den Mittagsschlaf bekommt, Walja, weil sie Nina wenigstens für einen halben Tag wieder hat, wir, weil Nina nun zumindest halbtags Anschluß an eine Gruppe Gleichaltriger hat. Und schließlich Nina selbst. Sie fühlt sich im Kindergarten pudelwohl, freut sich, daß sie um den Mittagsschlaf kommt und nachmittags frei hat.

Wir sind gespannt, wie lange diese allgemeine Zufriedenheit anhält.

Die Helsinki-Gruppe

30. Oktober 1979
Wir sind in der Wohnung Andrej Sacharows in der Tschkalow-Straße, unweit des Kursker Bahnhofs. Die Moskauer Helsinki-Gruppe zur Verteidigung der Menschenrechte hat einige westliche Journalisten zu einer kleinen Pressekonferenz eingeladen. Es sind eigentlich immer nur einige wenige, die bereit sind, ihre Kontakte zu Dissidenten offen zu zeigen. Diesmal dabei: Klaus Kuntze vom WDR-Hörfunk, Samuel Rachlin vom Dänischen Fernsehen, Reini Meier von der »Neuen Zürcher Zeitung«, Leo Wieland von der »FAZ«, Daniel Vernet von »Le Monde«, Michael Binyon von »The Times«, einige Kollegen der Nachrichtenagenturen sowie ein paar amerikanische Kollegen.

Der Anlaß dieses Treffens: der sogenannte »Tag der politischen Gefangenen«. Offiziell gibt es in der Sowjetunion keine politischen Gefangenen. Doch nach westlicher Rechtsauffassung und der Auffassung der sowjetischen Helsinki-Gruppe sind viele der in den sowjetischen Gefängnissen und Lagern wegen angeblich »krimineller Delikte« Inhaftierten in Wirklichkeit wegen ihrer politischen Überzeugungen und Aktivitäten verurteilt.

Geleitet wird die Versammlung von der Mathematikerin Tatjana Welikanowa, einer etwa 45jährigen Frau mit feinen, offenen Gesichtszügen, die durch eine große, helle Brille noch betont werden. Andrej Sacharow, in grauer Strickweste, kariertem, baumwollenem Hemd und Filzpantoffeln, hält sich die ganze Zeit still im Hintergrund. Es genügt, daß er da ist.

Wie immer hat die Gruppe eine Reihe von Dokumenten vorbereitet. Zunächst berichtet Tatjana Ossipowa, ein Mitglied der Gruppe, über das Schicksal der im vergangenen Jahr verurteilten Bürgerrechtler Anatolij Scharanskij, Viktoras Pjatkus und anderer. »Im Herbst vergangenen Jahres«, so referiert Tatjana Ossipowa, »wurden die Polithäftlinge aus dem Gefängnis in Wladimir in das tatarische Gefängnis Tschistopol verlegt. Offenbar, weil Wladimir von zu vielen Touristen besucht wird. Bis dahin war über das Tschistopoler Gefängnis nichts bekannt. Jetzt haben wir einige Informationen.« Tatjana Ossipowa zieht einen Brief hervor, dem anzusehen ist, daß er sehr verschlungene Pfade hinter sich hat. »Das Regime in diesem Gefängnis«, so Tatjana Ossipowa, »ist sehr viel strenger als in Wladimir. Briefe werden nur ausgehändigt, wenn sie von Verwandten stammen. Und auch dann bei weitem nicht alle. Der Gefangene Mendelewitsch zum Beispiel hat in einem Jahr nicht einen einzigen Brief von seiner Schwester aus Israel bekommen, ein halbes Jahr lang keinen von seiner Mutter. Anatolij Scharanskij hat nicht einmal die Glückwunschtelegramme zu seinem Geburtstag erhalten.«

Bei Scharanskij, so ergänzt Tatjana Welikanowa, sehe es übrigens sehr schlecht mit der Gesundheit aus. Er leide unter Kopfschmerzen und kann nicht länger als 25 bis 30 Minuten lesen. Er und seine Verwandten haben darauf bestanden, daß er von Spezialisten untersucht wird. Sie hätten, so Tatjana Welikanowa, zur Antwort erhalten, daß Spezialisten des Innenministeriums ihn bereits untersucht hätten. Die Untersuchung habe darin bestanden, daß sie die Sehschärfe mit einer Tafel geprüft und den Blutdruck gemessen hätten. »Darüber«, so schließt Tatjana Ossipowa den Bericht, »wie die Häftlinge in dem Gefängnis Tschistopol gehalten werden, gibt am besten die Tatsache Auskunft, daß der litauische Bürgerrechtler Pjatkus im ersten Jahr seiner Haft 25 Kilo abgenommen hat. Einzelheiten zu diesen Tatsachen finden Sie in diesem Dokument.« Tatjana Ossipowa reicht drei dünne, eng mit Schreibmaschine beschriebene Seiten herum. »Wir haben leider nur vier Kopien. Mehr schafft unsere Maschine nicht.«

Dann stellt sich Iwan Kowalenko vor. Er ist an diesem Tag der Moskauer Helsinki-Gruppe beigetreten. Sein Vater, der Bürgerrechtler Sergej Kowalenko, befindet sich zur Zeit wegen »antisowjetischer Agitation« im Lager.

Iwan Kowalenko berichtet über Gefangene, die eine langfristige Strafe verbüßen. »Obwohl das neue sowjetische Strafrecht«, so sagt er, »nur eine Höchststrafe von fünfzehn Jahren Lagerhaft vorsieht, gibt es in den Lagern immer noch Leute, die schon 25 Jahre, manche sogar dreißig Jahre, sitzen.« Viele von ihnen, so Iwan Kowalenko, wüßten schon gar nicht mehr, warum sie verurteilt wurden. Die meisten von ihnen haben keine Familie mehr oder aufgrund der langen Haftzeit keine Verbindung mehr zu ihr. Viele seien nach 25 Jahren Haft Invaliden. »Ihr Festhalten in den Gefängnissen widerspricht den Gesetzen und den Geboten der Menschlichkeit.«

Schließlich informiert Tatjana Welikanowa über die Situation der Helsinki-Gruppe in der Ukraine. »Genau vor einer Woche«, so sagt Tatjana Welikanowa, »überfielen drei oder vier Männer den ukrainischen Schriftsteller und Angehörigen der ukrainischen Helsinki-Gruppe Jurij Litwinow. Anwesend war auch eine Frau. Sie schlugen ihn an einer Straßenbahnhaltestelle in Kiew zusammen und zerrten ihn in ein Auto. Am nächsten Morgen wurde ihm erklärt, daß er festgenommen sei – wegen ›versuchter Vergewaltigung‹.«

Tatjana Welikanowa macht eine Pause, dann fügt sie hinzu: »Ich kenne Jurij Litwinow persönlich. Er ist ein sehr guter, aufrechter Mensch. Er hat äußerst aktiv die Arbeit der Moskauer und der ukrainischen Helsinki-Gruppe unterstützt. Für mich gibt es keinerlei Zweifel, daß es sich hier um eine gefälschte Anklage handelt.« Derartige Fälle, so Tatjana Welikanowa weiter, gebe es in letzter Zeit in der Ukraine sehr viel. Das Ziel der Behörden sei ganz eindeutig: »Sie wollen den Leuten Angst einjagen und die offen operierende ukrainische Menschenrechtsbewegung in den Untergrund drängen, denn dort würde man leicht mit ihr fertig.«

Wir fragen, wie groß die Zahl der politischen Gefangenen in der Sowjetunion nach Einschätzung der Moskauer Helsinki-Gruppe sei.

»Wie viele Politgefangene es gibt«, antwortet Tatjana Welikanowa, »wissen wir nicht genau. Namentlich sind uns 700 bekannt, aber wir kennen bei weitem nicht alle.«

Sacharows Frau, Jelena Bonner, ergänzt: »›amnesty international‹ schätzt die Zahl der politischen Gefangenen bei uns auf 10000. Wir glauben, daß sie irgendwo zwischen 2000 und 10000 liegt.«

Die Moskauer Helsinki-Gruppe hat bislang 110 Dokumente veröffentlicht. Wir erhalten heute die Dokumente Nr. 111 bis 115.

Beim Herausgehen frage ich Tatjana Welikanowa, ob wir wirklich alles senden dürften, was wir eben aufgenommen haben.

»Natürlich«, antwortet sie, »dafür wart ihr doch hier – oder?«

Ob sie und ihre Freunde aber nicht befürchten müßten, verhaftet zu werden?

»Damit müssen wir immer rechnen. Aber wenn wir schweigen, wird alles noch schlimmer. Nur solange wir reden, haben wir eine Chance zu helfen. Ich ziehe die Haft dem Schweigen vor.« Sie sagt es mit einer Selbstverständlichkeit, als rede sie vom Wetter.

2. November 1979
Heute mittag kam ein Anruf von Freunden. Tatjana Welikanowa ist verhaftet. Ich bin nach Hause gegangen und habe geweint.

Kritik an der Planwirtschaft

30. November 1979
Drei Tage lang hat der Oberste Sowjet über die Wirtschaftssituation des Landes beraten. Fazit: Sie ist zwar nicht katastrophal, aber beunruhigend. Kein anderer als Breschnew persönlich hat am Vorabend dieser Tagung eine Rede gehalten, die über weite Strecken weniger einer sozialistischen Erfolgsfanfare als einem Scherbengericht glich.

Natürlich begann sie wie üblich mit den guten Nachrichten: mit dem Hinweis, daß sich die Industrieproduktion in den letzten vier Jahren um 20 Prozent und das reale Durchschnittseinkommen der Bevölkerung um 13 Prozent erhöht hätten. Daß das Tempo des Wohnungsbaus schneller gestiegen sei als geplant und daß die Investitionen in der Landwirtschaft um mehr als 40 Prozent gewachsen seien. Doch damit war Leonids Erfolgsstatistik auch schon am Ende. Was dann kam, ist eine lange Liste von Mißerfolgen, Versäumnissen und Mängeln. Wobei der größte Mißerfolg gar nicht offen ausgesprochen wurde: In der Landwirtschaft nämlich ist die diesjährige Ernte mit 179 Millionen Tonnen Getreide um fast 60 Millionen hinter dem Vorjahr zurückgeblieben. Die Sowjetunion muß auch in diesem Jahr mehr als 30 Millionen Tonnen Getreide importieren. Was sie mindestens drei Milliarden Dollar kosten wird. Jimmy Carters Farmer werden sich freuen.

Schwere Mängel in der Planerfüllung hingegen wurden namentlich dem Transportwesen vorgeworfen, der Energiewirtschaft, dem Maschinenbau, dem Industriebauwesen, der Konsumgüterindustrie und dem Handelsministerium. Es fehlt, so Breschnew in der ihm eigenen Direktheit, an »einfachsten Dingen: Medikamenten, Seife, Waschmitteln, Zahnbürsten, Zahnpasta, Nadeln, Fäden und Kinderwindeln«. Natascha aus dem Büro ergänzt die Liste: »Wohnungen, Brillengestelle, Kinderkleidung, Klopapier.« Wenn sie nachdenke, falle ihr sicher noch eine Menge mehr ein. Büstenhalter zum Beispiel, die nicht kratzen. Aber die kratzten ja auch Leonid nicht.

Immerhin hat Breschnew unmißverständlich erklärt: »Wir müssen die Schuldigen finden und bestrafen.« An dieser Stelle verzeichnet das in der »Prawda« abgedruckte Protokoll der Rede Zwischenrufe wie »sehr richtig«. Und stürmischen Beifall.

Doch eben daran, ob die wirklich Schuldigen gesucht und gefunden werden, und falls ja, ob sie tatsächlich abgesetzt und ihre Absetzung etwas nützen würde, ist zu zweifeln. Denn obwohl Leonid zehn Minister namentlich angriff, ist bislang kein einziger seines Amtes enthoben. Die Schwierigkeiten der sowjetischen Wirtschaft sind offenbar nicht punktuell und auch nicht die Schuld einiger weniger, sondern ihre Ursachen liegen tiefer: Es sind Strukturschwächen, die systemimmanent sind. Seit der Einführung der sozialistischen Planwirtschaft vor nunmehr 62 Jahren ist es nicht gelungen, die Planung den realen Bedürfnissen anzupassen und für eine disziplinierte Realisierung der Planung zu sorgen.

So ist auch die Kernaussage der Rede Breschnews das Eingeständnis, daß die Arbeitsproduktivität nicht wie vorgesehen gestiegen sei. Noch immer, das hat Leonid zwar nicht gesagt, aber das wissen wir von westlichen Experten, produziert ein sowjetischer Arbeiter nur zwei Fünftel dessen, was sein amerikanischer Kollege produziert.

Wollte man nach den Gründen hierfür suchen, müßte man die Frage nach der mangelnden Motivation der Arbeiter stellen. Aber dies wäre eine Frage nach dem System – und derartige Fragen sind tabu. Zumal in der Öffentlichkeit. Also bleibt es bei den alljährlich wiederkehrenden Klagen über die Schlamperei, Disziplinlosigkeit und fehlende Einsatzbereitschaft in vielen Betrieben. Warum dies so ist, wird nicht diskutiert. Und so ist es nur folgerichtig, wenn Leonid auch für das nächste Jahr angekündigt hat, daß die Planzahlen in vielen Bereichen hinter den Erwartungen zurückbleiben werden.

Für die sowjetische Landwirtschaft, so Boris, gibt es ohnehin ein eigenes Naturgesetz: Sie hat vier Feinde – Frühling, Sommer, Herbst und Winter.

Die NATO-Nachrüstung

13. Dezember 1979
Die NATO hat ihren Doppelbeschluß gefaßt. Eine neue Eiszeit im Ost-West-Verhältnis kündigt sich an.

Noch während die westlichen Außen-und Verteidigungsminister in Brüssel über die Nachrüstung berieten, ging in Moskau die letzte Runde der Propagandaschlacht gegen diese Pläne über die Bühne – in jenem berühmten »Haus der Gewerkschaften«, in dem im Jahre 1937 die großen Schauprozesse gegen Sinowjew, Bucharin und andere stattgefunden hatten. Diesmal hatten sich die Aktivisten der sowjetischen »Friedensbewegung« versammelt, um anzukündigen, daß »der Kampf gegen die Feinde der Entspannung und Abrüstung in eine neue, wichtige Etappe tritt«. Unter den Anwesenden viel Prominenz aus allen Schichten und Berufen – der Kosmonaut Georgij Gretschko, der Schriftsteller Aleksej Surkow und der Schachweltmeister Anatolij Karpow. Selbst der Oberhirte der russisch-orthodoxen Kirche, der Moskauer Patriarch Pimen, war in vollem Ornat in den Propagandaring gestiegen und hatte seine »bedingungslose Unterstützung der friedliebenden Außenpolitik der KPdSU und der sowjetischen Regierung« erklärt.

Daß all dies aber nichts mehr nützen würde – darüber war man sich offenbar schon seit längerem klar. Überrascht jedenfalls hat der NATO-Beschluß in Moskau niemanden. Im Gegenteil, man war darauf eingestellt: Gestern morgen bereits ist im Kino »Oktober« ein Dokumentarfilm unter dem Titel »Die Verrückten« angelaufen. Er ist, so steht es in den offiziellen Ankündigungen, »ein Film-Protest gegen die unheilvollen Pläne der NATO und gegen diejenigen, die im Rennen um Profit das Rüstungstempo Runde um Runde erhöhen«.

Zu den ersten Besuchern des Films gehörten kleine Gruppen sowjetischer Soldaten in Uniform.

Doch wie wird es weitergehen? Wir haben vor ein paar Tagen lange mit Valentin Falin gesprochen. Wir gehen davon aus, daß er zu diesem Gespräch von höchster Stelle autorisiert war, seine Darlegungen die offizielle Linie wiedergeben.

Demnach bedeutet der NATO-Beschluß in den Augen Moskaus keine Nachrüstung, sondern eine Vorausrüstung. Er zerstört nach sowjetischer Auffassung die zur Zeit existierende Parität der Rüstungen in Ost und West. Durch die neuen Pershing-II-Raketen verkürzten sich die Vorwarnzeiten für die Sowjetunion von vierzig auf etwa zehn Minuten. Dies bedeute eine neue Qualität der Bedrohung aus dem Westen. Die historische Erfahrung zeige, daß die Sowjetunion erst dann bereit ist zu verhandeln, wenn ihrer Meinung nach die Parität wiederhergestellt ist. Daher, so Falin, wird die Sowjetunion jetzt ihrerseits neue Waffensysteme entwickeln, zumindest jedoch den Ausbau der bereits vorhandenen Raketen verstärkt fortsetzen. Erst wenn dies geschehen sei, verfüge man über eine neue Basis für weitere Verhandlungen.

Diese Verhandlungen allerdings, so Falin, werden dann auf einer waffentechnisch viel höheren Ebene stattfinden. Darauf habe ja bereits auch Außenminister Gromyko in Bonn hingewiesen. Sie werden viel komplizierter und langwieriger sein, als es Verhandlungen beim gegenwärtigen Stand der Rüstung wären. Es sei wohl eine realistische Position, so Falin, davon auszugehen, daß die nächste Runde des Wettrüstens so oder so bevorsteht.

Falin wirkte deprimiert. Er ließ durchblicken, daß es viele Leute im Kreml gebe, die sogenannten Falken, die es Breschnew als persönliche Niederlage ankreiden, den NATO-Beschluß nicht verhindert zu haben. Auf jeden Fall würde es Breschnew, dessen Westpolitik innerparteilich immer umstritten war, nun noch schwerer haben, mit Bonn und Washington im Gespräch zu bleiben. Er, Falin, fürchte um die Ergebnisse der Ostpolitik.

Die sowjetische Öffentlichkeit jedenfalls ist schon jetzt auf die möglichen Folgen des Brüsseler NATO-Beschlusses eingestimmt. Die Redaktion der »Prawda« meldete in dieser Woche, daß sie eine Vielzahl von Briefen erhalte, von Arbeitern und Wissenschaftlern, Bauern und Spezialisten, die der Führung ihre »volle Unterstützung für die sowjetischen Friedensinitiativen« zusichern. Das aber soll im Klartext bedeuten: Die sowjetische Bevölkerung ist bereit, die ökonomischen Konsequenzen der neuen Runde des Wettrüstens zu tragen.

Optimistisch stimmt dies alles nicht.

Einmarsch in Afghanistan

28. Dezember 1979
Die Sowjets sind in Afghanistan einmarschiert. Nicht von Radio Moskau haben wir es erfahren, sondern aus der Deutschen Welle. Vorgestern nacht.

Der Moskauer Rundfunk brachte erst heute mittag um 13.30 Uhr eine kurze Nachricht. Sie besagte, daß die sowjetische Regierung der »Bitte Afghanistans um wirtschaftliche und militärische Hilfe« nachgekommen sei. Nichts weiter. Kein Kommentar, kein Korrespondentenbericht, keine Erklärung eines sowjetischen Politikers.

Unter unseren Moskauer Bekannten herrscht Betroffenheit, unabhängig davon, wie sie zum Regime stehen. Und dies um so mehr, als noch vor fünf Tagen die »Prawda« erklärt hatte, alle Berichte über eine Anwesenheit sowjetischer Einheiten in Afghanistan – wie sie in den Sendungen amerikanischer Rundfunkanstalten zu hören waren – seien »Erfindungen reinsten Wassers«.

Dabei kursierten in Moskau schon lange Berichte von Reisenden, die gesehen hatten, wie auf dem Flughafen Taschkent aus Flugzeugen, die aus Kabul kamen, Särge ausgeladen wurden. Und man hörte von sowjetischen Familien, die um Söhne und Väter trauerten, die in Afghanistan ums Leben gekommen sein sollen.

Hinzu kommt, daß schon seit Monaten dem deutschen wie dem amerikanischen Militärattaché in Moskau die Erlaubnis zu einem Besuch der an Afghanistan grenzenden Sowjetrepublik Usbekistan und deren Hauptstadt Taschkent verweigert worden ist. Auch westliche Journalisten durften in letzter Zeit Taschkent nicht besuchen.

Über die Hintergründe herrscht in Moskau noch völlige Unklarheit. Doch aus ersten Gesprächen mit Sowjetbürgern wird deutlich, daß die »Aktion« in Afghanistan alles andere als populär ist. Man weiß nur zu genau, was der Begriff »brüderliche Hilfe« bedeutet. Prag liegt schließlich erst elf Jahre zurück.

Eine Überspielleitung für einen Kommentar zum Thema »Afghanistan« ist uns heute verweigert worden. Begründung: Keine technischen Kapazitäten. Die werden wohl alle in Kabul gebraucht, hat Jürgen gesagt. Boris fand das gar nicht lustig.

3. Januar 1980

Heute zum erstenmal ein Korrespondentenbericht aus Afghanistan in der »Prawda«. Er ist so schreckenerregend, daß sich der sowjetische Leser fragen muß, warum die Sowjetmacht nicht schon viel früher helfend in Afghanistan eingegriffen hat. Afghanische Dorfbewohner, so die »Prawda«, hätten von Überfällen von Banditen berichtet, die aus dem Ausland gekommen seien. Diese von »amerikanischen Instrukteuren ausgebildeten Terroristen«, so die »Prawda«, hätten die Häuser mit Benzin übergossen und angezündet, die Vertreter der örtlichen Behörden »abgeschlachtet« und die Bauern in reißenden Bergflüssen ertränkt. Hinter diesen Aktionen, so die »Prawda« weiter, hätten das Pentagon und die CIA gestanden, die gehofft hätten, auf diese Weise »näher an sowjetisches Territorium« heranzukommen. Jetzt, nachdem die sowjetische Armee eingegriffen habe, so die »Prawda«, fühle sich Afghanistan wieder »sicherer«. Und die Regierungszeitung »Iswestija« zitiert eine afghanische Textilarbeiterin: »Wir sind dem sowjetischen Volk zutiefst dankbar ... Unendlichen Dank euch, sowjetische Freunde.«

Der gestürzte afghanische Ex-Staatschef Hafisallah Amin wird in derselben Zeitung als »blutrünstiger Agent des US-Imperialismus« bezeichnet. Merkwürdig, meint Natascha. Sie wäre immer der Meinung gewesen, er wäre ein guter Kommunist und aufrichtiger Freund der Sowjetunion gewesen. So jedenfalls hätte es noch kurz vor Weihnachten in der »Prawda« gestanden.

Natascha hat ein gutes Gedächtnis.

4. Januar 1980

Jimmy Carter hat als Protest gegen den Einmarsch in Afghanistan »Sanktionen« angekündigt. Unter anderem eine Reduzierung der Wirtschaftsbeziehungen und einen Boykott der Olympischen Spiele in Moskau.

In der sowjetischen Presse steht nichts darüber.

5. Januar 1980

Heute hat auch das Sowjetische Fernsehen aus Afghanistan berichtet. Wörtlich hieß es: »Die Situation in Kabul und in anderen Teilen des Landes ist normal und ruhig. Nicht nur in Kabul, sondern auch in der Provinz hat die Bevölkerung die jüngsten Ereignisse mit Wohlwollen aufgenommen. Die Provinzgouverneure, die Kommandanten der großen Verbände der Armee und angesehene Vertreter öffentlicher Organisationen haben der neuen Führung ihre Unterstützung zugesichert. Diese hat ihre Tätigkeit mit konkreten, positiven Schritten zur Gesundung der inneren politischen Lage des Landes begonnen.«

Dann folgte ein Interview mit einem afghanischen Bauarbeiter, der die Beseitigung des Amin-Regimes begrüßte und verkündete, daß nun die Unabhängigkeit Afghanistans wiederhergestellt sei.

Als letztes kam ein Bericht aus dem – wie es wörtlich hieß – »Hauptquartier des afghanischen KGB in Kabul«. Der afghanische KGB-Funktionär wurde mit »Genosse« angeredet.

11. Januar 1980
Bis heute hat die sowjetische Bevölkerung nicht ein einziges Bild eines sowjetischen Panzers, nicht ein einziges Bild eines sowjetischen Soldaten in Afghanistan zu sehen bekommen. Dafür gibt es in Moskau und anderen Städten Betriebsversammlungen, sogenannte »Solidaritätsmeetings«. Außerdem Leserbriefe an die Zeitungen.

Zitat aus einer Zuschrift an die »Iswestija«: »Unsere ganze Kolchose verurteilt die Umtriebe des Imperialismus in Afghanistan und unterstützt unsere Hilfe, die wir in voller Übereinstimmung mit dem Statut der UNO leisten... Unser Volk, unsere Partei, unsere Regierung halten immer kräftig Wort.«

18. Januar 1980
Heute mittag hat Nina darauf bestanden, uns ein neues Lied aus dem Kindergarten vorzusingen. Normalerweise ist sie eher zurückhaltend mit dem Erzählen. Nur auf intensive Nachfrage berichtet sie, was es etwa zu essen gegeben hat – häufig Kascha, Buchweizengrütze, mit Würstchen –, welche Spiele sie gespielt haben, mit welchem der »blöden Jungens« sie mal wieder Streit hatte. Das neue Lied aber gefalle ihr sehr gut. Sie baut sich mitten im Wohnzimmer auf, stemmt die Hände in die Hüften und legt los. Ziemlich laut, sozusagen »aus voller Kehle«, wie es einst Majakowskij nannte. Es ist ein Marschlied. Wir kennen es nicht. Haben auch Schwierigkeiten, den Text zu verstehen. Bis auf den Refrain. Er beginnt immer wieder mit den Worten: »Sowjetskie soldaty – molodcy«. Zu deutsch: »Sowjetische Soldaten – Prachtkerle«.

Wir schauen uns an. Wortlos. Walja hebt die Augen zur Decke, wendet sich ab und geht in die Küche. Ob sie heute sonst noch etwas von ihrer Erzieherin gelernt habe, frage ich Nina.

»Nö«, sagt sie fröhlich, »nur dieses Lied.«

Ob Nina Petrowna denn irgendwas erklärt habe zu diesem Lied?

»Nö«, sagt Nina wieder, »wieso?«

»Ach, nur so...«, sage ich.

»Dann ist's ja gut«, sagt Nina und rennt in die Küche, um Walja beim Kochen zu helfen. Heute abend kommen Gäste. Es soll Borschtsch geben.

Sacharows Verbannung

22. Januar 1980
Gegen 16 Uhr erreicht uns ein anonymer Anruf. Andrej Sacharow sei verhaftet. Wir sind wie gelähmt. Können es nicht glauben. Andererseits: Für unmöglich halten wir nichts mehr. Wir versuchen zu telefonieren. In der Wohnung der Sacharows meldet sich niemand. Vielleicht ist ja nur das Telefon abgestellt – hoffen wir. Dann erreichen wir Bekannte Sacharows. Es stimmt: Er ist verschwunden. Jelena Bonner auch. Das letzte, was man von ihnen weiß: Sie sind am Mittag beim Verlassen ihrer Wohnung von einigen Männern angehalten und gezwungen worden, in eine am Straßenrand wartende schwarze Limousine zu steigen. Dann verliert sich ihre Spur.

Wir rufen bei der Pressestelle des Außenministeriums an. Dort meldet sich niemand. Dann rufe ich beim KGB an, Telefon 221 07 62. Der Beamte ist höflich und keineswegs erstaunt. Seine Antwort allerdings ist knapp: Zu Gerüchten nehme der KGB keine Stellung. Es sei aber kein Gerücht, sage ich, sondern eine Tatsache, daß Andrej Sacharow verschwunden sei. Wir sollten abwarten, werde ich kühl beschieden. Zu gegebener Zeit würde sich alles aufklären. Für weitere Auskünfte solle ich mich an die Pressestelle des Außenministeriums wenden.

23. Januar 1980
Es ist zur Gewißheit geworden: Andrej Sacharow ist verschleppt. Er ist gestern abend mit seiner Frau auf dem Moskauer Inlandsflughafen Domodedowo in eine Maschine gebracht worden, die angeblich nach Gorkij fliegen sollte. Ob er da auch angekommen ist, weiß bislang niemand.

Die Regierungszeitung »Iswestija« hat heute abend indirekt bestätigt, daß gegen Andrej Sacharow etwas im Gange ist. In einem langen Artikel an herausgehobener Stelle hat sie Sacharow unter anderem als »Vaterlands- und Geheimnisverräter« beschimpft. Ein Hinweis darauf, daß ihm möglicherweise ein Prozeß und lange Jahre Haft drohen.

Unter den Moskauer Freunden Sacharows herrscht ein Gemisch

aus Empörung und Trauer, Wut über die eigene Ohnmacht und Angst vor der Zukunft. Für sie galt Sacharow als unantastbar. Niemand hätte auch nur im Traum daran geglaubt, daß sich die Behörden an ihm vergreifen würden.

Für die »Tagesschau« überspiele ich einen Kommentar zur Deportation von Sacharow. Aus der Sicht Moskauer Beobachter, so sage ich, bedeute das Vorgehen gegen Sacharow zweierlei:

1. Man hat die sowjetische Opposition ihres Kopfes und ihrer stärksten Figur beraubt.

2. Der Kreml demonstriert auf diese Weise den Amerikanern und dem Westen, daß man nun endgültig aufgehört hat, auf die öffentliche Meinung irgendwo in der Welt Rücksicht zu nehmen, und man sich auf eine Rückkehr zum Kalten Krieg zwischen den Supermächten einstellt.

Mein Kommentar schließt mit den Sätzen: »Bei Sacharow liefen alle Fäden der sowjetischen Opposition zusammen – eine Figur, die ihn ersetzen könnte, gibt es nicht. Es ist anzunehmen, daß seine Verbannung das Ende der offenen Dissidentenbewegung in der Sowjetunion sein wird. Denn so wie gegen Sacharow wird man nun auch gegen andere vorgehen – nur noch viel härter.«

Der Kommentar wird vom Fernsehzentrum des sowjetischen Rundfunks anstandslos nach Hamburg überspielt. Wir sind viel zu erschöpft, um uns auch darauf noch einen Reim machen zu können.

24. Januar 1980
Der Präsident der französischen Nationalversammlung, Chaban-Delmas, der sich zur Zeit in Moskau aufhält, hat seine Reise abgebrochen. Eigentlich wollte er mit seinem Besuch demonstrieren, daß zumindest Frankreich trotz aller – durch Afghanistan bedingten – Vereisung des weltpolitischen Klimas den Gesprächsfaden nicht abreißen lassen will. Nachdem er von der Verbannung, wie die Deportation Sacharows jetzt allgemein genannt wird, erfuhr, hat er erklärt, er könne zu den Maßnahmen gegen Sacharow weder schweigen, noch wolle er sich innerhalb der Sowjetunion mit Kritik in die inneren Angelegenheiten des Landes einmischen. Deshalb ziehe er es vor abzureisen.

Es scheint, als wäre er für längere Zeit der letzte Staatsmann des Westens, der bereit war, in Moskau eine Goodwill-Tour zu machen.

25. Januar 1980

Es ist schon merkwürdig. Jimmy Carter verkündet einen Wirtschaftsboykott gegen die Sowjetunion, und in Moskau geben sich seit Tagen prominente deutsche Industriekapitäne die Klinke in die Hand. Sie werden von einem der mächtigsten Männer des Kreml, Politbüromitglied Nikolaj Tichonow, empfangen, und das Sowjetische Fernsehen überträgt diese Treffen – entgegen sonstiger Gewohnheit – bis in den letzten Winkel Kamschatkas.

Den Anfang hatten am 11. Januar Krupp-Chef Bertolt Beitz, BP-Chef Buddenberg und Gelsenberg-Chef Kirsten gemacht. Gestern war Willy Korff an der Reihe, Chef der »Korff-Stahl AG«. In allen Fällen ging es um umfangreiche und langfristige Projekte des Anlagenbaus und der Energieversorgung. Schließlich sind wir der wichtigste Handelspartner der Sowjetunion im Westen. Die deutschen Firmenchefs gaben sich nach den Gesprächen zugeknöpft; ja, sie versuchten sogar, ihre Anwesenheit vor den Korrespondenten geheimzuhalten. Aus der »Prawda« allerdings erfuhren wir, daß die Gespräche in »wohlwollender Atmosphäre« stattgefunden hatten und beide Seiten die Chancen für eine weitere Vertiefung der Zusammenarbeit »hoch« einschätzten.

In den nächsten Tagen kommt der Chef der Deutschen Bank, Friedrich Wilhelm Christians, nach Moskau. Dann geht es um die Finanzierung eines gewaltigen Erdgasprojekts. Deutsche Firmen sollen eine neue Pipeline von Sibirien in den Westen bauen. Dafür liefert die Sowjetunion Erdgas nach Westeuropa. Der Vertreter der Deutschen Bank in Moskau hat uns versprochen, Christians nicht zu verstecken. Dieser sei bereit, uns zu einem Hintergrundgespräch zu empfangen. Wenigstens etwas.

2. Februar 1980

Jelena Bonner ist aus Gorkij nach Moskau zurückgekehrt. Sie darf sich offensichtlich frei bewegen.

In Gorkij, so berichtet sie, lebe Sacharow in einer Art goldenen Käfig, in einer Vierzimmerwohnung, ein für sowjetische Verhältnisse unvorstellbarer Luxus. In Moskau hatten die Sacharows nur eine Zweizimmerwohnung. Allerdings werde die Wohnung in Gorkij rund um die Uhr von der Miliz sowie von KGB-Angehörigen in Zivil bewacht. Einer sei unmittelbar vor der Wohnungstür postiert. Er sitze dort auf einem Stuhl. Einen Telefonanschluß habe die Wohnung nicht. Ausländische Journalisten dürften Sacharow nicht besuchen, da Gorkij eine gesperrte Stadt sei.

Sacharow habe die Auflage, Gorkij nicht zu verlassen. Außerhalb seiner Wohnung verfolgen ihn auf Schritt und Tritt KGB-Leute. Auch ausländische Rundfunksender kann Sacharow in Gorkij nicht hören. Offenbar unmittelbar in seiner Nähe ist ein Störsender gebaut worden. »Special sercive for Sacharow«, nennt es Jelena Bonner auf englisch. Auch Post werde ihnen in Gorkij nicht zugestellt. Die Isolation, so Jelena Bonner, sei für Sacharow schrecklich. Sie werde auf jeden Fall wieder nach Gorkij zurückfahren. Ihre einzige Hoffnung sei, daß wenigstens sie die Verbindung zwischen Sacharow und seinen Freunden in Moskau aufrechterhalten kann. Aber wer weiß, wie lange noch ...

Außer Jelena Bonner sind bei unserem Treffen in ihrer Wohnung noch der Mathematiker Naum Meiman und die Juristin Sophia Kalistratowa anwesend. Diese drei sind die letzten Mitglieder der »Helsinki-Gruppe zur Verteidigung der Menschenrechte«, die noch in Moskau und auf freiem Fuß sind. Alle anderen sind entweder verhaftet, aus Moskau verbannt, freiwillig oder gezwungen emigriert. Und auch diese drei wissen nicht, wie lange sie noch weiterarbeiten können. Vorgestern, so erfahren wir, ist Naum Meiman, ein alter Herr von etwa siebzig Jahren, von der Staatsanwaltschaft wegen »antisowjetischer Tätigkeit« verwarnt worden. Gestern Jelena Bonner wegen desselben Delikts. Für nächste Woche ist Sophia Kalistratowa zur Staatsanwaltschaft geladen. Anderen Helfern der Helsinki-Gruppe ist offiziell angedroht worden, daß sie in psychiatrische Anstalten eingeliefert würden, sollten sie ihre »antisowjetischen Tätigkeiten« nicht beenden.

Jelena Bonner, Naum Meiman und Sophia Kalistratowa sind entschlossen, ihre Aktivitäten fortzusetzen, solange sie physisch dazu in der Lage sind. Doch ist davon auszugehen, daß dies nicht mehr lange der Fall sein wird. »Wir rechnen täglich«, so Naum Meiman, »mit unserer Verhaftung oder Verbannung.«

Heute macht die Helsinki-Gruppe noch einmal, was sie immer gemacht hat: Sie verteilt Dokumente, in denen das Vorgehen der sowjetischen Behörden gemessen wird an den Vorschriften und Gesetzen, die sich der Sowjetstaat selbst gegeben hat. Wie in allen anderen Fällen wird auch im Fall Sacharow festgestellt, daß Verfassungstheorie und Verfassungspraxis nicht konform sind. Es gebe, so die Juristin Sophia Kalistratowa, keinerlei gesetzliche Grundlage für eine zivile Verbannung bzw. Zwangsumsiedlung. Diese könne nur von einem ordentlichen Gericht nach einer ordnungsgemäßen Verhandlung als Strafe verhängt werden. Sacharow aber sei weder vor ein Gericht gestellt noch verurteilt worden. Somit sei auch seine Verbannung gesetzwidrig.

Es ist das Dokument Nr. 121 der Moskauer Helsinki-Gruppe, das Sophia Kalistratowa verliest. »Vielleicht das letzte«, sagt Jelena Bonner.

7. Februar 1980
In der »Fahne« (»Znamja«), dem Organ des Schriftstellerverbandes der UdSSR, ist ein Artikel erschienen zum Thema: »Politische und publizistische Vorbereitungen für die Olympischen Spiele 1980 in Moskau«. Es geht vor allem um die Arbeit der ausländischen Korrespondenten während der Olympiade. Kernsatz: »Diejenigen Journalisten, die politische Interviews machen wollen, sollen sich auf einige unerfreuliche Überraschungen vorbereiten.« Der Autor ist Sergej Lapin, Vorsitzender des Staatskomitees für Rundfunk und Fernsehen, unser Vertragspartner. Natascha hat den Artikel ausgeschnitten und uns wortlos auf den Tisch gelegt.

1. März 1980
Schlittschuh laufen mit Nina. Im Gorkij-Park. Eintritt für Kinder 20 Kopeken, umgerechnet 60 Pfennige; für Erwachsene 30 Kopeken. Man kann auf zwei Eisbahnen unter freiem Himmel laufen oder auf

den Wegen des Parks. Wie in fast allen anderen Moskauer Parks sind auch im Gorkij-Park im Winter sämtliche Wege unter Wasser gesetzt und in Eisbahnen verwandelt – viele Kilometer lang, ein unendlich glitzerndes Band, kreuz und quer durch die traumhaft verschneite Parklandschaft. An offenen Feuern braten Verkäufer des staatlichen Lebensmittelhandels Schaschlik. An kleinen Buden gibt es warme Piroggen, gefüllt mit Fleisch oder Kraut; dazu heißen Glühwein, russisch »Glintwejn«. Ein Paradies für Kinder und Erwachsene. Ninas Lieblingsaufenthalt im Winter. Unserer auch. Sogar die Milizionäre versehen ihren Dienst auf Schlittschuhen. Es scheint auch für sie ein Vergnügen zu sein.

Georgien

»Ein Stück vom Paradies«

20. April 1980
Heraklij erzählt eine Geschichte:
»Als Gott die Erde verteilte, gab er Frankreich den Franzosen, Deutschland den Deutschen, China den Chinesen. Als er damit fertig war, kamen drei angeheiterte Georgier des Weges. ›Und wo sollen wir wohnen?‹ fragten sie. ›Ihr kommt zu spät‹, antwortete der liebe Gott. ›Wo wart Ihr denn?‹ ›Wir haben zusammengesessen, Geschichten erzählt, gesungen, getanzt, auf Dein Wohl getrunken, lieber Gott. Wir haben einen Toast nach dem anderen zu Deinen Ehren ausgebracht.‹ Und dann wiederholten sie einige ihrer Trinksprüche. Die waren so schön, daß dem lieben Gott vor Rührung die Tränen in die Augen kamen. ›Alle Erde ist verteilt‹, sagte er. ›Aber euch gebe ich ein Stück vom Paradies.‹ Und dort leben die Georgier heute noch.«

Heraklij steht auf. »Ich bitte euch, meine Freunde, euer Glas zu erheben. Auf unser schönes, freies Georgien.« Wir sind in einem Weinkeller. In Tiflis, der Hauptstadt Georgiens, 2000 Kilometer südlich von Moskau. Mitten im Kaukasus.

Seit Jahren habe ich davon geträumt, einen Film über Niko Pirosmanaschwili, kurz: Pirosmani genannt, zu machen. Jetzt scheint der Traum in Erfüllung zu gehen. Wir haben die Drehgenehmigung.

Pirosmani war ein naiver Maler. Er lebte um die Jahrhundertwende in Tiflis – als einer der Ärmsten der Armen. Heute hängen seine Bilder in den Galerien von Moskau und Paris, Wien und Warschau, Amsterdam und Tokio. Er ist ein georgischer Nationalheiliger, der

Stolz Georgiens, wie Heraklij sagt. Heraklij ist Kunstprofessor in Tiflis, ein würdiger älterer Herr mit weißem Haar und grauem Bart. Er muß es wissen.

Die Motive Pirosmanis: Legenden aus der georgischen Geschichte, Dorfszenen aus dem Kaukasus, phantastische Tiergestalten – und immer wieder: die Menschen aus seinem Milieu. Den Lebensunterhalt verdiente er sich durch Schildermalen. Vor allem Kneipenschilder. Er malte stets nur so viel, wie er brauchte, um den nächsten Krug Wein bezahlen zu können. Die meiste Zeit seines Lebens verbrachte er in den engen Gassen der Altstadt von Tiflis. Er hat nie eine Wohnung gehabt, nicht einmal ein Zimmer oder ein Bett. Er schlief in den Hinterhöfen, unter Treppenaufgängen, auf Kneipentischen, auf Parkbänken. Das Milieu und die Typen, die er malte, findet man noch heute in Tiflis: die schöne Georgierin mit den klassisch ebenmäßigen Gesichtszügen, den Weinverkäufer, den Scherenschleifer, den Lastenträger, den Dienstmann. Seine Bilder, so Heraklij, »sind geprägt von einer grenzenlosen Liebe für alles Nationale. Sie sind wie die alten georgischen Volkslieder – karg und edel zugleich, kindlich naiv und durchdrungen von einer endlosen Güte des Herzens.«

Zu Lebzeiten kannte ihn niemand. Man weiß nicht einmal, wann er gestorben und wo er begraben ist. Irgendwann im Jahre 1920 verliert sich seine Spur.

Tiflis

21. April 1980
Wir drehen Bilder des heutigen Tiflis. Auf den ersten Blick wirkt die Stadt im engen Talkessel des Flusses Kura wie eine kunstvolle Ansammlung historischer Bauten, ein Museum – mit auffallend vielen Kirchen. Überragt wird sie von einer riesigen Statue, der »Mutter Georgien«, dem Symbol des Landes. In der linken Hand hält sie eine Schale mit Wein, in der rechten das Schwert. Dem Freund das eine, das andere dem Feind.

Beim näheren Hinsehen entpuppt sich Tiflis als durchaus zeitgemäße, lebhaft lärmende Metropole. Die Hauptstraße, der breite, mit Bäumen gesäumte Prospekt Rustaweli, erinnert mit seinen eleganten

Geschäften und den südländisch wirkenden Menschen an einen italienischen Boulevard. Von allen sowjetischen Städten hat Tiflis den höchsten Lebensstandard, die größte Motorisierungsquote. Auffallend ist das unmittelbare Nebeneinander von westlich schicker Kleidung und traditioneller Nationaltracht. Trotz aller Russifizierungsversuche konnten die Georgier ihre Sprache und Kultur verteidigen wie kaum eine andere Sowjetrepublik. In dreiviertel aller georgischen Schulen, so erfahren wir von unserem georgischen Betreuer, wird der Unterricht grundsätzlich in Georgisch erteilt. An den Universitäten ist die Unterrichtssprache ebenfalls Georgisch. Und als im Jahre 1978 Georgisch als verfassungsmäßige Staatssprache abgeschafft werden sollte, demonstrierten Tausende von Studenten und Professoren auf dem Rustaweli-Prospekt. Ringsum waren Truppen zusammengezogen, doch sie griffen nicht ein. Georgisch blieb, wie gefordert, Staatssprache – gleichberechtigt neben Russisch. Ein in der Geschichte der Sowjetunion beispielloser Vorgang.

Die Altstadt von Tiflis ist zum Teil abgerissen, zum Teil sorgfältig rekonstruiert. Einer der Lieblingsplätze Pirosmanis ist ganz verschwunden – der legendäre Basar von Tiflis. An seine Stelle ist ein Kolchosmarkt getreten, der für den Fremden allerdings noch immer pittoresk genug ist. Er gilt als einer der reichsten und buntesten der Sowjetunion. Von den Früchten, die hier angeboten werden, so meint Jura, unser Toningenieur, der wieder mit auf der Reise ist, könne seine Frau in Moskau nur träumen. Der reinste Garten Eden: Weintrauben, Apfelsinen, Nüsse, Rosinen, getrocknete Pflaumen, türkischer Honig, eingelegte Gurken und Pilze, Schafskäse, Hammelfleisch, Schaschlik am Spieß. Und jede Menge Gewürze und Kräuter, von denen wir die meisten gar nicht kennen. Scherimschah zum Beispiel, eine Art eingelegtes Knoblauchkraut. Man hat noch nach Tagen was davon im Körper.

22. April 1980
Abends im Hotelrestaurant. Noch bevor wir etwas bestellen, stellt der Ober zwei Flaschen Champanskoje auf den Tisch. Auf unseren fragenden Blick erklärt er: »Vom Nachbartisch.« Dort sitzen vier Georgier. Sie hätten uns als Ausländer erkannt, erklären sie, und

wollten uns auf diese Weise begrüßen. Wir revanchieren uns und schicken zwei Flaschen Weißwein rüber. Wenig später kommt der Ober und bringt vier Flaschen Champanskoje. Vom Nebentisch. Es wird ein rauschender Abend.

Im Kaukasus

23. April 1980
Wir haben Tiflis verlassen und sind in die Berge gefahren, Richtung Norden. Wir wollen Landschaftsaufnahmen machen.

Die Gegend ist völlig anders, als wir nach dem Besuch auf dem Kolchosmarkt erwartet haben. Kein Paradies, kein Garten Eden, sondern karger, armseliger Boden; steinig und ohne fruchtbare Akkerkrume. Ein rauhes Land. Links und rechts, steil aufsteigend, zerklüftetes Gebirge. Der Kaukasus.

Am Straßenrand sitzen schwarzgekleidete, alte Frauen und bieten Äpfel feil. Als Unterlage haben sie auf der Erde alte Zeitungen ausgebreitet. Wir erkennen die Porträts von Leonid Breschnew und Edward Schewarnadse, dem georgischen Parteichef.

Von Zeit zu Zeit kommen uns Männer mit Säcken über der Schulter entgegen. Sie sind auf dem Weg zu irgendeinem Markt.

Hoch am Hang erblicken wir eine Bergbauernfamilie beim Pflügen.

Ob wir anhalten und filmen dürfen, fragen wir unseren Begleiter vom Georgischen Fernsehen. Er hat nichts dagegen. Wir packen die Kamera aus und steigen den Hang hinauf. Etwa zwölf Personen arbeiten auf dem steil nach unten abfallenden Feld. Es scheint kaum viel größer als ein Tennisplatz. Einige arbeiten mit der Hacke, andere sammeln Steine. Der Pflug wird von einem Ochsengespann gezogen. Als wir uns nähern, hält der Mann am Pflug inne und kommt uns entgegen. Er ist offenbar das Oberhaupt der Familie, etwa 65 Jahre alt, mit einer Mütze aus Schafsfell. Freundlich begrüßt er uns, in gebrochenem Russisch. Wo wir den herkämen, fragt er. Im Moment aus Moskau, sagen wir. Aber eigentlich aus Germania. Aus Germania-West. O, aus Germania, sagt er und ruft den anderen auf dem Feld etwas zu. Auf georgisch. Wir verstehen es nicht. Wir sehen aber, daß sie ebenfalls mit der Arbeit aufhören und näherkommen. Zwei der Frauen bringen vom Feldrand kleine Säcke mit.

Als sich alle um uns versammelt haben, erklärt der Bauer feierlich, er freue sich, Gäste aus Germania begrüßen zu dürfen. Auf einen Wink von ihm holen die Frauen aus den Säcken Flaschen und große Fladen offenbar selbstgebackenen Brotes. In einer der Flaschen ist selbstgebrannter 70 prozentiger Schnaps, sogenannter Tscha-Tscha. Die Flaschen machen die Runde. Die Frauen reichen das inzwischen in kleinere Stücke zerteilte Brot sowie Zwiebeln und Knoblauchzehen.

Er war selbst einmal in Germania, sagt der alte Bauer und spricht einige deutsche Worte. Wir verstehen »Brandenburg«, »Berlin« – die Betonung auf der ersten Silbe.

Wie lange er denn in Germania war, fragen wir. »Nicht lange«, sagt er, »nur bis zum Kriegsende am 9. Mai 1945.« Dann seien sie gleich wieder zurückgekommen. »Zum Glück nicht kaputt.« Er macht eine Geste vom Kopf bis zu den Füssen.

Ob er denn hier geboren sei, wollen wir wissen. »Ja, da oben, noch höher am Hang.« Früher habe auch seine ganze Familie hier gewohnt. Aber inzwischen seien viele der Jungen weggezogen. In die Stadt, nach Tiflis. Auch sein Sohn lebe da, mit den Enkeln.

Wie viele Familien denn insgesamt noch hier in der Gegend leben, fragen wir. »Vierzig«, sagt er, »und alle haben denselben Namen – Ameridse.« Dabei lacht er übers ganze Gesicht, stolz. »Auch wenn die Jungen wegziehen«, sagt er und blickt gutmütig und selbstbewußt zugleich in die Runde, »wir leben hier nach alter Tradition.«

Jürgen hat die Szene mitgedreht. Alle haben es bemerkt, niemand hatte etwas dagegen.

Als wir, erheblich später schon, Mikrofon und Kamera eingepackt haben, nimmt mich der Bauer beiseite – außer Hörweite unseres Begleiters aus Tiflis. Ob es denn bei uns in Germania-West auch Kolchosen gebe, fragt er. Ich verneine. »Das ist gut so«, sagt der Bauer. Und dann macht er eine Handbewegung und zeigt auf die andere Seite des Tales. »Schauen Sie, da drüben«, sagt er, »habe ich früher mit meinem Vater bis hoch auf den Berg hinauf gepflügt. Heute gehört das Land der Kolchose, und die läßt es brach liegen. Nein, das mit den Kolchosen ist keine gute Sache.« Nur 600 Quadratmeter, so erklärt er, dürfe jede Familie selbst beackern. Die Bauern würden gern mehr Land privat bewirtschaften. Aber die Behörden erlaubten es nicht. Eher ließen sie das Land verkommen. »Erzähl' das den Leuten in Germania«, sagt er und reicht mir die Hand. Ich verspreche es.

Das Kreuz des Christentums

24. April 1980
Abendessen bei Professor Nodar K., einem Germanisten. Moskauer Freunde hatten mir seine Adresse und Telefonnummer gegeben. Und gesagt, ich solle lediglich Grüße ausrichten und sagen, ich käme von ihnen. Das würde reichen. Es stimmte. Professor K. hat mich sofort zu sich nach Hause eingeladen.

In seinem Arbeitszimmer hängen Fotos von Heinrich Böll und Luise Rinser. Beide haben ihn in Tiflis besucht. Die Germanistik hat in Tiflis schon immer eine besondere Rolle gespielt. Vor der Revolution war Deutsch die Sprache der Intelligenz in Georgien. Heute sind es vor allem Arbeiten über Rainer Maria Rilke und Martin Heidegger, die der Germanistik von Tiflis internationales Ansehen verschafft haben.

Professor K. verwickelt mich zunächst in ein langes Gespräch über die jüngsten Arbeiten von Heinrich Böll, Günter Grass und Peter Handke. Er erhält sie im Austausch über die Universitätsbibliotheken – manchmal auch ein Exemplar auf direktem Weg. Ich habe ihm Heinrich Bölls »Fürsorgliche Belagerung« mitgebracht. Er ist sichtlich erfreut. Dann erzählt er von der Geschichte der deutsch-georgischen Kulturbeziehungen. Bis kurz vor Ausbruch des Zweiten Weltkriegs sei es Tradition gewesen, daß bessergestellte georgische Familien ihre Söhne und Töchter zum Studium nach Deutschland geschickt hätten. Die deutschen Klassiker wären in Tiflis immer im Original gelesen worden. In jeder besseren Buchhandlung seien sie zu kaufen gewesen. Heute wäre das alles ein wenig anders. Sicher, die DDR habe nach dem Krieg viel für die Verbreitung deutscher Literatur in Georgien getan. Aber eben nur für einen Teil der Literatur. An die Literatur aus Westdeutschland heranzukommen sei selbst für

Privilegierte wie ihn nicht immer einfach. Für die Studenten gar fast unmöglich.

Andererseits wäre es ein Jammer, wie wenig man in Deutschland von georgischer Kultur kenne. Nicht nur, das die georgische Volksmusik die schönste der Welt sei – das jedenfalls habe Igor Strawinskij gesagt; selbst das großartige georgische Nationalepos »Der Recke im Tigerfell« von Sota Rustaweli, das es in einer hervorragenden deutschen Übersetzung gebe, kenne bei uns so gut wie niemand. Dabei sei Georgien schon ein Kulturland gewesen, als in Deutschland noch die Germanen in den Sümpfen des Teutoburger Waldes hockten. Georgien sei das Land, das die Griechen Kolchis nannten. Hier suchten sie das Goldene Vlies, hier war die Heimat von Medea. Deshalb trügen noch heute viele Georgier griechische Namen, Heraklij, Medea ... Georgien, so Professor K., sei eines der ältesten christlichen Länder der Erde. Bereits zu Lebzeiten Christi erschienen hier die ersten Missionare. Seit dem 4. Jahrhundert ist das Christentum Staatsreligion. Und noch heute seien rund achtzig Prozent der georgischen Bevölkerung christlichen Glaubens.

Immer wieder habe sich Georgien in seiner Geschichte gegen grausame und übermächtige Eroberer wehren müssen. Die Griechen seien hier eingefallen, die Türken und die Perser. Doch immer habe Georgien das Kreuz des Christentums verteidigt. Selbst im 17. Jahrhundert, als der persische Schah Abbas 100 000 Georgier abschlachten und 200 000 in die Sklaverei verschleppen ließ.

Der Anschluß an Rußland im 18. Jahrhundert sei freiwillig erfolgt. Zum Schutz gegen Perser und Türken. Doch daß die Zaren aus Georgien ein russisches Gouvernement machten und es brutal zu russifizieren versuchten, habe man nie verwunden.

Auch in Georgien habe es 1917 eine Revolution gegeben. Eine sozialdemokratische, die Georgien zum unabhängigen Staat erklärte. Doch die Unabhängigkeit habe nicht lange gedauert. 1921 rief eine kleine Gruppe georgischer Kommunisten, die nicht einmal in Georgien lebten, die Sowjetunion »zu Hilfe«. Von vier Seiten gleichzeitig marschierte die Rote Armee ein und machte Georgien zur Sowjetrepublik. Und das ist sie bis heute.

Die dunkelste Zeit der georgischen Geschichte allerdings, so Professor K., sei die Ära Stalins gewesen. Er, der sich als der große Sohn

Georgiens feiern ließ und auch heute noch gefeiert wird, habe fast die gesamte georgische Intelligenz ausgerottet. Bis heute dürfe darüber nicht gesprochen werden. Die Gräber der Ermordeten, so es überhaupt welche gäbe, trügen als Hinweis allenfalls das Todesdatum. Meistens ist es das Jahr 1937.

Zur aktuellen politischen Situation in Georgien möchte Professor K. nur wenig sagen. Immerhin habe unter dem georgischen Parteichef Schewarnadse der Druck aus Moskau ein wenig nachgelassen. Man rechne ihm hoch an, daß er im Jahre 1978 nicht auf die demonstrierenden Studenten schießen ließ und dafür sorgte, daß Georgisch Staatssprache blieb.

Auch sonst habe Georgien mehr Freiheiten, kulturelle zumindest, als die meisten anderen Sowjetrepubliken. Doch gegen Regimekritiker und Angehörige der Helsinki-Gruppen in Georgien gehe man mit der gleichen Brutalität vor wie anderswo. Und die Korruption blühe wie eh und je, auch wenn in regelmäßigen Abständen selbst hohe Staatsbeamte wegen dieses Deliktes vor Gericht gestellt und erschossen würden.

Wer sich politisch aber nicht exponiere, so Professor K., lebe in Georgien sicher besser als in irgendeiner anderen Sowjetrepublik.

Wir wechseln das Thema und kehren zurück zur Literatur. Zur deutschen. Es gibt eine neue Rilke-Übersetzung ins Georgische. Schade, daß ich sie nicht lesen kann.

Auf der Grusinischen Heerstraße

29. April 1980
Wir sind wieder in die Berge gefahren. Über die Große Grusinische Heerstraße, die den Kaukasus von Norden nach Süden durchquert. Keine andere Straße der Welt ist in der russischen Literatur so häufig beschrieben worden wie diese. Alexander Puschkin hat ihre wildromantische Schönheit besungen, Michail Lermontow und Lew Tolstoj. Für viele war sie eine Straße des Schicksals. Sie wurde von Türken und Persern benutzt, Arabern, Mongolen und russischen Zarentruppen. Auch die Deutsche Wehrmacht zog auf ihr ein Stück in Richtung Süden – und wieder zurück...

Heute ziehen auf ihr vor allem Touristen und Schafe, unendliche Herden. Die Tiere gehören zu Kolchosen, die malerisch anzusehenden Hirten sind Kolchosangestellte. Jeden Herbst treiben sie die Schafe über die Grusinische Heerstraße Richtung Norden, zu schnee-und eisfreien Weideplätzen in windgeschützten Tälern. Bis zu 400 Kilometer weit ist ihr Weg.

Je höher man in die Berge kommt, um so kärglicher ist die Vegetation. Viele der georgischen Bergdörfer sind im Winter von der Außenwelt abgeschnitten. Lebensmittel und Futter können nur auf dem Rücken von Eseln herangeschafft werden.

In einem der Bergdörfer machen wir halt. Sofort sind wir von einer Schar neugieriger Kinder umringt, denen wir uns aber nicht verständlich machen können. Sie sprechen nur Georgisch. Schließlich kommt die Lehrerin, die als einzige im Dorf etwas Russisch kann. Sie bittet uns in das Schulgebäude, das aus zwei kleinen, aber sauberen Räumen besteht.

Das Leben in den Bergen, so sagt sie, sei hart. Bis vor wenigen Jahren hätten die Behörden versucht, die Bergbauern zum Verlassen ihrer Dörfer zu bewegen. Man lockte sie mit einem besseren Leben und größerer Bequemlichkeit in den Städten fort. Doch dies, so die Lehrerin, sei ein Fehler gewesen. Zum einen, weil sich die Bergbauern nicht in die komplizierten Produktionsabläufe der modernen Industriebetriebe eingliederten, zum anderen, weil durch ihr Abwandern die Bergregionen verödeten. Wirtschaftlich wie kulturell.

Heute, so die Lehrerin, versuche man, das Leben in den Bergdörfern attraktiver zu machen. Man baue Schulen und bemühe sich um medizinische Versorgung. Doch noch immer wanderten viele der arbeitsfähigen Männer und Frauen ab. Jetzt gegen den Willen der Behörden. Sie verdingten sich als Saisonarbeiter in den Tälern. Zurück blieben die Alten und Kinder. Es werde, so schließt sie, noch lange dauern, bis man die Probleme der Bergregionen gelöst habe. Aber Tiflis sei ja auch nicht an einem Tag erbaut.

Als wir aufbrechen wollen, bittet sie uns, einen Moment zu warten. Sie verläßt das Schulhaus, und wir sehen, wie sie in einem kleinen Gebäude mit der Aufschrift »Dorfrat« verschwindet. Nach wenigen Minuten kommt sie zurück. Die Bewohner des Dorfes, so erklärt sie, hätten sie gebeten, uns eine Bitte zu übermitteln. Sie möchten, daß wir bei ihnen übernachten. Sie wollen uns zu Ehren einen Hammel schlachten und ein Gastmahl veranstalten. Das sei bei ihnen so Sitte. Nur mit Mühe können wir erklären, daß wir keine Genehmigung haben, in ihrem Dorf über Nacht zu bleiben. Dann, so meinen sie, müßten wir wenigstens ein paar Eier, Brot und Wein für den Rückweg mitnehmen. Das könnten wir nicht abschlagen. Wir können es wirklich nicht.

Im Tal der Jori

2. Mai 1980
Heute vormittag sind wir endlich in Mirsaani gewesen, dem Geburtsort von Pirosmani. Es ist ein Dorf etwa 150 Kilometer südöstlich von Tiflis. Die Landschaft hier ist nicht mehr wild zerklüftet und gebirgig, sondern eine sanfte Hügellandschaft. Die sogenannte Hochebene von Jori, genannt nach dem Fluß, der ins Kaspische Meer mündet. Auch hier ziehen links und rechts der Straße große Schafherden. Aber es gibt auch Getreidefelder, riesige Obstplantagen und Weingärten.

Das Geburtshaus Pirosmanis ist ein einfaches Holzhaus, bestehend aus einem Raum. Davor eine kleine Veranda mit einer hölzernen Balustrade. Das Haus ist unbewohnt, der Innenraum fast leer. Lediglich eine alte Truhe steht hier, ein Spinnrad und ein altes Bügeleisen. Es sind die einzigen Dinge, die von der Familie Pirosmani geblieben sind. Sie gilt als ausgestorben.

Neben dem Geburtshaus erhebt sich auf einer kleinen Anhöhe ein halbrunder, teils modern, teils archaisch wirkender Betonbau, eine Art kleiner Kathedrale. Hier soll das Nationale Pirosmani-Museum entstehen. Noch befindet es sich im Rohbau.

Von der Anhöhe hat man einen weiten Blick über das Tal der Jori und die Hochebene. Im Norden reicht der Blick bis zu den wilden, schneebedeckten Gipfeln Daghestans, im Süden bis weit hinein nach Aserbeidschan. Im Tal weiden Schafherden und Kühe. Ein Esel zieht laut blökend einen hölzernen Karren mit einem Weinfaß. Sonst ist nur das Zirpen der Grillen zu hören.

Auf dem freien Platz vor dem Museum steht – mit Blick ins Tal – eine Büste Pirosmanis. Nicht auf einem Sockel, sondern zu ebener Erde, mitten im hohen Gras.

Sie scheint dort gewachsen.

Gastmahl

6. Mai 1980

Gastmahl bei einem georgischen Weinbauern. Wir haben eine Kolchose in der Nähe von Telawi, einem Ort der klassischen Weinprovinz Kachetien, besichtigt. Nun hat uns einer der Kolchosbauern zu sich nach Hause eingeladen. Anwesend sind etwa zwanzig Personen. Der Direktor der Kolchose, der Leiter der Weinbauabteilung, der dörfliche Parteisekretär, der Dorflehrer, einige Nachbarn, der Bauer, sein Sohn und der Großvater der Familie. Frauen sind nicht dabei. Mit einer Ausnahme: der örtlichen »Kulturarbeiterin«. Aber sie ist nicht als Frau eingeladen, sondern in ihrer offiziellen Funktion. Sie ist für die Betreuung unseres Fernsehteams zuständig.

Nachdem alle Platz genommen haben, wird nach georgischer Sitte zunächst ein Tischältester gewählt, ein sogenannter »Tamada«. Er ist der Würdigste, der Angesehenste, derjenige, der die phantasiereichsten Toasts ausbringen und am meisten trinken kann. Er erteilt das Wort und entzieht es, er achtet darauf, daß jeder bestens versorgt wird.

Jedes Gastmahl verläuft nach einem strengen Ritual. Getrunken wird jeweils nur nach einem Toast. Es ist gleichsam eine Liturgie der Trinksprüche.

Der erste Toast gilt traditionsgemäß den Gästen. Diesmal uns, der »Delegation aus Germania«, wie der Tamada sagt. Und darauf muß das Glas natürlich ausgetrunken werden.

Getrunken wird ein erdiger, leicht rosafarbener Wein, der sogenannte Kachetiner. Jeder georgische Weinbauer darf einen halben Hektar Land privat besitzen und bebauen. Auf ihm, so haben wir bei der Besichtigung der Kolchose, die eigentlich ein Weingut ist, gelernt, erzeugt er im Schnitt 3000 Liter Wein. 2500 Liter verkauft er dem Staat, 500 Liter behält er für sich. Genausoviel, sagt unser

Gastgeber, wie die Familie braucht, um über den Winter zu kommen.

Gelagert wird der Wein in bis zu haushohen Tonkrügen, die in die Erde eingelassen sind. Die Öffnung der Tonkrüge, die sich genau in Fußbodenhöhe befindet, ist mit einem kleinen Holzdeckel verschlossen. Mit einer langen Kelle wird der Wein herausgeschöpft. Durch die Lagerung in der Erde bleibt die Temperatur des Weins das ganze Jahr über konstant. Aber, so hat uns der Sohn unseres Gastgebers, ein graduierter Weinbauingenieur, erklärt, es müsse noch ein anderes mit dieser Lagerung verbundenes Geheimnis geben. Bisher jedenfalls sei es der Wissenschaft nicht gelungen, kachetischen Wein gleicher Qualität anders zu produzieren als durch diese jahrtausendealte Art der Lagerung in der Erde. In georgischer!

Inzwischen haben die Frauen den ersten Gang aufgetragen. Was bisher auf den Tischen stand, galt lediglich als Vorspeise: gesalzener Käse, Fleischpasteten, eingelegte Früchte, Gurken, Kürbisse, Frühlingszwiebeln, Grüne Bohnen in Sahne, Tomaten, geräucherter Stör, Ölsardinen.

Jetzt gibt es Suppe. Eine Art klare Brühe mit Hammelfleisch. Dazu wird ständig frisches, heißes Brot gereicht, das die Frauen im offenen Steinofen im Hof backen. Auf meine Frage, ob diese ewige Verbannung in die Küche nicht Ausdruck einer frauenfeindlichen Gesellschaft sei, antwortet mein grusinischer Tischnachbar, der Dorflehrer: Das Gegenteil sei richtig – man möchte den Frauen die Strapazen eines Gastmahl ersparen.

Ganz unrecht hat er nicht. Unser Tamada ist beim siebten Toast. Wir haben inzwischen auf Georgien getrunken und auf die Vorfahren, ohne die es uns nicht gäbe; auf den Hausherrn und auf diejenigen unserer Freunde, die auch in unserer Abwesenheit gut über uns reden. Jedesmal muß das Glas bis zur Neige geleert werden. Nun bringt der Älteste am Tisch, der Großvater, dem der Tamada das Wort erteilt hat, einen besonderen Toast aus: »Auf das Teuerste, das wir haben, auf unsere Kinder!« Dabei wird das Glas so voll gegossen, daß ein Tropfen überfließt. Und natürlich muß es auch bis zum letzten Tropfen geleert werden.

Die Frauen bringen den nächsten Gang: Tabaka, Huhn auf grusinische Art. Flachgepreßt zwischen zwei Steinen, scharf gebraten.

Dann erhebt sich der Tamada und kommt noch einmal auf die Vorfahren zu sprechen. Großartige Menschen seien es gewesen, aber auch wir wären nicht schlechter; was die konnten, können wir auch. Wie auf ein Stichwort wird ihm ein riesiges Horn gereicht. »Aus diesen Hörnern«, sagt er, »tranken unsere Vorfahren. Und das wollen wir mit unserem Ehrengast auch tun.« Ich blicke hilfesuchend in die Runde, aber er hat offensichtlich mich gemeint. Er ergreift einen Krug mit Wein und gießt ihn ins Horn. Einen dreiviertel Liter schätze ich, mindestens. »Auf die Tradition – und daß wir uns ihrer würdig erweisen!« sagt er feierlich und reicht mir das Horn. Ich zweifle, ob ich würdig bin. Doch dann leere ich das Horn in einem Zug. Eine Möglichkeit zum Absetzen gibt es ohnehin nicht. Der Wein würde auslaufen.

Auf den Tisch, der sich inzwischen buchstäblich biegt und auf dem es kein freies Plätzchen mehr gibt – Schüsseln werden einfach zusammengeschoben –, wird der nächste Gang gestellt. Es ist das berühmte georgische Schaschlik am Spieß.

Am Ende der Tafel hat eine Gruppe ein altes georgisches Volkslied angestimmt – »Suliko«. Es war auch Stalins Lieblingslied. Für die einfachen Leute ist er noch immer der große Georgier.

Einige Männer stehen auf und beginnen zu tanzen. Die Hände seitlich in Schulterhöhe, der Oberkörper stocksteif und kerzengerade, drehen sie sich in stampfendem Rhythmus langsam um die eigene Achse. Auch wenn der Rhythmus schneller wird, bleibt die Körperhaltung dieselbe. Es sieht fast majestätisch aus.

Dann, nach einer kurzen Pause, der Toast auf das, was für uns alle das Wichtigste ist: auf den Frieden und auf die Völkerfreundschaft, auf die Freundschaft zwischen dem deutschen und dem georgischen Volk. »Und dem russischen«, ergänzt der örtliche Parteisekretär und schaut auf Jura. »Also«, wiederholt der Tamada diplomatisch, »auf unsere großen Völker!« Alle leeren die Gläser. Zufrieden.

Sechs Stunden dauert das Gastmahl – und es geht nur zu Ende, weil wir darauf drängen. Wir haben inzwischen eine alte georgische Weisheit gelernt: Als Angesehenster gilt, wer am meisten trinken kann. Doch als Schändlichstes gilt, betrunken zu sein.

Der letzte Toast ist der 23. Er gilt traditionsgemäß dem morgigen Tag.

7. Mai 1980
Frühstück im Hotel in Telawi. Wir haben offenbar alles gut überstanden. Keinen dicken Kopf, nichts. Obwohl jeder von uns, so haben wir überschlagen, etwa fünf Liter Wein getrunken hatte. Kachetischen Wein. Er scheint wirklich ein Geheimnis zu haben.

Tag des Sieges

9. Mai 1980
Feiern zum »Tag des Sieges« in Gurdschani, einem kleinen georgischen Weindorf. Die Veranstaltung findet auf der örtlichen Freilichtbühne statt, einem Amphitheater.

Zunächst Auftritt des dörflichen Tanz- und Gesangsensembles. Von Provinzialität allerdings keine Spur. Die klassischen Säbeltänze würden in Deutschland die Zuschauer in Massen anlocken, meint Jürgen. Und der Chor, der zwölfstimmig alte georgische Volkslieder singt, könnte ebensogut in den großen Konzerthallen der Welt auftreten. Erziehung in Tanz und Gesang ist in Georgien ab der 1. Klasse der Grundschule obligatorisch. Und das Ensemble der Hundertjährigen aus dem Nachbardorf ist in der ganzen Sowjetunion bekannt.

Dann Ansprache des Bürgermeisters. Sie beginnt traditionsgemäß mit den Griechen und Persern, den Türken und Mongolen, die alle versucht hätten, die Georgier zu unterdrücken. Der Krieg gegen die Faschisten sei das letzte Kapitel dieser Geschichte gewesen. Gegangen sei es immer um dasselbe: um die Bewahrung des georgischen Volkes und der georgischen Kultur.

Anschließend Kranzniederlegung am Grabmal des Unbekannten Soldaten, gleich neben dem Amphitheater. Viele Veteranen mit ordengeschmückter Brust sind dabei, aber auch Schulkinder mit Blümchen in den Händen. Man hat den Eindruck, das gesamte Dorf sei versammelt. Und so ist es wohl auch.

Die Opfer der Georgier im Zweiten Weltkrieg waren besonders hoch. In eigens aufgestellten Georgischen Divisionen kämpften rund 700 000 Männer und mit ihnen auch viele Frauen – fast ein Fünftel der Gesamtbevölkerung. Die Georgischen Divisionen verbluteten vor allem in den großen Abwehrschlachten auf der Krim – vor Kertsch, Sewastopol und Feodosja.

So ist auch dieser Tag kein lärmender Festtag, sondern ein besinnlicher. Den Nachmittag verbringen die Dorfbewohner im Totenhain auf einem Hügel am Rande des Ortes. Hier ist für jeden Gefallenen des Dorfes ein Baum gepflanzt. Ein Metallschild, das an einem Zweig hängt, trägt den Namen des Toten. Alte und Junge sind versammelt, Männer, Frauen und Kinder, meist ganze Familien. Sie lagern im Gras zwischen den Bäumen, haben Brot und Wein mitgebracht. Ein alter Mann hat eine Harmonika hervorgeholt, an anderer Stelle erklingt eine kaukasische Hirtenflöte, die Duduki. Es ist, als säße man mit den Gefallenen zusammen, rede mit ihnen, esse mit ihnen. Die Stimmung über dem Hügel ist eine Mischung aus Trauer und leiser Heiterkeit zugleich.

Es ist unser letzter Tag in Georgien. Morgen werden wir wieder in Moskau sein.

Moskauer Schauspiele

Die Stalinzeit auf der Bühne

10. Juni 1980
Ungeheuerliches tut sich in einem Moskauer Theater: Die Stalinzeit kehrt zurück. Denen, die sie noch erlebt haben, läuft es wie ein Schauer über den Rücken. Vielen schnürt es die Kehle zu. Manche weinen. Am Ende bleiben alle wie erstarrt sitzen. Klatschen fast mechanisch im Rhythmus, immer und immer wieder, bis der Beifall abbricht und alle wortlos ins Freie strömen.

Der Ort des Geschehens: das Taganka-Theater. Es ist – neben dem Rustaweli-Theater in Tiflis – wohl das derzeit einzige sowjetische Sprechtheater mit Weltgeltung. Sein Leiter, Jurij Ljubimow, hat einmal mehr Unmögliches möglich gemacht. Nicht vorbei an der Zensur, sondern durch sie hindurch hat er für die politische und künstlerische Sensation der Saison gesorgt: Er hat Jurij Trifonows Schlüsselroman »Das Haus an der Moskwa« dramatisiert. »Kongenial«, wie uns Jurij Trifonow erklärt hat.

Das Thema von Trifonows Roman, der Parallelen zur Geschichte seiner eigenen Familie hat: die Stalinzeit, jene wohl dunkelste Epoche nicht nur der sowjetischen, sondern der russischen Geschichte überhaupt. Er handelt von der Deformierung des Menschen durch das System. Ein Thema, sagt Trifonow, das noch immer aktuell ist. Sein Held ist der ebenso opportunistische wie prinzipienlose Dima Glebow, ein heute angepaßter Sowjetbürger, der einst im schrecklichsten Jahr der Stalin-Ära, dem Jahr 1937, um seiner Karriere willen seinen Professor denunzierte. Doch, so Trifonows Botschaft, »nicht die Menschen sind schuld, sondern die Zeiten«. Die Angst ist es, die

die Menschen deformiert. Jene »lächerliche, blinde Angst vor Zuwiderhandlung, jene Angst davor, Trotz zu bieten«.

Die Angst ist auch das zentrale Element der Inszenierung Jurij Ljubimows. Sie wird symbolisiert durch eine dunkle, unheimlich glänzende Fensterfront, die anstelle des Vorhangs die Bühne vom Zuschauerraum trennt. Sie ist von David Borowskij, dem Bühnenbildner Ljubimows, der Fensterfront jenes historischen »Hauses an der Moskwa« gegenüber dem Kreml nachgebildet, in dem einst Marschall Tuchatschewskij und viele andere prominente Sowjetbürger wohnten, die alle dem Terror Stalins zum Opfer fielen. Auch der Vater von Jurij Trifonow.

Es ist alles andere als ein historisches Schauspiel, das im Taganka-Theater abläuft. Und ein optimistisches schon gar nicht. Aber, darin sind sich Trifonow und Ljubimow einig: »Alle müssen sich erinnern! Anders hieße es, daß alles nicht war...«

Mit der Zensur, erzählt Jurij Ljubimow, habe er erstaunlich wenig Schwierigkeiten gehabt. Nur den Chor der Jungen Pioniere, der im Hintergrund immer davon gesungen hat, wie schön es doch sei, im Sowjetreich zu leben, habe man streichen müssen. Ansonsten aber keine Probleme. Es gebe da im Kulturministerium und beim KGB ein paar ganz intelligente Leute. Warum sie das Stück überhaupt zugelassen hätten, wisse er auch nicht genau. Aber sein Theater habe nun einmal eine Art Narrenfreiheit, vielleicht auch Alibi- oder Ventilfunktion. Zudem sei es sehr klein, und die Zuschauer kämen ohnehin meist aus den Kreisen der kritischen Intelligenz. Man müsse es ganz nüchtern sehen: Vielleicht wollten sich einige wenige Leute an der Parteispitze auch als »Liberale« profilieren. Er spricht den Namen Jurij Andropow nicht aus. Aber wir sind überzeugt, daß er ihn gemeint hat.

Während der Olympischen Spiele allerdings darf das Stück nicht gespielt werden. »So weit«, sagt Jurij Ljubimow, »geht die Liberalität nun auch wieder nicht.« Ob er das Wort Liberalität in Anführungszeichen meint oder nicht, können wir nicht feststellen. Aber wir wissen, daß er früher Schauspieler war. Ein guter sogar.

Helmut Schmidt auf Staatsbesuch

30. Juni 1980

Bundeskanzler Helmut Schmidt ist eingetroffen. Ein »Arbeitsbesuch« sollte es sein. Schlicht in der Form und intensiv in den Gesprächen. Man wollte, so war es vereinbart, keinen roten Teppich und keine Fahnen. Keine Ehrenkompanie und keine Hymnen. Doch als die Kanzlermaschine heute mittag, Punkt 12 Uhr, auf dem Regierungsflughafen Wnukowo ausrollte, war alles ganz anders. Soldaten des Moskauer Garderegiments waren aufmarschiert, eine Militärkapelle intonierte das Deutschlandlied und die Sowjethymne, Transparente in russischer und deutscher Sprache begrüßten den »Herren Bundeskanzler« und den »Herren Außenminister«. Jubelrussen, wie sie Jürgen zu nennen pflegt, schwangen schwarz-rot-goldene Fähnchen. Es war die höchste Festtagsstufe, die das sowjetische Protokoll vorsieht.

Was die deutsche Seite tunlichst vermeiden wollte, ist also prompt eingetreten: Der Herr aus Bonn und der Herr der Truppen in Afghanistan – friedlich nebeneinander beim Abschreiten der sowjetischen Ehrenkompanie. Genau die Bilder, die die Sowjets haben wollten.

Der Kollege vom französischen Fernsehen kommentiert trocken: »Helmut Schmidt ist in eine Falle gegangen.« Und ein amerikanischer Kollege bedauert, nicht die Gesichtszüge Jimmy Carters beobachten zu können, wenn dieser die Bilder aus Moskau sieht.

Am Nachmittag ging das Staatsschauspiel unter der Regie des sowjetischen Protokolls weiter. Zum Beginn der ersten Gesprächsrunde im Kreml hatte man so viele Reporter zugelassen wie nie zuvor bei vergleichbaren Anlässen. Den sowjetischen Sicherheitsorganen – und auch den deutschen – stand der Schweiß sichtbar auf der Stirn. Doch das politische Kalkül der Gastgeber war stärker: Alle Welt sollte sehen, daß die durch Afghanistan ausgelöste Periode der internationalen Ächtung des Kreml und seiner Herren endgültig vorbei sei. Helmut Schmidt kam dazu gerade richtig.

Die Nachrichten vom Verlauf der ersten Gesprächsrunde sind enttäuschend. Statt des erwarteten Dialogs gab es auf beiden Seiten je eine Erklärung von einer Stunde Dauer. Die, so ein Kollege von der »ZEIT«, hätte man auch mit der Post schicken können.

Gegen Mitternacht, beim Briefing für die deutschen Korrespondenten, ist die Stimmung gereizt. Regierungssprecher Klaus Bölling wirkt übermüdet und ist offenbar sauer über die penetranten Fragen der Journalisten. Er hat im Moment offenbar wirklich nichts Konkretes zu vermelden. Erste Kommentare über ein Scheitern der Visite machen die Runde. Auch an der Bar im Hotel »Intourist« wird die Stimmung der Journalisten nicht besser. Kaum einer hat noch Lust, die inzwischen verbreiteten Texte der Tischreden zu lesen. Gegen 3 Uhr fahren auch wir nach Hause. Vielleicht passiert ja morgen etwas.

1. Juli 1980

Was sich schon gestern abzeichnete, hat sich heute erneut bestätigt: Aus Schmidts »Arbeitsbesuch« ist ein »Staatsbesuch« geworden. Und wie es sich für einen Staatsbesuch gehört, fand heute vormittag auch eine feierliche Kranzniederlegung am Grabmal des Unbekannten Soldaten an der Kremlmauer statt. Immerhin hatte es die deutsche Seite durchgesetzt, als Pendant zu dieser Zeremonie auch auf einem deutschen Soldatenfriedhof einen Kranz niederzulegen. Auf dem Friedhof in Lublino, einem Vorort Moskaus, 45 Autominuten vom Stadtzentrum entfernt. Hier liegen 590 deutsche Soldaten, die nach 1945 in sowjetischer Kriegsgefangenschaft gestorben sind. Er ist, wie wir vom Roten Kreuz wissen, neben einem weiteren kleinen Friedhof unweit von Moskau, der einzige deutsche Soldatenfriedhof mit Gräbern aus dem Zweiten Weltkrieg in der Sowjetunion. Alle anderen sind eingeebnet.

Aufregung hatte es heute morgen um die Tischreden von gestern abend gegeben. Die »Prawda« hatte die Rede Helmut Schmidts nicht im Wortlaut wiedergegeben, sondern lediglich indirekt und in kommentierter Form. Das, so wissen die älteren unter den Kollegen, ist einem ausländischen Staatsmann mit einer Tischrede in Moskau noch nie passiert. Sowjetische Gesprächspartner, die wir deshalb um Aufklärung bitten, geben sich empört. Nicht über die »Prawda«, sondern über Helmut Schmidt. Dieser habe die »Regeln« der Diplomatie verletzt. Er habe dreimal so lange geredet wie Leonid Breschnew, was ungehörig sei, und habe Dinge ausgesprochen, die er als Gast öffentlich – und eine Tischrede sei im Prinzip öffentlich – nicht hätte aussprechen dürfen.

In der Tat: Helmut Schmidt hat in seiner Rede nichts an Deutlichkeit zu wünschen gelassen, auch wenn sie in der Form sehr konziliant war. Er hat den sowjetischen Staats-und Parteichef in Sachen Afghanistan offen gefordert: »Ich bin sicher, daß Sie, Herr Generalsekretär, wesentlich zur Entschärfung der gefährlichen Krise beitragen würden, wenn Sie erklären könnten, daß der angekündigte Rückzug einiger sowjetischer Truppen aus Afghanistan der Beginn einer kontinuierlichen Bewegung ist, die bis zum vollständigen Abzug fortgesetzt wird.«

Auch zum zweiten großen Themenkomplex seines Besuches, der Raketenrüstung und der sowjetischen SS-20, fand Schmidt in seiner Tischrede deutliche Worte: »Leider hat sich im Bereich der nuklearen Mittelstreckensysteme eine Entwicklung fortgesetzt, die dem Stabilitätsgewinn durch den Abschluß von SALT-II entgegenwirkt.«

Verständlich, daß die »Prawda« diese Sätze nicht abdruckte.

Heute mittag wurde unerwartet ein Gespräch zwischen Helmut Schmidt, Außenminister Hans-Dietrich Genscher und dem sowjetischen Verteidigungsminister Ustinow anberaumt. Es ging so schnell, daß die wenigen benachrichtigten Fotografen Mühe hatten, rechtzeitig dort einzutreffen. Allein das Zustandekommen dieses Gesprächs hat die 600 aus aller Welt angereisten Journalisten elektrisiert. Sollte es etwa einen Durchbruch in der Raketenfrage geben?

In seiner rund vierzig Minuten dauernden Pressekonferenz am Abend hat Helmut Schmidt diese Hoffnung zwar gedämpft, dennoch hat er erkennen lassen, daß sich auf sowjetischer Seite etwas zu bewegen scheint. Möglicherweise besteht der Ostblock nicht mehr wie bisher auf einer förmlichen Annullierung des NATO-Doppelbeschlusses als Voraussetzung für neue Verhandlungen über Mittelstreckenraketen in Europa. Schmidt drückte es vorsichtiger aus. Aber bei den begleitenden Journalisten blieb der Eindruck zurück, daß die Sowjets tatsächlich neue Vorstellungen für Verhandlungen entwickeln könnten. Jede konkrete Nachfrage allerdings lehnt Schmidt mit dem Hinweis ab, daß er zunächst einmal die Regierung in Bonn und die Verbündeten, vor allem die Amerikaner, unterrichten wolle.

Bleibt als Fazit des Besuches: In Sachen Afghanistan gibt es keinerlei Bewegung. Durch ihre eigenen Erklärungen und die faktische Situation scheint die Sowjetunion derart festgelegt, daß man sich wohl, wie es aus der Umgebung Helmut Schmidts verlautet, auf »längere Zeit« mit dem Status quo – sprich: der Besetzung Afghanistans – abfinden muß. Die Sowjetunion in dieser Frage durch Boykott, Isolierung oder internationale Ächtung zu einer Änderung ihrer Haltung zwingen zu wollen sei, so die Erkenntnis der deutschen Delegation, Wunschdenken.

In der Frage der Raketen jedoch könnte es zu einer Annäherung kommen. Aber wie ernsthaft es die Sowjets wirklich meinen, wisse niemand. Und im übrigen, so Vertraute Helmut Schmidts, hinge auch vieles davon ab, ob und wann die Amerikaner bereit sind, in wirklich ernsthafte Verhandlungen einzutreten.

Bleiben die bilateralen Probleme. Zur Frage der Umsiedlung von Sowjetdeutschen heißt es im Abschlußkommuniqué lediglich, daß beide Seite »beabsichtigen«, Fragen humanitären Charakters »im wohlwollenden Geiste« zu lösen. Das heißt, die Sowjetunion verpflichtet sich zu nichts. Wieder einmal! Bitter für die Betroffenen.

Auf wirtschaftlichem Gebiet hingegen ist man konkret geworden: Man hat endgültig grünes Licht zur Realisierung des Erdgas-Röhren-Geschäfts gegeben. Ein gigantisches Projekt, das sicher beiden Seiten von Nutzen ist.

Bei der Verabschiedung auf dem Flughafen am Abend sind alle Beteiligten sichtlich erleichtert: die sowjetische Seite, weil ihr der Besuch Helmut Schmidts ein Stück aus der außenpolitischen Isolierung geholfen hat; der deutsche Bundeskanzler, weil er wenigstens in einem Punkt Vorzeigbares mit nach Hause nehmen kann – einen Hoffnungsschimmer in Sachen Raketenrüstung; und die Journalisten, weil der Streß wieder einmal vorbei ist. Der Streß eines Staatsbesuchs, der eigentlich nur ein Arbeitsbesuch sein sollte.

Olympia-Zeit

Noch vierzehn Tage bis zum Beginn der Spiele

5. Juli 1980
Olympische Stimmung will nicht so recht aufkommen. Seit sicher ist, daß außer den Amerikanern auch die Bundesrepublik Deutschland und eine Reihe anderer westlicher Nationen den Spielen fernbleiben, ist das Interesse an Olympia merklich gesunken. Sowohl in der Moskauer Ausländerkolonie als auch bei vielen Sowjetbürgern. Die sowjetischen Sportführer legen eine trotzige Gelassenheit an den Tag. »Die Amerikaner«, so erklärte Sportminister Sergej Pawlow unlängst auf einer Diplomatenparty gegenüber westlichen Korrespondenten, »wollen unsere Spiele kaputtmachen. Aber es wird ihnen nicht gelingen.« Und daß auch die Olympia-Unterstützung vieler westlicher Firmen ausbleibt, scheint die Offiziellen ebenfalls wenig zu beunruhigen. Vitalij Smirnow jedenfalls, der Vizepräsident des sowjetischen NOK, prägte hierzu auf einer Pressekonferenz die klassische Formulierung: »Daß COCA-COLA nicht kommt, stört unsere Sportler überhaupt nicht. Die sind ohnehin nicht daran gewöhnt.« Die Frage, warum denn PEPSI-COLA komme, ließ er unbeantwortet.

Immerhin, einige Schwierigkeiten sind unübersehbar. So mußte aufgrund des Fernbleibens vieler Mannschaften ein völlig neuer Zeitplan für den Ablauf der Veranstaltungen erarbeitet werden. Und ob der neue, von Salzgitter-Rüterbau errichtete Olympia-Flughafen wirklich funktionieren wird, ist ungewiß. Es fehlt der Zentralcomputer, den die Amerikaner liefern sollten.

Dabei hat sich Moskau mit Fleiß auf die Spiele vorbereitet. Das große Lenin-Stadion ist »olympiareif« ausgebaut worden; eine hypermoderne Schwimmhalle ist am »Prospekt des Friedens« entstanden und eine riesige Mehrzweckhalle gleich nebenan. Die Stadt wird geputzt und gewienert wie wohl noch nie in ihrer Geschichte. Die Kirchenkuppeln werden neu bemalt oder gar vergoldet, die Fassaden der Häuser entlang der Hauptstraßen gewaschen und neu verputzt, die häßlichsten Bauten in der Nähe der olympischen Stätten abgerissen. Selbst die malerischen und für Rußland so typischen Holzhäuschen an der Straße vom Flughafen ins Zentrum der Stadt werden dem Erdboden gleichgemacht. Die Fremden könnten ja einen falschen Eindruck bekommen. Sozialistische Wohnkultur bedeutet schließlich Hochhäuser und Wohnblocks, wenn auch Grau in Grau und mit bröckelndem Putz...

Die sowjetischen Sportfans, mit denen wir häufig ins Gespräch kommen, sind über den Boykott der Olympischen Spiele durch einige Nationen des Westens aufrichtig betrübt. Sie empfinden das Fernbleiben der Sportler aus diesen Ländern als eine Entwertung. Auch die Tatsache, daß immerhin so starke Sportnationen wie die DDR, die Franzosen und die Engländer dabei sind, ist für sie nur ein schwacher Trost.

Als Hauptschuldigen sehen die meisten – sicher nicht ohne Einfluß der offiziellen Propaganda – den amerikanischen Präsidenten Jimmy Carter. Er wolle, so sagt man, mit dem Olympia-Boykott Stimmen für seinen Wahlkampf gewinnen. Moskaus Dissidenten allerdings, soweit wir mit ihnen noch Kontakt halten können, begrüßen den Boykott einhellig.

Die meisten Moskauer aber haben im Zusammenhang mit Olympia ganz andere Sorgen. Sie bewegt vor allem die Frage: Wird es in den Geschäften zur Zeit der Spiele für die Sowjetbürger weniger oder mehr zu kaufen geben? Daß die besten Sachen ohnehin in die Spezialläden für Ausländer und in die Ausländerhotels wandern und dort gegen Devisen verkauft werden, ist ihnen klar. Man hält es für selbstverständlich.

Eine weitere Frage ist: Dürfen Moskauer während der Spiele Besuch von Verwandten oder Bekannten aus anderen Städten empfangen? Sie dürfen nicht. Aber als Besucher der Spiele würden sie ohnehin nicht in Frage kommen – einen freien Kartenverkauf gibt es nicht. Die Karten werden verteilt: an Arbeiter, die sich bei der Erstellung der olympischen Sportstätten verdient gemacht haben, und an andere ausgesuchte Gruppen und Personen. Es soll schließlich eine Musterolympiade werden. Die erste in einem sozialistischen Land.

Und dann die Frage, die Moskaus Autobesitzer bewegt: Dürfen sie mit ihren häufig überalterten Wagen noch auf die Straßen oder nicht? Sie dürfen – aber nur, wenn die Autos frisch gewaschen und in technisch einwandfreiem Zustand sind. Und auch nur abends. Denn tagsüber sind 165 Hauptverkehrsstraßen mit einer Gesamtlänge von mehr als 400 Kilometern für jeden Privatverkehr gesperrt. »Olympische Trassen« werden sie offiziell genannt. Nur mit einem besonderen »Propusk«, einem Durchlaßschein, darf man sie benutzen. Der Kampf um solche Scheine hat das ARD-Büro Wochen gekostet.

Moskauer Exodus

6. Juli 1980

Heute vormittag aufgeregter Anruf einer Redaktion aus Deutschland: Aus Moskau würden alle Kinder evakuiert, so meldeten westliche Nachrichtenagenturen. Um Platz zu schaffen für die Olympia-Besucher. Wir kriegen einen Schreck. Doch ein Blick aus dem Bürofenster auf den Hinterhof beruhigt uns: Nina und ihre »Kumpane«, wie Walja zu sagen pflegt, sind noch da. Sie toben quietschvergnügt auf der verrosteten Schaukel.

Natascha geht als erster ein Licht auf. Irgendeiner der vielen bereits angereisten ausländischen Journalisten hat wahrscheinlich die langen Kolonnen der Autobusse mit Kindern gesehen, die sich stadtauswärts bewegen – geleitet von Polizeifahrzeugen mit Blaulicht. Und er hat gemeint, daraus die Meldung seines Lebens machen zu können. Doch er hat eine klassische »Ente« produziert. Jedes Jahr nämlich fahren auf genau diese Weise – in langen Autobuskolonnen und mit Polizeieskorte – Zehntausende von Moskauer Kindern zu Beginn der großen Ferien aufs Land in die Pionierlager. Freiwillig. Wer in der Stadt bleiben will, der bleibt. Daß es in diesem Jahr mit rund 140 000 Kindern, die von Moskau aufs Land fahren, etwas mehr sind als in den vergangenen Jahren, mag damit zusammenhängen, daß es in der Sowjetunion noch immer nicht die Pille gibt. Und damit auch keinen Pillenknick.

Aber wir können den Kollegen in Deutschland dennoch eine Story anbieten. Es gibt nämlich tatsächlich Moskauer, die während der Olympischen Spiele ihre Stadt verlassen müssen. Da sind zunächst die etwa 100 000 Studenten, die in Studentenheimen wohnen. Ihre Unterkünfte werden für die Olympia-Touristen gebraucht. Dann all jene, die als »undisziplinierte Personen« gelten. Darunter fallen Kriminelle und Schwarzhändler. Aber auch Prostituierte, von denen in Moskau 40 000 offiziell registriert sind. Ob, wie angekündigt, auch alle Alkoholiker Moskau verlassen müssen, wagen wir zu bezweifeln. Nach einer amtlichen, allerdings nicht veröffentlichten Statistik soll nämlich jeder dritte Arbeiter in Moskau Alkoholiker sein.

Von einer Personengruppe allerdings wird die Stadt mit Sicherheit »gesäubert« werden – den Dissidenten. Sie räumen das Feld. Teils freiwillig, teils unfreiwillig.

Olympische Sicherheitsmaßnahmen

7. Juli 1980
Ein zweites München, so haben die sowjetischen Veranstalter versichert, wird es nicht geben. In der Absicht, ein Höchstmaß an Sicherheit zu gewährleisten, haben sie aber den Plan, wie es scheint, übererfüllt. Zur ständigen »Freude« der Teilnehmer und der Journalisten.

Besonders »beliebt«: die elektronischen Sicherheitsschleusen an den Eingängen zu allen offiziellen Gebäuden – dem Pressezentrum, dem Olympischen Dorf, den Fernsehstudios, dem Pressehotel »Kosmos«. Sie sind so fein eingestellt, daß sie selbst beim kleinsten Metallstückchen Alarm schlagen. Natascha zieht schon jedesmal vorher die Schuhe aus – wegen der kleinen Eisenplättchen auf ihren Pfennigabsätzen. Auch die Haarnadeln nimmt sie heraus. Besondere Freude hat ein Toningenieur des ZDF. Er muß regelmäßig die Hosen herunterlassen. Nur so kann er die Sicherheitskräfte überzeugen, daß er keine versteckte Pistole trägt, sondern ein Bruchband aus Metall.

Probleme der Berichterstattung

8. Juli 1980

Nun ist es sicher: Wir werden die große ARD-Olympia-Sondersendung nicht so machen können wie geplant. Mehr als sechs Monate haben wir verhandelt, Gespräche geführt, Briefe geschrieben. Live aus Moskau wollten wir berichten, von drei Schauplätzen gleichzeitig: dem Roten Platz, dem Olympischen Dorf, dem Moskauer Fernsehzentrum. »Das gab's noch nie«, hatte eine große deutsche Programmzeitschrift gejubelt, »eine deutsche Fernseh-Show – direkt vom Roten Platz.« Nun ist alles im Eimer. Fast alles.

Das »Aus« kam heute morgen in einem langen Gespräch mit Valentin Falin, dem einstigen sowjetischen Botschafter in Bonn, jetzt im ZK zuständig für die Auslandspropaganda, speziell in westlichen Ländern. Nein, nicht der Olympia-Boykott der Bundesrepublik sei die Ursache. Im Gegenteil, man lege ja gerade Wert auf eine umfassende Berichterstattung in den Ländern, die nicht teilnehmen. Die Zuschauer dort sollten schließlich erfahren, was ihre Sportler in Moskau versäumen. Man habe unsere Idee mit dem Roten Platz auch sehr reizvoll gefunden, er persönlich habe sich sehr dafür eingesetzt. Aber es gebe auch in Moskau viele Bürokraten und engstirnige Leute. Auch sehr vorsichtige. Und der Rote Platz liege nun einmal in der Bannmeile um den Kreml, und die dafür zuständige Kremlwache und der Kremlkommandant seien beim besten Willen nicht dazu zu bewegen, eine ausländische Fernseh-Show auf dem Roten Platz zuzulassen. Da seien gewiß auch Sicherheitsüberlegungen im Spiel. Schließlich müßte uns die Erinnerung an München 1972 noch frisch im Gedächtnis sein. Falins Bedauern scheint echt. Zumal wir wissen, daß er sich wirklich für uns eingesetzt hat. Aber an der Kremlmauer ist in diesem Fall auch sein Einfluß zu Ende.

10. Juli 1980

Wir werden also nur aus dem olympischen Fernsehzentrum senden: immerhin live. Dabei bleibt's, haben uns die sowjetischen Kollegen versichert.

Das Konzept für diese Sondersendung am 17. Juli, zwei Tage vor

Olympia-Eröffnung, steht. Sechzig Minuten lang sind wir unmittelbar nach der »Tagesschau« auf Sendung. In Filmbeiträgen werden wir Moskau als Olympia-Stadt zeigen, von der Generalprobe der Eröffnungsfeier berichten, die Sportstätten vorstellen und die olympischen Aktivitäten der deutschen Wirtschaft in Moskau. Dazu Studiogespräche mit Willi Daume und sowjetischen Funktionären sowie Ausschnitte aus dem olympischen Kulturprogramm, darunter Ballettszenen aus dem Bolschoj-Theater und Lieder der Original-Don-Kosaken aus Rostow. Und wir werden Interviews mit Moskauer Bürgern zum Thema Olympia bringen. Darunter auch ein Gespräch mit Jelena Bonner, der Frau des nach Gorkij verbannten Andrej Sacharow. Letzteres werden wir aus Sicherheitsgründen von Köln aus in die Sendung einspielen. Andernfalls, so fürchten wir, könnte uns die Leitung von Moskau nach Deutschland plötzlich gekappt werden.

Das Interview, das Anfang des Monats gemeinsam mit einem Kollegen des norwegischen Fernsehens gemacht wurde, ist bereits außer Landes. In ihm hat Jelena Bonner u. a. erklärt:

»Die Anhänger der Menschenrechtsbewegung in Moskau und in der ganzen Sowjetunion waren nicht für den Boykott, bevor die Sowjettruppen in Afghanistan einmarschierten.

In unseren Publikationen hieß es, wir seien für die Durchführung der Olympiade bei uns, aber wir wünschten gleichzeitig, daß unser Land einer Olympiade würdig wäre. Insbesondere sprachen wir davon, daß in der Sowjetunion zunächst eine politische Amnestie, die Befreiung der ›Gefangenen des Gewissens‹, erfolgen müsse – erst dann wäre die Sowjetunion Olympischer Spiele würdig. Aber das ist nicht geschehen – im Gegenteil, die Repressalien wurden noch verstärkt. Erst nach dem sowjetischen Einmarsch in Afghanistan haben wir begonnen, die Boykott-Idee zu unterstützen. Ein kriegführendes Land und Olympiade – das ist mit der Charta der Olympischen Spiele unvereinbar. Im Altertum wurden die Kriege für die Dauer der Olympiade unterbrochen. Das war die ursprüngliche Idee der Olympischen Spiele in Griechenland. Nach meiner Meinung ist ein Land, das Krieg gegen einen Nachbarn führt, mit der Olympiade nicht zu vereinbaren. Mir persönlich fällt es schwer, die Menschen zu verstehen, die zu diesen Olympischen Spielen kommen wollen.«

Soweit Jelena Bonner.

13. Juli 1980
Da nicht auszuschließen ist, daß die Leitung nach Deutschland während der Live-Sendung am Donnerstag – aus welchen Gründen auch immer – zusammenbricht, bereitet Köln eine Parallelsendung vor. Zu diesem Zweck wollen wir die einzelnen Filmbeiträge schon einmal vorab nach Köln überspielen – vom Olympiazentrum des Sowjetischen Fernsehens. Notfalls können sie dann von Köln aus gesendet werden.

Heute nachmittag nun der Eklat: Das Sowjetische Fernsehen weigert sich, die Filme zu überspielen. Es handelt sich um vier Beiträge von jeweils rund sechs Minuten unter anderem zu den Themen: »Olympisches Kulturprogramm« und »Olympia und Propaganda«. Offizielle Begründung für die Verweigerung der Überspielleitung: In einem der Filme kämen Dissidenten zu Wort. Heftiger Protest unsererseits. Wir bieten an, alle vier Filme vorzuführen. Es zeigt sich, alle vier sind »dissidentenfrei«. Offizielle Entschuldigung. Der Überspielung steht nun nichts mehr im Wege. Denken wir.

Eine halbe Stunde später: Anruf des Sowjetischen Fernsehens – die Überspielung könne doch nicht erfolgen. Begründung: Einer der Filme habe mit Politik zu tun, nicht mit Sport. Es handelt sich um den Beitrag »Olympia und Propaganda«, der für das SFB-Magazin »Kontraste« bestimmt ist. Er enthält offizielle sowjetische Aussagen zum Thema Olympia. Zum Beispiel ein Zitat aus dem »Lehrbuch für junge Parteiaktivisten«, in dem es heißt, die Entscheidung, die Spiele 1980 in Moskau abzuhalten, sei ein »Beweis für die Richtigkeit der sowjetischen Außenpolitik«. Und ein Satz Breschnews: »Die Olympischen Spiele spiegeln das unbeugsame Streben der Menschheit nach Frieden und Fortschritt wider.« Dann wird in dem Film erwähnt, daß sich die sowjetische Propaganda nach außen zwar friedliebend und freundschaftlich gebe, nach innen aber unerbittlich. Zwar werde Moskaus Bevölkerung zu Gastfreundschaft und liebenswertem Gebahren ermahnt, zugleich werde jedoch erhöhte Wachsamkeit gegenüber den Ausländern gefordert. Als Beispiel zitiere ich Moskaus Parteichef Grischin: »Zur Olympiade kommen als Touristen und Delegationsmitglieder verkleidete Spione und Provokateure, die das Ziel haben, den Sozialismus von innen aufzuweichen.«

Das Sowjetische Fernsehen, so berichte ich weiter, habe rechtzeitig zum Eintreffen der ersten westlichen Olympia-Teilnehmer und Journalisten gleich zweimal hintereinander eine einstündige Sendung unter dem Titel »Lüge und Haß« ausgestrahlt, die die Versuche westlicher Geheimdienste und Agenten schilderte, die innere Ordnung der Sowjetunion auszuhöhlen. Unter anderem wurde ein amerikanischer Zeitungskollege bei der morgendlichen Gymnastik auf seinem Balkon gezeigt...

Die Warnung an die sowjetischen Bürger jedenfalls ist eindeutig: »Hütet euch!« Vor diesem Hintergrund, so schließe ich meinen Bericht, sei es nicht verwunderlich, daß man während der Olympiazeit bei der Einreise ins Land und beim Betreten vieler olympischer Sportstätten kontrolliert werde, als begehre man Eintritt ins Gefängnis Stammheim.

Die Weigerung, diesen Film nach Deutschland zu überspielen, sei – so wird mir mitgeteilt – endgültig. Ich klemme die Filmbüchse unter den Arm und fahre nach Hause.

14. Juli 1980

0.15 Uhr

Der Kollege von Reuters ruft an: Ob es stimme, was er eben in der BBC gehört habe? Was denn, frage ich, ich hätte nichts gehört. Daß die Sowjets abgelehnt haben, einen Film der ARD nach Deutschland zu überspielen.

»Ach, du lieber Himmel«, sage ich, »wir hatten gehofft, die Sache diskret geregelt zu kriegen.«

»Geht nicht«, sagt der Kollege von Reuters. In dem Schaltraum, in dem der sowjetische Zensor gewaltet habe, seien mindestens zwanzig Techniker der EBU (der westlichen Eurovision) anwesend gewesen, darunter auch welche der BBC. Diese hätten sofort die Vertreter des britischen Olympischen Komitees alarmiert. Morgen gebe es den ersten großen olympischen Knatsch.

Ich kann nichts anderes tun, als die Meldung zu bestätigen und ein paar Informationen zum Inhalt der Filme, vor allem des Corpus delicti über »Olympia und Propaganda«, zu geben.

0.30 Uhr
Der Kollege von dpa ruft an. Ich hatte ihn kurz informiert, aber gebeten, vorerst nichts zu melden. Nun ist er sauer. Wir hätten doch vereinbart, daß wir nichts »rauspusten«.
»Hab' ich auch nicht«, sage ich. »Für die BBC-Geschichte kann ich nichts.«
Jetzt säh' er aber ganz schön blöd aus, mault er.
»Was soll's«, sage ich, »für die Zeitungen wär's doch sowieso zu spät gewesen.«
»Ja, aber für die Nachrichten und die anderen Agenturen...«
»Sorry«, sage ich, »ich habe wirklich nicht geahnt, daß es so laufen wird.«
»Was wird denn nun mit dem Film, der nicht überspielt wurde?«
»Mal sehen«, sage ich, »laß uns morgen drüber reden. Aber nicht am Telefon.«

0.40 Uhr
Der Kollege von UPI ruft an. Die gleichen Fragen. Die gleichen Antworten. Ich ziehe das Telefon raus und gehe schlafen.

6.30 Uhr
Der Kollege von der »New York Times« klingelt an der Wohnungstür. Die gleichen Fragen, die gleichen Antworten.

12.30 Uhr
Natascha registriert den 47. Anruf und den 13. Besucher im Büro. Von »Svenska Dagbladet« über »Le Monde« bis »Los Angeles Times« – die gleichen Fragen, die gleichen Antworten. Auch die Kollegen aus Ungarn und der DDR haben angefragt. Letztere ganz diskret – über einen gemeinsamen Bekannten von einer jugoslawischen Zeitung.

14 Uhr
Natascha wird blaß und klappt am Schreibtisch zusammen. Der

Kreislauf, meint sie; sonst nichts Besonderes. Nach einer halben Stunde ist sie wieder auf den Beinen.

22.30 Uhr
Natascha registriert den 113. Anrufer und meint, nun reiche es, sie ginge nach Hause.

23.15 Uhr
Anruf vom SFB aus Berlin: Der Film über »Olympia und Propaganda« sei wie geplant gelaufen. Herzlichen Dank, ein schönes Stück. Aber eigentlich verstehe man die ganze Aufregung nicht. Wir auch nicht, sagen wir. Jürgen Bever holt eine Flasche Wodka aus dem Kühlschrank.

15. Juli 1980
Aus Köln werden die Schlagzeilen der deutschen und internationalen Presse durchtelefoniert.

»Die Welt«: »Sowjets halten deutschen Olympia-Fernsehfilm zurück.«

»Kölner Stadtanzeiger«: »Moskau erschwert Olympia-Berichte.«

»Süddeutsche Zeitung«: »Moskau leitet ARD-Film nicht weiter.«

»Münchner Merkur«: »Sowjetunion läßt die Maske fallen. Zensur stoppt Olympia-Bericht der ARD.«

»Stuttgarter Nachrichten«: »Die Zensoren sind zornig. ARD-Mann trickste die Aufpasser aus.«

»New York Times«: »Censoring of TV film disputed by Germans.«

»Express«: »Zensur! Der erste Skandal bei Olympia.«

Heute mittag hat die EBU beim Sowjetischen Fernsehen protestiert. Das Gespräch soll mehrere Stunden gedauert haben. Über den Ausgang ist nichts bekannt. Pflaumenweich wie immer, vermutet ein amerikanischer Kollege; Ihr Europäer laßt euch doch sowieso alles gefallen.

Immerhin, die Kollegen vom Sowjetischen Fernsehen signalisieren: Die Sondersendung am Donnerstag ist nicht gefährdet.

Olympia-Sondersendung

17. Juli 1980

Die Sondersendung verläuft wie geplant. Keine technischen Pannen, keine Leitungsprobleme, das Zusammenspiel deutscher und sowjetischer Techniker klappt reibungslos. Die Athmosphäre im Studio ist angespannt, aber nicht verkrampft. Die sowjetische Seite hat keinerlei Auflagen gemacht, auch unsere Moderationstexte kennt niemand. Die Studiogespräche, die Harald Brand führen wird, sind nur lose abgesprochen, auch die sowjetischen Gesprächspartner kennen die genauen Fragen nicht.

Bei der Begrüßung der Zuschauer drücke ich die Hoffnung aus, daß »Bild und Ton auf dem langen Weg von Moskau in die Bundesrepublik nicht irgendwo verlorengehen und uns auch niemand aus Versehen auf die Leitung tritt«. Und ich weise darauf hin, daß auch die Filmberichte – »mit wenigen Ausnahmen« – direkt aus Moskau eingespielt werden.

Wir zeigen die Generalprobe der Eröffnungsfeier, die Sportstätten, die Maler-, Putz-und Säuberungskolonnen, die Moskau den letzten olympischen Anstrich geben; wir lassen das Bolschoj-Ballet tanzen und die Don-Kosaken singen; wir fragen Willi Daume, ob er denn an der Eröffnungsfeier teilnehmen wird – er druckst fürchterlich herum und läßt die Frage offen; wir fragen den sowjetischen Sportfunktionär, ob denn ohne die Amerikaner und die Westeuropäer seine Olympiade nicht nur noch die Hälfte wert wäre. Die deutsche Industrie wird gezeigt, die sich – mit Ausnahme der Pharmaindustrie – einen Teufel um den Boykott schert und bei Olympia auf das große Geschäft hofft; und wir fragen Sowjetbürger nach ihrer Meinung über den Olympia-Boykott: sechs Interviews mit Zufallspassanten auf Moskauer Straßen, ohne Dolmetscher, ohne sowjetischen Vermittler.

Die Antworten ähneln sich: Man bedaure die Sportler, die nicht teilnehmen könnten, aber die Regierungen der Vereinigten Staaten von Amerika und der Bundesrepublik Deutschland würden nun einmal vom Kapital und Busineß beherrscht und hätten zum Sport nicht die richtige Einstellung. Auswirkungen würde der Boykott auf die Spiele nicht haben. Man erwarte neue sportliche Rekorde, die

Moskauer würden auf jeden Fall ihre berühmte Gastfreundschaft zeigen.

Ob sie denn wüßten, warum die Amerikaner und andere die Spiele boykottieren, fragen wir.

»Ich glaube«, antwortet einer der Gesprächspartner, »der Hauptgrund sind die Ereignisse in Afghanistan. Hier haben die Amerikaner eine negative Position bezogen. Aber ich bin der Meinung, daß unsere Regierung richtig gehandelt hat, indem sie Truppen nach Afghanistan geschickt hat. Nun beginnen wir ja auch langsam, unsere Einheiten wieder aus Afghanistan abzuziehen. Ich glaube, die Lage dort wird sich in nächster Zeit normalisieren.«

Als siebentes Gespräch zeigen wir das Interview Frau Sacharow.

18. Juli 1980

Natascha empfängt mich im Büro mit versteinerter Miene. Sie hat soeben mit Gosteleradio telefoniert. Helle Empörung herrsche dort. Wegen des Interviews mit Frau Sacharow. Sie würde sich nicht wundern, wenn die Kollegen von Gosteleradio in Zukunft nicht mehr mit mir zusammenarbeiten wollten. Ich sei ja ein richtiger Antisowjetschik. Und nach einer Pause fügt sie hinzu: »Müssen Sie sich denn das Leben wirklich so schwer machen?«

Am Nachmittag kommt ein deutscher Kollege, der im Außenministerium war. Man »schäume« dort über die Sendung. Man empfinde sie als Versuch, die Olympischen Spiele »zu sabotieren«. Man erwäge meine Ausweisung.

Am Abend kommt ein sowjetischer Journalist, der als »Halbleiter« fungiert, das heißt, im Auftrag bestimmter sowjetischer »Organe« Kontakt zu uns hält, uns inoffiziell Informationen, manchmal auch bewußte Fehlinformationen, übermittelt, Ratschläge erteilt, Wünsche von uns zur Kenntnis nimmt und weiterleitet. Man sei an höchster Stelle überaus verstimmt. Ich hätte den Feinden der Sowjetunion am Vorabend der Olympischen Spiele, auf die sich die Bürger seines Landes seit Generationen gefreut hätten, Gelegenheit gegeben, das Bild der Sowjetunion zu beschmutzen. Solange die Spiele dauerten, würde man keine Maßnahmen ergreifen, um nicht noch mehr internationales Aufsehen zu erregen. Gleich nach den Spielen aber würde man Konsequenzen ziehen. Er wolle mir den kollegialen Rat geben, möglichst umgehend zunächst einmal für einen längeren Urlaub aus Moskau zu verschwinden. Die Hierarchie des WDR würde auf geeignetem Weg informiert, daß ich nicht mehr tragbar sei.

Die Eröffnungsfeier

19. Juli 1980
Leonid Breschnew hat die Olympischen Spiele eröffnet. Streng nach olympischem Protokoll mit den Worten: »Ich erkläre die Spiele von 1980 zur Feier der 22. Olympiade moderner Zeitrechnung für eröffnet.« Er las sie vom Blatt. Etwas stockend. Aber ohne Fehler.

Der einstige Chefregisseur des Bolschoj-Theaters, Jossif Tumanow, hatte die künstlerische Leitung der Eröffnungsfeier. Mehr als 16 000 Mitwirkende auf dem grünen Rasen des Lenin-Stadions – ein farbenprächtiges Spektakel. Tänze, Gruppengymnastik, lebende Bilder. Und immer wieder aus bunten Tüchern geformte Schriftzüge: »Friede«, »Freundschaft«, »Sport«. Soldaten in Paradeuniform tragen im Stechschritt die Olympiaflagge ins Stadion. Zu den Klängen von Beethovens »Freude schöner Götterfunken«. Auf den Tribünen 103 000 Menschen. Einige Diplomatenbänke allerdings bleiben leer. Nicht ein Angehöriger einer westlichen Botschaft ist erschienen. Wegen Afghanistan. Das Auswärtige Amt in Bonn hat sogar den Chauffeuren der Botschaft in Moskau verboten, irgendeine olympische Veranstaltung zu besuchen. Auch Willi Daume ist nicht erschienen.

Beim Einmarsch der Nationen waren von den 146 Mitgliedsstaaten des IOC nur 81 vertreten. Und von diesen brachten sechzehn offen ihren Protest gegen die Besetzung Afghanistans zum Ausdruck: Sie zeigten statt der vorgeschriebenen Nationalfahne nur die weiße Olympiaflagge mit den fünf Ringen. Zehn der protestierenden Länder hatten überdies darauf verzichtet, ihre Mannschaft an der Eröffnungsfeier teilnehmen zu lassen; sie hatten nur einen Fahnenträger geschickt. Das sowjetische Fernsehen sparte bei seiner Direktübertragung, die auch von 31 westeuropäischen Anstalten übernommen wurde, die Protestaktionen aus. Es kaschierte das Fehlen der Nationalflaggen und Mannschaften, indem es in Großaufnahme nur die Namensschilder der protestierenden Länder zeigte.

Wir hatten unser eigenes Team im Stadion und haben heute abend die Bilder gesendet, die das Sowjetische Fernsehen nicht gezeigt hat. Die sowjetischen Offiziellen im Pressezentrum waren sauer, konnten es aber nicht verhindern. Schließlich haben sie uns eine unzensierte Berichterstattung der Sportereignisse zugesagt. Und dazu zählt auch die Eröffnungsfeier.

Siege

20. Juli 1980
Heute vormittag wurde der erste Olympiasieger ermittelt. Es ist Alexander Melentjew, ein Polizist aus Kirgisien, einer Sowjetrepublik – 100 Kilometer entfernt von Afghanistan. Er gewann das Pistolenschießen.

21. Juli 1980
Aus Köln erhalte ich den sogenannten »Sendebericht« der Olympia-Sondersendung. Demzufolge wurden in der WDR-Telefonzentrale weit über hundert Anrufe registriert. 24 kamen zur Sendeleitung durch. Darüber heißt es im Protokoll:

»Ein Anrufer fand die Sendung ausgezeichnet und wünschte sich noch mehr Informationen aus der UdSSR und von den Spielen.

Ein Zuschauer fand die Sendung nicht gut, weil bei ihm der Eindruck entstanden sei, alles, was dort gemacht, gebaut und unternommen würde, werde von unseren Korrespondenten zu kritisch gesehen. Dies sei Berichterstattung contra UdSSR und nicht objektiv.

22 Zuschauer schimpften laut und in kräftigen Ausdrücken: Dies sei Verherrlichung eines Landes der Massenmörder, der Aggressoren. Man wolle diese Spiele boykottieren, also solle man sich jeglicher Berichterstattung darüber enthalten. Rote Propaganda etc...«

Ich zeige Natascha das Protokoll. »Na und«, sagt sie, »das wird Ihnen bei uns auch nicht helfen.«

Das, so sage ich, hätte ich auch gar nicht erwartet.

25. Juli 1980

Die Spiele haben freundlichere Züge angenommen. War das Stadtbild Moskaus in den ersten Tagen geprägt von Tausenden sowjetischer Polizisten und Soldaten in Uniform – böse Zungen aus dem Westen sprachen schon von »Polizeifestspielen« –, so werden die Sicherheitsmaßnahmen jetzt diskreter und eleganter gehandhabt. Nicht, daß das System generell gelockert wäre, aber die Polizisten haben statt ihrer martialisch wirkenden Uniformen helle und freundliche Sommerblusen bekommen. Und das Militär wurde zum großen Teil in Zivilanzüge gesteckt. Auch der Verkehr auf den Straßen, die anfangs wie ausgestorben wirkten, hat sich deutlich belebt. Man läßt auch wieder den einen oder anderen Privatwagen in die Stadt.

Die Organisation der Veranstaltungen läuft mit geradezu preußischer Präzision ab. Der Zeitplan wird exakt eingehalten, das Transportwesen klappt reibungslos. Auch das elektronische Anzeigesystem funktioniert ohne Tadel.

Formal halten sich die Veranstalter streng an das Protokoll – mag es auch einige Überwindung kosten. Bei Siegern aus Ländern, die aus Protest nicht unter ihrer Nationalfahne angetreten sind, wird nicht die Nationalfahne, sondern die olympische Flagge gehißt und statt der Nationalhymne die olympische Hymne gespielt. Meist stehen allerdings ohnehin Athleten aus der Sowjetunion oder der DDR auf den Siegertreppchen. Es wird allmählich langweilig.

Halbzeit bei Olympia

26. Juli 1980

Das ZDF gibt eine große Party im Büro seines Korrespondenten Dirk Sager. Erschienen sind fast alle Reporter und Techniker der Olympia-Mannschaften von ARD und ZDF, einige sowjetische Sportfunktionäre und Journalisten sowie ein paar deutsche Diplomaten.

Gegen 3 Uhr morgens verlassen wir mit Monika, einem deutschen Kollegen und einem befreundeten Diplomaten das Fest zu Fuß. Es ist nur ein kurzer Weg nach Hause. Wir sind guter Stimmung.

Am Eingang zu unserem Ghetto erleben wir allerdings eine Überraschung. Er ist mit einem etwa hüfthohen Gitter versperrt. Ein Milizoffizier hält Wache. Auf unsere Bitte um Einlaß erwidert er, wir sollten den zweiten Eingang benutzen; dieser hier sei aus Sicherheitsgründen geschlossen. Das, so sagen wir fröhlich, würde einen Umweg von mehr als einem halben Kilometer bedeuten. Und da wir zu Fuß seien, hätten wir keine Lust mehr zu wandern; schließlich würden wir hier wohnen und hätten ein Recht, unseren eigenen Hinterhof zu betreten. Dann, so schlägt der Milizoffizier vor, sollten wir das Gitter doch einfach übersteigen, es wäre doch kein Problem. Das, so sage ich, käme nicht in Frage. Niemand würde uns verleiten, einen sozialistischen Gartenzaun zu übersteigen. Auch nicht eine Amtsperson.

Schließlich erscheint ein dienstbarer Geist und öffnet. Es entspinnt sich ein langes, freundschaftliches Gespräch mit dem Milizmann, der plötzlich sogar ein bißchen Deutsch spricht. Es geht um die Rechte von Gästen und Gastgebern in einem fremden Land. Und um Vorschriften, die doch einen Sinn und Zweck haben müßten. Schließlich rauchen wir alle zusammen noch eine von unseren Zigaretten und verabschieden uns; auf deutsch und auf russisch, noch weitere schöne Olympia-Tage wünschend. Die angebrochene Packung lassen wir dem Milizmann da. Er freut sich.

Der Tod Wyssozkijs

28. Juli 1980
Wyssozkij ist tot. Wie ein Lauffeuer hat sich die Nachricht durch Moskau verbreitet. In keiner Zeitung hat sie gestanden, in keiner Radiosendung war sie zu hören. Und dennoch: Es scheint, als wüßten es alle. Trauer liegt über der Stadt. Die Autos scheinen langsamer zu fahren. Die Menschen reden leiser. Manche weinen. Natascha hat aufgehört zu arbeiten und ist in die Küche gegangen. Stumm. Aus einem geöffneten Fenster des Hofes erklingt ein Lied. »Es gibt keine Propheten. Nicht im Vaterland und nicht in anderen Ländern.« Wyssozkijs Lied.

Wladimir Wyssozkij – Star des Taganka-Theaters, Schauspieler, Liedermacher, Sänger. In der Nacht zum Sonnabend ist er in seiner

Moskauer Wohnung gestorben. An Herzversagen. Im Alter von 42 Jahren. Schon zu Lebzeiten war er ein Mythos. Jetzt wird er zur Legende werden.

Er hat den Hamlet gespielt und Galilei, die Gestalten Dostojewskijs und viele andere der russischen Klassik und Gegenwart. Doch am berühmtesten waren seine Lieder. Mehr als 800 hat er geschrieben. Mit vor Zorn und Empörung gepreßter, rauchiger Stimme hat er immer wieder ein Thema variiert: der einzelne Mensch im Kampf gegen die Macht und die Mächtigen, im Kampf gegen den Zwang zur Anpassung.

Die meisten seiner Platten sind im Ausland erschienen – in Frankreich, woher seine Frau Marina Vlady kam, und zuletzt auch in der Bundesrepublik. Doch sie gelangten auf vielen Wegen auch in die Sowjetunion und wurden hier millionenfach von Band zu Band überspielt. Kaum ein Jugendlicher, kaum ein Angehöriger der Intelligenzja, der nicht seine Lieder im Schrank hatte. Aber auch die sogenannten »einfachen Leute« liebten ihn. Seine treuesten Anhänger, so hat er uns einmal erzählt, hatte er unter jugendlichen Arbeitern in Sibirien.

Öffentlich durfte Wyssozkij als Sänger nicht auftreten. In geschlossenen Veranstaltungen hingegen sang er manchmal sogar vor Kulturfunktionären – auch kritische Texte zur sowjetischen Außenpolitik. Man ließ ihn gewähren, vielleicht eine Art Ventil. Genau weiß es niemand.

Den Charakter seiner Lieder hatte seine Kindheit unter Stalin geprägt. Er sang von denen, die erschossen, und von denen, die in die sibirische Verbannung verschickt wurden; er sang vom Krieg, von Gefängnissen und Lagern, vom beschwerlichen Alltag im Sowjetland. Er sang sich den Alptraum einer ganzen Generation von der Seele, ohne ihn wirklich loszuwerden. Er sang aus Angst, die Vergangenheit könnte noch immer nicht endgültig vergangen sein.

Wladimir Wyssozkij war kein Dissident, aber ein unbequemer, ein zorniger junger Mann, der wußte, daß ihn sein Zorn verbrennen würde. Oder, wie es in einem seiner Texte heißt, daß er »sein Lied nicht zu Ende« singen werde. Er hat sein Lied nicht zu Ende gesungen. Er starb am Alkohol und am gebrochenen Herzen.

Ort und Stunde der Totenfeier für ihn standen nirgendwo geschrieben. Doch als wir uns heute mittag dem Taganka-Theater, wo er nach der Auskunft von Freunden aufgebahrt sein sollte, näherten, schien es, als sei ganz Moskau auf den Beinen. Das gesamte Viertel ist abgeriegelt. Schon weit vor dem Taganka-Platz müssen wir unser Auto stehenlassen und mit der Kamera auf der Schulter zu Fuß weitergehen. Vorbei an endlosen Schlangen meist weinender Menschen, die alle hoffen, noch einen letzten Blick auf den Toten werfen zu können. Unter den Wartenden junge Leute in Jeans und Lederjakken, Mädchen in knalligen, hautengen T-Shirts, aber auch viele ältere Menschen, einfache Hausfrauen, Damen in vornehmen Kostümen, Herren mit Hut und Weste. Dazwischen viele bekannte Gesichter aus der Moskauer Kulturszene und den Zirkeln der Intelligenzja, Schülerinnen in Uniform mit weißem Spitzenkragen, Fabrikarbeiter in ölverschmierten Overalls. Viele haben kleine Blumensträuße in den Händen. Manche auch nur eine einzelne Rose oder Nelke.

Schweigend versucht die Miliz, dem Ansturm Herr zu werden. Sie stellt Sperrgitter auf, um die Schlange der Wartenden in eine halbwegs geordnete Bahn zu bringen. Sie reicht jetzt vom Taganka-Platz bis hinab zum Ufer der Moskwa – einige Kilometer lang. Hunderte meist jüngerer Leute sind auf die flachen und spitzen Dächer rund um das Theater geklettert und haben halsbrecherisch Position bezogen. Die Miliz fordert sie vergeblich auf, die Dächer zu verlassen. Es besteht Lebensgefahr. 50000 Menschen, so schätzen wir, sind auf dem Platz vor dem Theater versammelt. Stumm warten sie auf den Toten.

Gegen 15 Uhr öffnet sich die Tür. Im offenen Sarg wird Wolodja, wie ihn seine Freunde nannten, herausgetragen. Auf den Schultern von Jurij Ljubimow, Wladimir Solotuchin und anderer Schauspieler des Theaters. Schweigend gibt die Menge eine Gasse zum wartenden Leichenwagen frei.

Als sich die schwarze Limousine langsam in Bewegung setzt, verschwindet sie unter einem Regen von Blumen. Irgendwo in der Menge erklingt ein Lied Wyssozkijs. »Wer sagt, die Erde sei tot? Es ist nicht wahr. Sie hielt sich nur eine Zeitlang verborgen. Denn die Erde ist wie unsere Seele – ihr könnt sie nicht zertrampeln.«

Kein Volk, sagt eine alte Frau neben mir, liebt seine Dichter und Sänger so wie das russische. Sie sagt es ganz leise und legt mir dabei die Hand auf den Arm, als wolle sie sich entschuldigen.

Bilanz der Spiele

31. Juli 1980

Olympia neigt sich dem Ende zu. Die Berichterstattung ist zur Routine geworden. Zwischenfälle hat es keine mehr gegeben. Selbst den Film über das Begräbnis Wyssozkijs durften wir ohne Beanstandungen auf der Olympia-Leitung nach Hamburg überspielen. Bei der Überspielung drängten sich im Regieraum viele sowjetische Kollegen – Redakteure, Techniker, Cutterinnen, Sekretärinnen, Dolmetscherinnen. Das Sowjetische Fernsehen hat nichts über Wyssozkij gebracht. Als wir am nächsten Tag den Film abholen wollen, um ihn in unserem Büro zu archivieren, ist er verschwunden. Er ist bis heute nicht wieder aufgetaucht.

Auf sportlichem Gebiet hat es eine Vielzahl »olympiawürdiger« Leistungen gegeben. Weltrekorde, Europarekorde, Olympiarekorde. Einige Wettbewerbe aber haben deutlich unter dem Fernbleiben der Boykott-Länder gelitten. Das Schwimmen, weil die Amerikaner fehlten. Das Turnen, weil die Japaner nicht dabei waren. Und beim Zehnkampf saß der deutsche Weltrekordler Guido Kretschmar frustriert auf der Zuschauertribüne.

Was die Organisation angeht, hat Moskau, wie die Experten versichern, München und Montreal übertroffen. Dennoch: Olympische Atmosphäre kam nur an wenigen Stellen der Stadt auf. Zu begrenzt waren die Möglichkeiten, miteinander über die Völkergrenzen hinweg in Kontakt zu kommen. Die Hotels und besseren Restaurants waren für die Sowjetbürger geschlossen, die beiden einzigen Straßencafés der Acht-Millionen-Stadt (auf dem Kalinin-Prospekt) ein viel zu kleiner Treffpunkt für die Jugend der Welt. Olympia spielte sich vor allem in Sälen ab – in den geschlossenen Komplexen der Sportarenen und im hermetisch abgeriegelten Olympischen Dorf.

Die Moskauer allerdings erwiesen sich ganz anders, als es viele ausländische Journalisten erwartet hatten. Sie waren aufgeschlossen und hilfsbereit, liebenswürdig und interessiert an Informationen aller Art.

Unzufrieden waren vor allem die sowjetischen Offiziellen – mit der Berichterstattung im Westen. So hat Wladimir Popow, der Pressechef der Spiele, den Massenmedien der Bundesrepublik vorgeworfen, sie hätten viel zu wenig über Moskau berichtet. Und außerdem Erfindungen und Lügen verbreitet: daß die Kinder weggeschafft worden wären, die Lebensmittel nicht reichten, es schlechte Resultate und keine guten Kämpfe gebe.

Nichts dergleichen haben wir berichtet. Aber sein Zorn bezog sich auch auf uns. Wir wissen, warum. Das Interview mit Frau Sacharow ist noch immer nicht vergessen.

1. August 1980
ARD-Empfang im Moskauer Hotel »Kosmos«. Erschienen sind etwa zwanzig sowjetische Offizielle, die ARD-Olympia-Crew, Kollegen anderer Rundfunk-und Fernsehanstalten, die in Moskau akkreditiert sind. Es sind noch zwei Tage bis zum Ende der Spiele. Keiner der sowjetischen Gäste wechselt ein Wort mit mir. Nur der Vertreter des Außenministeriums. Statt »Guten Tag« sagt er: »Packen Sie ihre Koffer!«

Das werde ich tun. In einer Woche, zum lange geplanten Heimaturlaub. Mitte September werde ich in Moskau zurück sein. Wenn man mich wieder reinläßt. Wir werden sehen.

Charaktere – bequem und unbequem

»Gospodin, so geht das nicht!«

15. September 1980
Wir sind aus dem Urlaub zurück. Man hat uns wieder reingelassen. Allerdings hat es gleich Krach gegeben, am ersten Tag. Mit Walja: zum ersten Mal überhaupt, seit sie bei uns arbeitet. Und das sind nun schon über drei Jahre. Angefangen hatte es damit, daß ich Walja die Urlaubsfotos vom Strand in Italien zeigte. Walja schaute sich besonders aufmerksam die Bilder von Nina an. Gewachsen sei sie, meint sie nicht ohne Stolz. Ein richtig großes Mädchen, die Kleine. Und dann fragt sie plötzlich: »Gospodin, mein Herr, ist Nina eigentlich schon getauft?« Mir verschlägt's die Sprache. In der Tat hatten wir schon lange vorgehabt, mit Nina in die Bundesrepublik zu fliegen und sie taufen zu lassen. Doch immer war etwas dazwischengekommen. Mal wurde Nina krank, mal mußte ich plötzlich auf eine Dienstreise, mal paßte es dem Pfarrer nicht, der die Taufe vornehmen sollte. Es hat sich, wie man auf russisch sagt, einfach nicht ergeben. Also antworte ich wahrheitsgemäß: »Nein, bislang noch nicht.«

Walja holt tief Luft. Dann stemmt sie die Hände in die Hüften und sagt streng: »Gospodin, Sie scherzen!«

»Nein«, sage ich, »es hat sich einfach nicht ergeben.«

Walja schüttelt den Kopf. Schließlich macht sie eine wegwerfende Handbewegung und sagt: »Nu, ladno«, was in diesem Fall soviel heißt wie: »Mich können Sie nicht verkohlen.«

»Doch«, sage ich, »es stimmt wirklich.«

Walja setzt sich, rückt ihren Stuhl näher und sagt mit leiser, vorwurfsvoller Stimme: »Gospodin, so geht es wirklich nicht!«

»Wieso?«, frage ich.

»Ich weiß ja nicht, wie es in Deutschland ist«, sagt sie, »aber bei uns werden alle Kinder getauft.« Bei ihr zu Hause wären sie dreizehn Kinder gewesen, und alle seien getauft. Auch ihr Sohn Wolodja wäre getauft. Und überhaupt: Wenn man auch nicht immer darüber rede – getauft würde jedes Kind. Wie wir uns das denn mit Nina dächten? Ob sie wirklich als Heidenkind aufwachsen solle? »Und was wäre denn, wenn – was wir nicht hoffen wollen«, Walja klopft dreimal mit dem Handrücken auf den Tisch, »was wäre, wenn Nina etwas passiert und sie plötzlich in den Himmel kommt, als Heidenkind?« Verantwortungslos wären wir. Und wenn wir schon nicht an Nina dächten, sollten wir doch wenigstens an sie, Walja, denken! Eine Zumutung wäre das, immer mit einem Heidenkind spazierengehen zu müssen.

Ich versuche, sie zu beruhigen. Es wäre doch nun wirklich nicht so schlimm, ob sie ein Jahr früher oder später getauft würde.

»Was«, sagt Walja heftig, und ihre Augen blitzen. »Ich habe meinen Wolodja taufen lassen, als er vier Monate alt war. Und da haben sich schon alle aufgeregt, daß es viel zu spät sei.« Es müsse ja nicht groß gefeiert werden. Man könne es ja auch im kleinen Kreis tun. Es reiche ja, wenn die Mutter oder die Großmutter dabei wären.

»Ladno«, sage ich, »ich verspreche, sie taufen zu lassen.«

»Aber gefälligst bald«, sagt Walja. Steht auf und geht in die Küche. Kopfschüttelnd.

Es würde mich nicht wundern, wenn Walja demnächst heimlich mit Nina in eine Kirche verschwände, um dort das Kreuz über ihr schlagen zu lassen. So machen es schließlich viele Großmütter in Moskau. Und als Ninas Großmutter fühlt sich Walja längst. Sie wird von Nina auch nur so genannt: »Baba Walja«.

Ernste Verwarnung

16. September 1980

Ich bin ins Außenministerium zitiert. Um 10 Uhr kam der Anruf, ich möge mich um 11 Uhr dort einfinden. Eine »Zitation« also, im diplomatischen Sprachgebrauch die strengste Form der Einbestellung. Mir schwant nichts Gutes.

Im Außenministerium empfangen mich zwei Herren von der Presseabteilung. Mit eisiger Miene. Ich kenne die beiden. Sie sind sonst eigentlich ganz umgänglich. Auf verschiedenen Partys und bei anderen Gelegenheiten haben wir schon manches Glas Wodka miteinander getrunken. Das heißt, die Herren trinken in der Regel etwas Besseres, Cognac oder Whisky. Doch diesmal gibt es nicht einmal den obligaten Kaffee aus den kleinen Tassen mit Goldrand. Sie hätten mir eine Erklärung zu übergeben, sagt der eine der Herren und nimmt eine Mappe vom Tisch. Ich erwarte, daß ich jetzt die Mappe ausgehändigt bekomme. Doch nichts dergleichen. Der Herr von der Presseabteilung entnimmt ihr ein Blatt Papier und verliest es.

Gegen mich, so erfahre ich, seien mehrere Beschwerden eingegangen. Beschwerden von den Staatsorganen der UdSSR und von sowjetischen Bürgern. Wegen nächtlicher Ruhestörung und Beleidigung von Amtspersonen. In der Nacht vom 26. auf den 27. Juli dieses Jahres hätte ich mich geweigert, der Aufforderung eines Milizoffiziers nachzukommen, sowie durch eine lautstarke Diskussion mit demselben die Nachtruhe von Bürgern gestört. Die Aussage des Milizoffiziers liege bei. Ebenso die Beschwerden von vielen Sowjetbürgern. Man nehme den Vorfall sehr ernst. Es handle sich um einen Verstoß gegen den Paragraphen über »Chuliganstwo«, zu deutsch etwa »Halbstarkentum«. Nach sowjetischem Recht würden Verstöße gegen diesen Paragraphen mit Arbeits- oder Besserungslager geahndet.

Ich versichere, mir keiner Schuld bewußt zu sein. Ich hätte untadelige Zeugen, die dies bestätigen würden. Sogar einen hochrangigen Diplomaten. Richtig sei, daß ich mich geweigert hätte, ein Gitter zu übersteigen. Wenn meine Bezeichnung dieses Gitters als »sozialistischer Gartenzaun« als Beleidigung empfunden worden wäre, so würde ich dies zutiefst bedauern. Von einem lautstarken Disput mit dem Milizoffizier sei mir nichts bekannt. Wir hätten uns im Gegenteil mit gedämpfter Stimme unterhalten und gemeinsam eine Zigarette geraucht. Marke »Dunhill«.

Ihnen, so einer der beiden Herren, lägen die Aussagen mehrerer Sowjetbürger vor, die sich in ihrer Nachtruhe gestört gefühlt hätten. Wenn dem wirklich so sei, so erkläre ich, möge man mir die Namen und Anschriften der Zeugen nennen. Ich würde mich gerne bei ihnen persönlich entschuldigen. Man werde mir darüber zu gegebener Zeit Mitteilung machen, lautet die Antwort. Vorerst betrachte man den Zwischenfall als eine ernsthafte Belastung meiner Beziehungen zu den sowjetischen Behörden. Man würde sich nicht wundern, wenn ich demnächst einige Schwierigkeiten in meiner Arbeit bekäme. Auch die Genossen vom Sowjetischen Fernsehen, mit denen ich ja zusammenarbeite, seien empört.

Dann werden die Herren versöhnlicher. Da ich mich bisher tadelsfrei geführt hätte und man erwarte, daß ich dies auch in Zukunft täte, wolle man vorerst von einer Anklageerhebung absehen. Aber es solle mir eine Warnung sein. Ich versichere, daß ich mich bisher streng an die sowjetischen Gesetze und Vorschriften gehalten hätte und dies auch in Zukunft zu tun gedächte. Zum Schluß bitte ich, den Text der mir verlesenen Erklärung mitnehmen zu dürfen. Dies, so einer der Herren, sei nicht üblich. Es habe sich um eine »Verbalnote« gehandelt.

Wieder habe ich etwas gelernt.

Noch am selben Tag informiere ich den WDR und die Deutsche Botschaft in Moskau.

Natascha empfiehlt mir, doch mal für einige Zeit die Finger von meinen »Dissidentengeschichten« zu lassen. Sie muß es ja wissen!

Der Rücktritt Kossygins

13. Oktober 1980
Nikolaj Kossygin ist zurückgetreten, aus Gesundheitsgründen, wie es heißt. Ausnahmsweise sind sich diesmal alle Korrespondenten einig, daß es tatsächlich so ist. Kossygin ist schon seit längerer Zeit schwer krank.

Als Ministerpräsident war er mehr als eineinhalb Jahrzehnte die unbestrittene Nummer zwei in der sowjetischen Führungsspitze. Seine westlichen Gesprächspartner haben ihn als emotionslosen, aber überaus sachkundigen und engagierten Politiker kennengelernt. Er galt als der Steuermann der sowjetischen Wirtschaft – eine Einschätzung allerdings, die seinem politischen Talent wohl nicht völlig gerecht wird. Denn um in der Sowjetunion politisch so lange und auf so exponiertem Posten zu überleben, bedarf es weit mehr als nur hervorragenden Wirtschaftsverstands.

Bereits mit 34 Jahren war er – der Sprößling einer Arbeiterfamilie – Oberbürgermeister von Leningrad. Während des Zweiten Weltkriegs war er zuständig für die Panzerproduktion und die Beschaffung von Winterkleidung für die Rote Armee. Noch unter Stalin rückte er in das höchste sowjetische Führungsgremium, das Politbüro, auf. Er war Finanzminister, Minister der Leichtindustrie, Minister der Nahrungsmittelindustrie, Chef der Plankommision – bis er 1964 die höchste Stufe im Regierungsapparat erklomm und Ministerpräsident wurde.

Politisch war er eher den »Tauben« zuzurechnen. Er stimmte 1968 gegen den Einmarsch in die Tschechoslowakei und gilt in den Augen vieler westlicher Diplomaten als der eigentliche Initiator der Entspannungspolitik auf sowjetischer Seite. Jedenfalls stand er in dem Ruf, stets mehr für Konsum als für Rüstung eingetreten zu sein. Die Entscheidung, in Afghanistan einzumarschieren, das wissen wir, fiel, als er mit einem Herzinfarkt im Krankenhaus lag.

Bei der Bevölkerung galt er als menschlich integer; in gewissem Maße war er sogar populär. Seine Versuche, die sowjetische Wirtschaft in Richtung Westen zu öffnen und den Handel mit den kapitalistischen Ländern zu intensivieren, haben ihm die Zustimmung breiter Kreise eingetragen. Für die Politiker des Westens, so hat es Willy Brandt einmal ausgedrückt, war er ein Staatsmann, der dazu beitrug, daß trotz aller politischen und ideologischen Wechselbäder das Verhältnis zwischen Ost und West noch immer berechenbar blieb.

Ein Nachfolger mit vergleichbarer wirtschaftlicher Kompetenz ist bereits aufgebaut – Nikolaj Tichonow. Ob er auch die politische Autorität Kossygins haben wird, bleibt abzuwarten.

Mit einem politischen Nachruf in den »Tagesthemen«, in denen wir all diese Punkte erwähnten, haben wir heute Kossygin gewürdigt. Der Nachruf ist ungekürzt gelaufen.

Kampagne gegen Korrespondenten

15. Oktober 1980

Eine wüste Attacke hat heute die sowjetische Fachzeitschrift »Journalist« gegen westliche Korrespondenten in Moskau geritten. Namentlich erwähnt werden außer uns Siegfried Kogelfranz vom »SPIEGEL«, Dietrich Mummendey von »Die Welt«, die Korrespondenten des Französischen Fernsehens, der italienischen Zeitung »Corriere della Sera« und der spanischen Zeitung »El Pais« sowie einiger amerikanischer Blätter. Uns wird vorgeworfen, die »sowjetische Wirklichkeit aus einer Position der Böswilligkeit und der Feindschaft« darzustellen. Wir wären voreingenommen, würden mit »Lügen« und »Tricks« arbeiten und schürten »Mißtrauen und Feindseligkeit gegenüber der UdSSR«.

Eine spezielle Attacke wird gegen Craig Whitney von der »New York Times« geritten. Was er aus Moskau schreibe, seien die »Alpträume eines Geisteskranken«. Dabei gilt Craig als besonders erfahrener und besonnener Kollege unter den Korrespondenten in Moskau. Ich kenne ihn schon aus seiner Bonner Zeit. Wir haben in Moskau viele gemeinsame Bekannte...

Wladimir Wojnowitsch

23. Oktober 1980

Zu Besuch bei Wladimir Wojnowitsch. Er hat ein paar ausländische Korrespondenten eingeladen, darunter Klaus Kuntze, Samuel Rachlin vom Dänischen Radio, einen französischen und einen amerikanischen Kollegen sowie Jürgen und mich. Er möchte eine Erklärung abgeben.

Der Schriftsteller Wojnowitsch gilt als der beste russische Satiriker unserer Zeit. So hat ihn jedenfalls die »Neue Zürcher Zeitung« bezeichnet, und ich bin überzeugt, daß er mit diesem Urteil auch in die Literaturgeschichte eingehen wird. Wenn auch nicht in die offizielle sowjetische.

Seine Bücher, darunter »Die Abenteuer des Soldaten Tschonkin«, »Iwankiade« und »Brieffreundschaften«, sind in mehr als 25 Sprachen übersetzt, auch ins Deutsche. Wojnowitsch ist Mitglied der Bayerischen Akademie der schönen Künste und des französischen PEN-Club. In Moskau bewohnt er mit seiner Frau Ira und seiner sechsjährigen Tochter Olga eine Zweizimmerwohnung im sogenannten Schriftstellerviertel im Nordosten der Stadt.

In der Sowjetunion ist Wojnowitsch eine Unperson, ein Verfemter. Durch seine satirische Darstellung der sowjetischen Wirklichkeit hat er sich bei den Behörden unbeliebt gemacht. Dabei besteht seine Satire lediglich darin, daß er die Verhältnisse realistisch schildert. Zum Beispiel in der »Iwankiade«, in der er seinen jahrelangen Kampf um eine größere Wohnung beschrieben hat. Als er 1974 in einem offenen Brief gegen die Ausweisung Solschenizyns protestierte, wurde er aus dem Schriftstellerverband ausgeschlossen. Für einen sowjetischen Schriftsteller bedeutet das die Vernichtung seiner materiellen Existenz. Seine Werke dürfen nicht mehr gedruckt werden, er erhält keine Tantiemen, fällt aus dem sozialen Netz der Krankenfürsorge und Altersrente. Wenn wir mit Menschen wie Wojnowitsch zusammentreffen, fragen wir uns immer wieder, auf welche Weise sie überhaupt leben können. Meist sind es Freunde und Familienangehörige, die sie irgendwie über Wasser halten.

Wojnowitsch ist 48 Jahre alt, klein, grauhaarig. Mit einem breiten, gutmütigen Gesicht und flinken, machmal schalkhaft aufblitzenden Augen. Von Haus aus ist er Tischler. Heute wirkt er müde, seine Bewegungen sind schleppend. Er ist offensichtlich krank. Seit Anfang des Jahres, so wissen wir, drängen ihn die Behörden auszureisen. Wojnowitsch spricht keine Sprache, außer Russisch.

Zunächst entschuldigt er sich. Es sei ihm äußerst unangenehm, die Aufmerksamkeit auf seine Person zu lenken. »Aber die Ereignisse zwingen mich dazu. Denn was mit mir geschieht, ist nicht nur eine persönliche Angelegenheit. In ihr spiegelt sich vielmehr die allgemeine Situation wider.«

Wojnowitsch macht eine Pause. Er ist sichtlich erschöpft. Dann fährt er fort: »Wie Sie wissen, hat man mir Anfang des Jahres empfohlen, die Sowjetunion zu verlassen. Man hat mir erklärt, daß – falls ich nicht ausreise – mir große Gefahren drohen: Ich könnte in eine Autokatastrophe geraten, in eine Straßenschlägerei verwickelt werden oder das Opfer einer Provokation werden, die mich auf die

Anklagebank bringen könnte. Und wenn der Westen daraus ein Spektakel machen würde, so erklärte man mir, würde man darauf spucken.«

Wojnowitsch macht wieder eine Pause. »In den letzten zwölf Jahren habe ich Drohungen ähnlicher Art und sogar noch schlimmere häufig zu hören bekommen. Ich habe sie mißachtet, und ich mißachte sie auch jetzt. Doch die Jahre sind nicht spurlos an mir vorübergegangen: Ich bin müde geworden, für das Recht zu kämpfen, ich selbst zu sein.«

Dann berichtet Wojnowitsch, daß er sich bereit erklärt habe, auszureisen. Unter der Bedingung, daß er sein Archiv und seine Bibliothek mitnehmen könne. Man sei darauf eingegangen und habe ihm erklärt, daß er im September ausreisen könnte.

»Den ganzen Sommer«, so Wojnowitsch, »haben wir uns auf die Ausreise vorbereitet. Uns von Verwandten und Freunden verabschiedet, unseren Hausstand aufgelöst. Ich selbst habe einen Herzinfarkt erlitten, die Eltern meiner Frau sind aus Gram über die bevorstehende Trennung gestorben. Doch als ich vor einigen Tagen meine Ausreisepapiere abholen wollte, wurde mir mitgeteilt, daß noch gar nicht entschieden sei, ob ich überhaupt fahren dürfte. All das Leid, das man unserer Familie angetan hat, war, so scheint es, umsonst.«

Dann holt Wojnowitsch einen vorbereiteten Text aus der Schublade seines Schreibtisches. Dies sei eine offene Erklärung, die er an die Behörden gerichtet habe. Nun möge sie die ganze Welt erfahren, er habe keinen anderen Ausweg mehr. Er beginnt zu lesen:

»Ich wende mich an Euch, die Ihr für das Leid meiner Familie verantwortlich seid, die Ihr Euch an Eurer eigenen Macht berauscht. Wollt Ihr nicht begreifen, daß Eure Strafmöglichkeiten gegenüber einem einfachen, standhaften Schriftsteller nicht nur begrenzt sind, sondern nahe bei Null liegen? Einen Beliebigen von Euch kann man von der Arbeit fortjagen, und er wird ein Niemand sein. Auch mich als ein lebendiges Wesen kann man vernichten. Als Schriftsteller aber könnt Ihr mich nicht aus der Literatur jagen. Das liegt nicht in Eurer Macht. Aus der Geschichte unseres Vaterlandes müßtet Ihr wissen: Je mehr ein Schriftsteller geächtet wird, umso länger existieren seine Bücher. Sie überleben nicht nur ihn selbst, sondern auch seine Verfolger.«

Wojnowitsch hält inne, trinkt einen Schluck Wasser, dann liest er weiter.

»Meine Erklärung ist sicher nicht nach Eurem Geschmack. Aber daran, daß sie erscheint, seid Ihr schuld. Ich wollte keinen Skandal. Ich wollte und will nur das schreiben, wozu mich meine Berufung veranlaßt: Romane und Erzählungen. Deshalb möchte ich jetzt so schnell wie möglich von Euch weg. Ihr seid meiner überdrüssig, aber auch ich habe Euch voll und ganz satt! Wenn Ihr Euch erniedrigen und alle Eure Macht einsetzen wollt, um mit mir abzurechnen, so stehe ich Euch zu Diensten.

Wladimir Wojnowitsch, 23. Oktober 1980.«

Wojnowitsch ist erschöpft. Seine Frau Ira nimmt ihn in die Arme. Wir mögen ihn verstehen, sagt sie leise. Dann weint sie.

Abschied von Kopelew

11. November 1980

Übermorgen werden Lew und Raja Kopelew ausreisen. Nach Deutschland. Für ein Jahr. Auf Einladung Heinrich Bölls. Zehn Jahre haben sie auf diesen Tag gewartet. Immer wieder wurden ihre Bitten um eine Besuchsreise in die Bundesrepublik abgelehnt. Jetzt sitzen wir zum letztenmal in ihrer kleinen Küche in der Krasno-Armejskaja-Straße. Wie immer ist die Küche voller Freunde und Bekannter. Wolodja Kornilow ist da, der Schriftsteller, ein Literaturprofessor aus den USA, eine befreundete Germanistin aus Leningrad, eine der erwachsenen Töchter der Kopelews, ein junger Philosophiestudent, der von der Universität verwiesen wurde, weil er in einer Samisdat-Zeitschrift einen Artikel veröffentlicht hatte. Samisdat werden jene Druckerzeugnisse genannt, die illegal erscheinen und von Hand zu Hand verbreitet werden. Mit Schreibmaschine geschrieben, immer und immer wieder vervielfältigt.

Auf dem Gasherd summt wie üblich der Teekessel, auf dem Tisch stehen Käse und Sucharki, getrocknete, kleine Brotstückchen. Die Stimmung ist gedrückt. Alle wissen, daß es ein Abschied für immer sein wird. Zu viele schon sind ausgereist, mit einem Besuchsvisum – und dann plötzlich ausgebürgert worden. Zuletzt Pjotr Grigorenko, jener streitbare Kämpfer für die Rechte der nationalen Minderheiten, der als General im Zweiten Weltkrieg in derselben Einheit wie Leonid Breschnew diente. Nur Lew Kopelew scheint an eine Rückkehr zu glauben. Mit fast kindlichem Trotz erklärt er immer wieder, in einem Jahr würden sie sich wiedersehen. In Moskau. Ihm würde es nicht so gehen wie den anderen. Er würde sich im Westen jeder politischen Tätigkeit, auch jeder politischen Äußerung enthalten. Er würde den Behörden keinen Vorwand geben, ihm die Rückkehr in die Heimat zu verwehren. Er wolle seine Studien über Heine und Goethe fortsetzen und in Bad Münstereifel endlich sein Buch über Friedrich Haass beenden. Eine schöne Zeit würde es. Endlich könnten sie den Teil der Welt sehen, von dem sie bislang immer nur geträumt haben.

Raja Kopelew sieht es anders. Sie hat vor zwei Wochen begonnen, Deutsch zu lernen. »Ich weiß«, sagt sie, »daß ich es lange brauchen werde.«

Die Polen lesen Lenin nicht

25. November 1980
Was bis vor kurzem undenkbar war, ist nun geschehen: Die sowjetischen Massenmedien nennen die Vorgänge in Polen offen beim Namen. Zum erstenmal wird heute in der »Prawda« im Zusammenhang mit Polen das Wort »Streik« gebraucht – ein Wort, das es in einem sozialistischen Land eigentlich gar nicht gibt.

Bislang haben die Sowjetbürger den Vorgängen in Danzig und Warschau eher ratlos gegenübergestanden. Und dies nicht nur wegen der knappen und verschleiernden Informationspolitik der sowjetischen Massenmedien. Vielmehr verstehen viele Leute, mit denen wir in Moskau sprechen, schlicht und einfach nicht, was in Polen vor sich geht. Bislang haben die sowjetischen Zeitungen nur berichtet, daß in Polen eine »komplizierte Situation« herrsche, daß zeitweise »unrhythmisch« gearbeitet werde und die wirtschaftliche Situation des Landes »sehr schwierig« sei. »Antisozialistischen Elementen«, so war in Moskauer Zeitungen zu lesen, sei es gelungen, in eine Reihe von Betrieben in Danzig, Stettin und anderen Städten der polnischen

Ostseeküste einzudringen. Dort hätten sie sich darangemacht, die Arbeiter für »konterrevolutionäre Ziele« aufzuwiegeln. Aber letztendlich sei es den positiven Kräften, mit den polnischen Kommunisten an der Spitze, gelungen, einen »fruchtbaren Prozeß der Regelung und Normalisierung der Atmosphäre im Lande« einzuleiten. Mit Natascha hatte es im Büro einen heftigen Streit gegeben. Diese Polen, so Natascha, seien doch bekannt dafür, daß sie nicht arbeiteten. Dennoch ginge es ihnen viel besser als den meisten Sowjetbürgern. Man brauche sich doch nur einmal die polnischen Kosmetika, die polnischen Haushaltsgeräte, die polnischen Obst-und Gemüsekonserven anzuschauen, die überall in Moskau verkauft würden. Der hohe Lebensstandard der Polen käme doch nur daher, daß sie von der Sowjetunion wirtschaftlich unterstützt würden. Und trotzdem seien sie noch antisowjetisch. So wie sie in ihrer ganzen Geschichte antirussisch gewesen seien. Sie wolle gar nicht an Sagorsk erinnern und an die Polen vor Moskau, das sei alles lange her. Aber noch im 20. Jahrhundert, nach der Oktoberrevolution, hätten die polnischen Truppen unter General Piłsudski Kiew besetzt und dort eine Siegesparade abgehalten. Im heiligen russischen Kiew! Jetzt, so Natascha weiter, sei doch Polen fast ein westliches Land. Die Leute dort, das wüßte sie, könnten frei reisen, westliche Zeitungen kaufen; die Bauern hätten alle privaten Landbesitz und würden nicht, wie es sich für ein sozialistisches System gehöre, in Kolchosen leben. Und über die Kirche und diesen polnischen Papst wolle sie gar nicht erst reden. Diese Leute sollten lieber arbeiten. Zum Streiken hätten sie gar keinen Grund.

Nachdem sie Luft abgelassen hat, wird Natascha wieder ruhiger. Halb scherzend, halb ernsthaft erklärt sie, in Moskau gebe es zwei Theorien, was mit Polen eigentlich geschehen müßte. Die einen sagen, Polen müsse die siebzehnte Sowjetrepublik werden, damit man endlich alles in den Griff bekommen und sich nicht von diesem kleinen Volk an der Grenze auf der Nase herumtanzen lassen müßte. Die anderen meinten, um Himmels willen, wir haben innerhalb der Sowjetunion schon die Probleme mit den Ukrainern, den Balten, den Georgiern. Bloß nicht noch die Polen als siebzehnte Sowjetrepublik. Einig aber, so Natascha, seien sich beide Lager: In Polen müsse Ordnung gemacht werden. Notfalls mit brüderlicher Hilfe.

Was die sogenannten »freien Gewerkschaften« angehe, so habe schon Lenin das Seine dazu gesagt. Die »Prawda« hat es unlängst wiederholt. »Freie Gewerkschaften«, so Lenin, seien eine »bourgeoise Provokation«; die Forderung nach ihnen Ausdruck »unüberlegten Verhaltens«. Diese Gewerkschaften, so Lenin, würden sich nur deshalb »frei« nennen, weil sie »frei« seien von den Endzielen des Kampfes der Arbeiterklasse für den Sozialismus. Und »unabhängig« seien sie nur deshalb, weil sie »unabhängig von den Gesamtinteressen des werktätigen Volkes« handelten. Sagte Lenin. »Aber Lenin«, so Natascha, »lesen diese Polen ja nicht...«

Parade der Plastikpanzer

20. Dezember 1980
Heute mittag ist Jürgen vorübergehend festgenommen worden. Wir arbeiten an einem Film über Weihnachten in Moskau. Darin soll auch eine Sequenz über Kinderspielzeug vorkommen; vor allem über den Verkauf von Kriegsspielzeug, der in der Sowjetunion von Staats wegen gefördert wird: als Beitrag zur patriotischen Erziehung. Um dies richtig ins Bild setzen zu können, hatte Jürgen auf dem Roten Platz kleine Plastikpanzer zu einer Parade aufgebaut. Die Miliz kannte keinen Spaß und schritt sofort ein. »Provokation der sowjetischen Behörden«, lautet die Beschuldigung. Jürgen ist inzwischen wieder auf freiem Fuß. Wir warten auf die diplomatischen Verwicklungen, die folgen.

Beziehungen – innen und außen

Russisches Weihnachten

6. Januar 1981
Es wird nach dem alten Kalender am 6. und 7. Januar gefeiert.
Wir sind in Susdal, einem der »heiligen« Orte der russischen
Geschichte. Mehr als vier Stunden haben wir für die etwa 200 Kilometer von Moskau gebraucht. Immer in östlicher Richtung, durch
tiefverschneite Landschaft, über Straßen, auf denen der Schnee nicht
geräumt, sondern nur festgefahren wird. Hin und wieder wirft ein
Streuwagen etwas Sand. Er wird vom dicht fallenden Schnee sofort
wieder zugedeckt. Mit dabei Klaus Kuntze, seine Frau Alexandra
sowie deren Kinder Boris und Kristina, zwölf und neun Jahre alt.
Kristina, genannt Kika, ist Ninas beste Freundin.

Einst war Susdal das politische und geistliche Zentrum ganz Nord-
ostrußlands, die Nachfolgerin des großfürstlichen Kiew, der »Mutter der russischen Städte«. Mehr als siebzig Kirchen und Klöster
beherbergte Susdal in seinen Mauern, darunter die Christi-Geburts-
Kathedrale aus dem 13. Jahrhundert, eines der berühmtesten Denkmäler der alten russischen Architektur. In Susdal arbeiteten einige
der bedeutendsten russischen Ikonenmaler. Viele ihrer Werke befinden sich heute in der Moskauer Tratjakow-Galerie und im Russischen Museum in Leningrad. Aber auch in Susdal selbst sind wun-
derschöne Fresken aus dem 13. und 14. Jahrhundert erhalten und
liebevoll restauriert. Den zentralen Teil der Stadt bildet auch hier die
tratitionell »Kreml« genannte Befestigungsanlage, deren Mauern und
Türme sich hoch über dem Ufer des Flüßchen Kamenka, einem
Nebenfluß der Oka, erheben.

Heute ist Susdal eine Museumstadt. Nur noch rund 10 000 Einwohner leben hier, ein stiller Provinzort. Nähert man sich ihr von Moskau, so glaubt man zunächst an eine Filmkulisse – eine Kulisse aus einem Film über das mittelalterliche Rußland. Von Sergej Eisenstein etwa oder Andrej Tarkowskij. Aus einer unendlichen Schneewüste ragt eine bizarr gezackte Silhouette von Glockentürmen, Kirchen und Kuppeln. Manche weiß gestrichen, manche blau, manche vergoldet. Dazwischen flache Holzhäuschen.

In die Stadt selbst allerdings hat die Neuzeit Einzug gehalten. Auf den Straßen Autoverkehr wie in allen anderen sowjetischen Provinzstädten; ein zentrales Kaufhaus, Kinos, Restaurants. Von den unzähligen Kirchen ist nur noch eine einzige »in Betrieb«, wie es auf russisch heißt. Die anderen werden als Architekturdenkmäler erhalten oder dienen profanen Zwecken: als Lagerhaus, Garage oder Turnhalle.

Der Weihnachtsgottesdienst ist gut besucht. Es sind allerdings fast nur ältere Frauen da. Die Kirche macht einen überaus gepflegten Eindruck. Vor Beginn des Gottesdienstes haben sogar Glocken geläutet, was eigentlich in der Sowjetunion verboten ist. Aber vielleicht gelten im alten Susdal eigene Gesetze.

Nach dem Gottesdienst, der nicht wie die Ostergottesdienste bis zum frühen Morgen dauert, sondern nur bis Mitternacht, kommen wir mit dem Priester ins Gespräch, einer imposanten, wohlgenährten Erscheinung mit einem gutmütigen Kindergesicht, eingerahmt von einem schütteren Bart. Es ist Vater Valentin, von dem wir in Moskau schon viel gehört haben – aus unterschiedlichen Gründen. Wir bestellen Grüße von Freunden. Er ist erfreut, Gästen aus dem Ausland seinen ganzen Stolz zeigen zu können – die von Grund auf renovierte Kirche. Fast zerfallen wäre das Gotteshaus gewesen, als er vor einigen Jahren die Gemeinde hier übernahm. Aber dann habe er von den Behörden die Gehnehmigung ertrotzt, die Kirche wieder herrichten zu dürfen. Der vorgesetzte Bischof im benachbarten Wladimir habe zwar ein wenig eifersüchtig herübergeschielt, ihn dann aber gewähren lassen. Geld habe er allerdings von keiner Seite bekommen. Nur von den Mitgliedern seiner Gemeinde. Und diese seien eigentlich die Ärmsten der Armen. Aber opferfreudig. Auch Baumaterial habe er offiziell keines erhalten. Aber man könne ja schließlich »organisieren«. Heute sei seine Kirche die schönste weit und breit. Mit einem vergoldeten Kruzifix im Altarraum, herrlichen Ikonen und Wandmalereien wie in alten Zeiten. Alles ausgeführt von seinen Gläubigen. Auch einen Kirchenchor habe er gegründet, in dem sogar eine Reihe junger Leute singe. Als wir nach seinen Kirchenglocken fragen, blinzelt er listig. Darüber, so meint er, habe er sich mit dem Parteisekretär verständigt. Mehr wolle er nicht sagen. Es reicht auch so.

Für morgen hat er uns zum Weihnachtsessen in seine Wohnung eingeladen.

7. Januar 1981

Vater Valentins Wohnung entpuppt sich als kleines, malerisches Holzhaus in einer Senke neben der Hauptstraße. Der Schnee reicht bis unter die Fenster, deren Läden reich mit Schnitzereien verziert sind. Im Inneren ist es anheimelnd und warm, richtig gemütlich – «ujutnyj« –, auch im Russischen gibt es dieses Wort. Die Einrichtung wirkt für russische ländliche Verhältnisse fast luxuriös: An den Wänden hängen kostbare, handgeknüpfte Teppiche aus dem Kaukasus, der Heimat Vater Valentins. Die Ikonen und Schränke sind erlesene Werke russischer Handwerkskunst.

Der Priester von Susdal lebt nicht ärmlich.

Ohne die hohe, runde Priestermütze sieht Vater Valentin übrigens viel jünger aus. Gestern abend haben wir ihn auf 55 Jahre geschätzt – es stellt sich heraus, er ist nach knapp vierzig.

Vater Valentin bittet zu Tisch. Zwölf Gänge werde es geben, sagt er, nach alter russischer Weihnachtstradition. Alle habe er selbst zubereitet. Unterstützt von einigen Helfern aus der Gemeinde. Doch zunächst wolle er, wie es Brauch ist, die Gäste begrüßen. Er öffnet eine Flasche Wodka und füllt die Gläser. Es sind Pokale aus feinstem geschliffenen Kristall. »Auf eine gesegnete Weihnacht und das Wohl meiner Gäste, die den weiten Weg in meine bescheidene Hütte nicht gescheut haben.« Wir leeren die Gläser, wie es sich gehört, in einem Zug. Auch Vater Valentin. Für die Kinder gibt es Blaubeersaft. Dann ermuntert uns der Gastgeber zuzugreifen. Auf dem Tisch stehen die »Sakuski«, die kalten Vorspeisen. Verschiedene Sorten Wurst, Speck, Sülze, Eier, Ölsardinen, eingelegte Gurken und Pilze, Zwiebeln,

Knoblauchzehen, Käse und Schwarzbrot. Vater Valentin gießt nach. Wir leeren das zweite Glas, wie es sich gehört. Dann bittet uns Vater Valentin in die Küche. In der Mitte der Küche steht ein riesiger Tisch, darauf Berge von Fleisch, Schüsseln mit Teig, Töpfe, in denen offensichtlich Suppen und Soßen sind. An der Stirnseite des Raums befindet sich ein Backofen, wie wir ihn sonst nur aus alten Bäckereien kennen. Hier, so erklärt Vater Valentin, backe er nicht nur sein Brot selber, sondern auch vieles andere. Wir würden schon noch sehen.

Nachdem wir seine Gehilfen, eine ältere Frau und einen jungen Mann, seinen Diakon, begrüßt und ausführlich die vielen handbemalten hölzernen Brettchen, Teller, Tassen, Schalen, Schüsseln und Löffel bewundert haben, kehren wir wieder zurück an den Eßtisch. Dort ist inzwischen der zweite Gang aufgetragen: eine Pilzpastete, gebacken in kleinen, bunten Holzschälchen. Eine Delikatesse. Es folgen als weitere Gänge eine fette Suppe, gut gegen die Kälte draußen, wie Vater Valentin versichert, Bliny, russische Eierpfannkuchen, gefüllt mit saurer Sahne, Hühnchen auf grusinische Art, Hammelfleisch, gebratene Pilze und immer wieder Wodka. Wir müssen längere Pausen machen, vertreten uns in der Küche die Beine, schauen beim Zubereiten der nächsten Gänge zu und werden immer wieder von Vater Valentin »zur Arbeit«, wie er es liebevoll nennt, an den Tisch zurückgeholt. Schließlich hätten wir noch längst nicht alles probiert, und seine Helfer und er wollten sich doch die Mühe nicht umsonst gemacht haben.

Das Gespräch mit ihm wird immer offener. Natürlich, so meint er, habe es die Kirche schwer. Es sei ja schließlich ein atheistischer Staat. Aber immerhin sei es doch bemerkenswert, daß von den mehr als 250 Millionen Sowjetbürgern etwa 50 Millionen gläubige Christen seien. Natürlich, wer Karriere machen wolle, im Beruf und in der Gesellschaft, halte sich von der Kirche fern, was aber nicht heiße, daß der Betreffende vielleicht nicht doch gläubig sei. Er fürchte nur, es zu zeigen – im Gegensatz zu seinen alten Mütterchen im Gottesdienst, die nichts mehr zu verlieren hätten. In Susdal habe er aber auch festgestellt, daß seit einiger Zeit immer mehr jüngere Leute in die Kirche kommen. Getauft würden ohnehin sehr viele. Sogar Kinder von Parteimitgliedern. Die brächten die Täuflinge heimlich in die Kirche. Und wenn man sich mit den Oberen gut stelle, könne man eine ganze Menge erreichen. Nicht nur das mit den Glocken. In Susdal führten sie auch alljährlich eine Prozession durch, unter freiem Himmel, was sonst verboten sei. Im Frühjahr, wenn das Tauwetter beginnt, zur Wasserweihe. Von der Kirche zum Fluß und zurück. Wenn wir wollten, könnten wir sie gern filmen. Natürlich nach Zustimmung der Regierungsbehörde für Religionsfragen in Moskau. Sein Traum, so bekennt er freimütig, sei, einmal Bischof zu werden. Am liebsten im benachbarten Wladimir. Dann hätte er nicht nur wie jetzt neunzehn Dörfer zu betreuen, sondern zweihundert. Aber er würde auch nach Sibirien gehen. Oder zurück in den Kaukasus. Hauptsache: als Bischof. Dann könnte man doch erst so richtig etwas für die Kirche tun. Allerdings, so meint er, habe er Zweifel, ob sein Traum jemals in Erfüllung ginge. Sich an einem einzelnen Ort mit den Behörden zu arrangieren, das ginge ja noch. Aber in einem ganzen Gebiet – das müßte Mißtrauen wecken. Bei den Oberen von Partei und Verwaltung ebenso wie bei der Kirchenführung.

Aber wie dem auch sei, so schließt er, wenn nichts klappe, würde er eben Priester in Susdal bleiben. Einen so schönen Ort und eine so schöne Kirche bekäme er ohnehin nicht wieder. Und leben könne man hier auch. Wir hätten es ja gesehen.

Die Torten werden aufgetragen, der letzte Gang. Dazu gibt es heißen Tee aus einem wunderschönen alten Samowar.

Als wir gehen, müssen wir ihm versprechen, wiederzukommen. Wir sollten uns nur etwas früher anmelden. Dann könnte er einmal ein richtiges Festessen vorbereiten.

Unser Weg zum Hotel führt uns ein paar Kilometer über freies, tiefverschneites Feld. Die Nacht ist sternenklar und kalt. Wir gehen zu Fuß.

»Tröste meine Trauer«

21. Januar 1981
Moskau. Sie haben Lew Kopelew und seine Frau ausgebürgert. Die Ausbürgerungsurkunde trug die Unterschrift Leonid Breschnews. Der WDR macht eine Sondersendung. Ein Buch von Kopelew heißt: »Tröste meine Trauer«.

Glückwunsch für Reagan

22. Januar 1981

Kursänderung in den USA: Ronald Reagan, der neugewählte Präsident der USA, hat sein Amt angetreten. Leonid Breschnew hat ihm ein Glückwunschtelegramm geschickt. Es steht heute in der »Prawda«. Der Text allerdings wirkt kühl: »Ich bin davon überzeugt«, so Breschnew an Reagan, »daß eine positive Entwicklung der Beziehungen zwischen der UdSSR und den USA der Gesundung der internationalen Lage und der Festigung des Friedens dienen würde.«

Bis zuletzt hatte man in Moskau auf Jimmy Carter gesetzt. Man mochte ihn zwar nicht, doch man kannte ihn immerhin; auch wenn man ihm jetzt so ziemlich alle Schimpfwörter hinterherwirft, die sich im politischen Vokabular der Supermächte finden. Er habe, so TASS dieser Tage, einen »abenteuerlichen Kurs« gesteuert; versucht, »die Entspannung zu untergraben«; einen »sinnlosen Rüstungswettlauf begonnen« und die »antisowjetische Hysterie« geschürt. Mit besonderer Genugtuung wird festgestellt, daß seine Menschenrechtspolitik »Schiffbruch« erlitten hat.

In der Tat: In diesem Punkt hat die sowjetische Presse recht. Schon lange nicht mehr wurden so viele Regimegegner und Anhänger der Menschenrechtsbewegung in der Sowjetunion vor Gericht gestellt und abgeurteilt wie zur Amtszeit Jimmy Carters.

Was Ronald Reagan angeht, so tröstet man sich damit, daß noch kein amerikanischer Präsident gehalten hat, was er im Wahlkampf versprach. Also wird auch der Präsident Ronald Reagan nicht so militant antikommunistisch und sowjetfeindlich sein, wie es der Wahlkämpfer Reagan war. Seit er Präsident ist jedenfalls, sind alle direkten Angriffe auf ihn unterblieben. Man wartet ab und hält sich alle Türen offen.

1. Februar 1981

Ronald Reagan hat die Sowjetunion öffentlich beschuldigt, »jedes Verbrechen zu begehen, zu lügen und zu betrügen, um die Weltherrschaft« zu erlangen.

Die sowjetischen Zeitungen haben ihren Lesern diese Aussagen verschwiegen. Sie haben lediglich berichtet, daß der amerikanische Präsident die Sowjetunion in »unwürdiger Weise« angegriffen habe. Fast beschwörend hat die »Prawda« hinzugefügt, daß es noch »Möglichkeiten« gebe, ein »Abgleiten« in einen neuen kalten Krieg zu verhindern. Sehr hoffnungsvoll klingt es allerdings nicht.

Frauentag

7. März 1981
Ab heute mittag wird in Moskau nicht mehr gearbeitet. Nirgendwo. Nicht mehr im Büro der ARD und nicht mehr im Außenministerium, nicht mehr in den Redaktionen des Sowjetischen Fernsehens und nicht mehr bei der Baubrigade in unserem Hinterhof. Der Grund: Morgen ist der 8. März, der Internationale Frauentag. In der Sowjetunion ein offizieller Feiertag. Und nach alter Tradition wird bereits am Vortag mit dem Feiern begonnen – wie in deutschen Büros und Betrieben etwa am Tag vor Weihnachten. Nur etwas intensiver.

Wie es Brauch ist, haben wir in den vergangenen Tagen kreuz und quer durch Moskau Flaschen verteilt – an die Damen vom Zoll auf dem Flughafen, an das Mädchen bei »Intourist«, das Hotelreservierungen macht, an die Kollegin, die beim Sowjetischen Fernsehen für die Leitungsbestellungen zuständig ist, an die Verkäuferinnen im Lebensmittelladen für Ausländer, an die Frauen, die im Hof unsere Wagen waschen, an die Polizeibeamtin, die unsere Visaanträge bearbeitet, an die Ärztin in der Poliklinik, an die Chefin der Zentralen Theaterkasse usw. Mehr als fünfzig Flaschen – Parfum oder Likör – hat Boris an die Frau gebracht. Dienstlich. Der Revision in Köln werden sich wie jedes Jahr die Haare sträuben. Aber das Gesetz über die große Wirkung kleiner Geschenke ist auch in Moskau ein Naturgesetz. Wer es nicht beachtet, ist verloren. Zumindest beruflich.

Auch bei uns im Büro wird gefeiert. Wir, das heißt in diesem Fall die Männer, haben Torten gekauft, ein paar Flaschen Sekt und Blumen. Letztere zu erstehen ist ein Abenteuer. Vor den wenigen Moskauer Blumengeschäften und kleinen Blumenständen auf den Kolchosmärkten drängen sich an diesem Tag riesige Schlangen. Das einzige Mal im Jahr nicht Frauen, sondern Männer. Und nicht selten passiert es, daß die letzte traurige Nelke gerade verkauft ist, wenn man drankommt.

Natascha findet so einen offiziellen Frauentag mehr als gerecht. Doch im Grunde sei auch er Augenwischerei. Die Hauptlast des Alltags trügen ohnehin die Frauen. 90 Prozent der sowjetischen Frauen seien berufstätig. Nicht weil es ihnen Spaß mache, sondern weil anders die Familie nicht zu ernähren sei. Im Haushalt, so Natascha, würden die russischen Männer sowieso keinen Finger rühren. Auch das Einkaufen und Schlangestehen sei Sache der Frauen. Und Schlangestehen müße man praktisch nach allem: nach Fleisch und Wurst, Gemüse und Obst – wenn es welches gäbe. Die Preise auf den privaten Märkten könne sich ohnehin niemand leisten. Zumindest keine Durchschnittsfamilie.

Wie ernst der Frauentag genommen wird, beweist die Tatsache, das ihm Leonid Breschnew jedes Jahr eine Ansprache widmet. In diesem Jahr hat er zum wiederholten Mal festgestellt, wie schwierig es noch immer ist, Mutterpflichten und Beruf in der Sowjetunion auf einen Nenner zu bringen. Es fehle nach wie vor an Kindergärten, Ganztagsschulen und Möglichkeiten zur gemeinsamen Erholung von Eltern und Kindern. In der Regel müßten Eltern und Kinder getrennt in Urlaub fahren. Nicht einmal ein bezahltes Babyjahr gebe es. Allerdings sei dessen Einführung jetzt konkret geplant. Für den nächsten Fünf-Jahrplan.

Als wir am Abend unser Büro verlassen, erklingt aus der Wohnung des Kommandanten, wie der Hausverwalter unseres Ausländerghettos genannt wird, ein vielstimmiger Frauenchor. Dort haben sich alle unsere Hausangestellten und Kinderfrauen versammelt. Walja ist auch dabei. »Einmal im Jahr, Gospodin«, hat sie gesagt, »müssen doch auch die Frauen etwas vom Leben haben.« Morgen hat sie frei.

Krise in Polen

27. März 1981

In Polen sind neue Streiks aufflammt. Die Moskauer Presse reagiert immer nervöser. Heute abend hat die regierungsamtliche Nachrichtenagentur TASS eine Erklärung veröffentlicht, die das Schlimmste befürchten läßt. Durch die heutigen Streiks, so TASS, seien Werften und Fabriken lahmgelegt. Der Lebensrhythmus von Millionen Menschen sei gestört. Die Führer der Gewerkschaft »Solidarität« seien »politische Aufhetzer«, der Streik sei organisiert worden, um die Regierung politisch unter Druck zu setzen und »antisozialistische« und »volksfeindliche« Forderungen durchzusetzen. In Polen, so TASS, herrsche Desorganisation, Chaos und Anarchie. Es sei eine »Fünfte Kolonne« am Werk, die versuche, das sozialistische System zu unterminieren. Zu ihren Helfershelfern gehörten auch die christlichen Gewerkschaften in der Bundesrepublik. Sie unterstützten die »Solidarität« mit Geld und Drucksachen.

In der abhörsicheren Kabine der Deutschen Botschaft hat ein Hintergrundgespräch der Korrespondenten mit den Militärexperten der Botschaft stattgefunden. Die jüngsten Erklärungen von TASS, darüber ist man sich einig, erinnern an die sowjetischen Kommentare unmittelbar vor dem Einmarsch in Prag. Doch gebe es, so die Militärattachés, entgegen westlichen Pressemeldungen, keinerlei konkrete Hinweise auf eine unmittelbar bevorstehende Invasion der Sowjets. Auch die Militärattachés der übrigen NATO-Länder in Moskau hätten keine derartigen Hinweise. Es sei richtig: Im Baltikum, im nördlichen Ostpreußen und entlang der polnischen Grenze in Weißrußland und der Ukraine seien sowjetische Truppenverbände aufgefüllt worden. Doch verharrten sie in den Kasernen. Ein Ausrücken in die Bereitschaftsräume sei bislang nicht zu beobachten gewesen.

Unsere Kommentare, die wir in diesem Sinne, wenn auch etwas allgemeiner formulieren, werden von unseren Heimatredaktionen mit Skepsis aufgenommen. Dennoch werden sie gesendet. Wir hoffen, daß wir recht behalten.

Abschied vom Kameramann

24. April 1981
Abschiedsfeier für Jürgen und Heide Bever. Jürgens Vertragszeit als Kameramann für den WDR in Moskau ist abgelaufen. Einmal hat er schon verlängert. Jetzt wartet eine neue Aufgabe im WDR-Studio in Brüssel auf ihn. Fünf Jahre ist er in Moskau gewesen. Er war der erste

westliche Kameramann, der überhaupt in der Sowjetunion akkreditiert wurde. »Kameramann 001«, wie es auf seinem Moskauer Presseausweis stand.

Ohne Jürgen wäre unsere Arbeit in Moskau undenkbar gewesen. Wir waren zusammen in Sibirien, im Baltikum, auf der Wolga, in der Ukraine, im Kaukasus, in Mittelasien. Wir waren zusammen bei Leonid Breschnew im Kreml und bei Andrej Gromyko im Palast des Außenministeriums. Wir haben mit unseren Scheinwerfern die elektrischen Sicherungen in den kleinen Wohnungen von Andrej Sacharow und Lew Kopelew strapaziert. Wir haben nächtelang gemeinsam im Schlafwagenabteil gehockt, auf Flughäfen und Bahnhöfen kampiert, sind mit Rentierschlitten durch die Taiga gerast und auf Fischerbooten durch das Delta der Wolga getuckert. Wir haben an der »Arbeitsfront« auf Kolchosen und in Künstlerateliers, mit Bauarbeitern und Holzfällern, Parteibonzen und Kirchenfürsten viele Liter Wodka geleert. Und wir haben mit unseren Filmen manchen Preis gewonnen. Wir sind Freunde geworden.

Zur Abschiedsparty sind alle sowjetischen Mitarbeiter des Büros erschienen, viele deutsche Korrespondenten, aber auch Kollegen aus anderen Ländern. Monika und Walja haben zum letztenmal für Heide und Jürgen ein richtiges russisches Festessen vorbereitet: mit Kaviar und Lachs, Borschtsch und Bliny, Gurken, Zwiebeln und Knoblauch, Schwarzbrot und Wodka. Es ist ein trauriges und rauschendes Fest zugleich. Wie immer gibt es viele Trinksprüche. Die schönsten finden Jura, unser Toningenieur, und Boris, unser sowjetischer Kameramann. Bisher, so sagt Jura, habe er immer geglaubt, daß die Deutschen nur arbeiten könnten, eine Art Roboter seien. Dank Jürgen habe er gelernt, daß sie auch Menschen sind. Und das nicht nur, weil Jürgen in jeder freien Minute Schach spiele. Wie ein richtiger Russe. Nur besser als die meisten. Nein, die Deutschen könnten offenbar auch fröhlich sein und feiern. Das habe er an Jürgen beobachtet. Und Boris meint, Jürgen habe ihn gelehrt, die Welt neu zu sehen. Als er im ARD-Büro anfing, sei er Chauffeur gewesen. Jürgen habe ihn zum Kameramann »ausgebildet«. Das habe sein Berufsleben verändert und ihm eine neue Sicht der Dinge beschert. Im wörtlichen und im übertragenen Sinne.

In der Tat. Boris wird jetzt die Stelle Jürgens als Kameramann einnehmen. Bis ein neuer Kollege aus Köln akkreditiert ist. Und das kann noch lange dauern.

Die Party dauert bis 5.30 Uhr morgens. Die letzten, die gehen, sind Heide und Jürgen. Macht's gut sagen wir ihnen. Vielleicht arbeiten wir ja mal wieder zusammen: in Brüssel, in Köln – oder sonstwo.

Auch unsere Zeit in Moskau geht nächstes Jahr zu Ende.

Willy Brandt in Moskau

19. Juni 1981

Kurz hintereinander waren drei deutsche Politiker in Moskau. Anfang April Hans-Dietrich Genscher, vor einer Woche Egon Bahr, jetzt Willy Brandt.

Alle Gespräche kreisen um ein Thema: die Suche nach Annäherungsmöglichkeiten in der Raketenfrage. Alle drei lehnen es ab, als Mittler zwischen den USA und der UdSSR gesehen zu werden. Alle drei wollen lediglich erkunden, zuhören, Hinweise geben – demonstrieren, daß der Gesprächsfaden zwischen Ost und West noch nicht ganz abgerissen ist. Doch die Hoffnungen, daß es zwischen den Supermächten doch noch zu einer Einigung kommen könnte, daß die Nachrüstung auf seiten der NATO vermieden werden könnte, sind gering. Weder Genscher noch Bahr haben nach ihren Gesprächen im Kreml konkrete Hinweise auf Fortschritte in dieser Richtung geben können. Nicht den Journalisten gegenüber und auch nicht, wie zu hören war, in ihren internen Berichten.

Heute nun war Willy Brandt bei Leonid Breschnew. Wir haben den Beginn des Treffens aus nächster Nähe beobachtet. Der offensichtlich gut aufgelegte und wohlpräparierte Kremlchef empfing den Ex-Bundeskanzler mit den Worten: »Sie sind jünger geworden, Genosse Brandt.« Wie schon beim Treffen mit Genscher, so war auch hier festzustellen, daß Leonid Breschnew trotz gegenteiliger Gerüchte Phasen völliger Präsenz hat. Er kann noch immer schlagfertig sein und von jovialem Charme. Er hat, wie es später Gesprächsteilnehmer bestätigen, auch ohne Notizen viele Details der vertrackten Raketenproblematik parat, folgt der Diskussion und dirigiert das Gespräch.

Er ist mit Sicherheit nicht mehr der Gesündeste und nicht mehr der Jüngste, aber unbestritten die Nummer eins im Kreml. Nach wie vor. Am Abend ist Willy Brandt zu Gast bei uns im ARD-Studio. Die Nachricht von seinem Erscheinen hatte sich wie ein Lauffeuer auf unserem Hof herumgesprochen. Allerdings sind die Vorbereitungen unübersehbar gewesen. Schon Stunden vor seiner Ankunft waren Sicherheitskräfte entlang des Weges, den seine Autokolonne nehmen würde, aufgestellt worden. Stämmige Burschen des sowjetischen KGB hatten vor allen Hauseingängen Position bezogen, selbst auf allen zwölf Etagen unseres Treppenhauses. Auch das Dach über unserem Büro war inspiziert worden. Als die Wagenkolonne anrollte, waren viele sowjetische Mitarbeiter aus den umliegenden Büros auf den Hof geeilt, um Willy Brandt zu begrüßen. Auch viele Hausangestellte und Kinderfrauen, darunter Walja mit Nina auf dem Arm. Es war, bemerkte Natascha respektlos, als käme der Zar ins Dorf. Es fehlten nur die tiefen Verbeugungen. Dafür schlug Brandt, als er die schwere Regierungslimousine verließ, die sich nur mühsam einen Weg durch die parkenden Wagen des Hinterhofs und die wartenden Menschen gebahnt hatte, eine Welle aufrichtiger Sympathie entgegen. Mit strahlendem Gesicht erzählte uns Walja, daß er ihr sogar die Hand geschüttelt hätte. In der Tat ist Brandt in den Augen der Russen noch immer der Deutsche, der politisch und menschlich das höchste Ansehen genießt. Auch wenn er jetzt »nur noch«, wie sie sagen, Vorsitzender einer Partei ist.

Es wird ein langer und gemütlicher Abend. Mit dabei eine Reihe von Journalisten aus Bonn, die deutschen Korrespondenten in Moskau sowie der deutsche Botschafter und einige Diplomaten. Es ist ein Hintergrundgespräch, kein Journalist wird direkt daraus zitieren. Willy Brandt ist aufgeräumt und nachdenklich zugleich. Die konkreten Erkenntnisse aus dem Kreml sind dünn. Aber anderes, so meint Brandt, habe er auch nicht erwartet. Es sei einfach wichtig, in weltpolitisch schwierigen Phasen das Gespräch zwischen Ost und West nicht abreißen zu lassen. Schließlich könnten doch die zehn Jahre Ostpolitik nicht ganz umsonst gewesen sein, selbst wenn die Beziehungen zwischen den Supermächten gegenwärtig so schlecht seien wie schon seit langem nicht. Das Wichtigste, was es gelte zu bewahren, sei wenigstens ein Minimum an Vertrauen. Er persönlich sei zutiefst überzeugt, daß keiner der älteren Herren in der Kremlführung, die er kenne, eine kriegerische Auseinandersetzung wolle. Eine andere Frage bleibe, wie flexibel sie seien, um sich auf plötzlich verändernde Situationen einzustellen – etwa auf einen amerikanischen Präsidenten, der die Sowjetunion offenbar wirklich für das Reich des Bösen halte und Erklärungen abgebe, die an die schlimmsten Zeiten des Kalten Krieges erinnerten.

Deutliche Zweifel läßt Brandt, ob es wirklich richtig war, so mit aller Gewalt den NATO-Nachrüstungsbeschluß durchzupauken. Wie auch Egon Bahr, könne er sich durchaus ein »Moratorium« vorstellen, das heißt einen Beschluß über das Einfrieren der Rüstungen auf dem derzeitigen Stand, um Zeit für neue Verhandlungen zu gewinnen. Aber mit dieser Ansicht stimmten ja nicht einmal alle seine Parteifreunde überein. Darunter viele wichtige. Er sagt es, nicht ohne Bitterkeit.

Als sich Brandt gegen Mitternacht verabschiedet, stehen auf dem Hof noch immer einige Russen, die auf ihn gewartet haben. Manche winken der Limousine, die mit ihm davonfährt, nach.

Leningrad

Die steinerne Stadt

20. Juni 1981

Mit Boris und Jura in Leningrad. Seit mehr als drei Jahren tragen wir uns mit der Idee, über diese Stadt einen Film zu machen. Doch immer wieder sind wir entmutigt worden. Es gibt unzählige Filme über Leningrad.

Je mehr wir uns mit der Stadt beschäftigten, um so mehr kamen wir zu der Überzeugung, daß über sie eigentlich alles gesagt, geschrieben und in Bildern gezeigt worden ist. Wir haben die Archive des sowjetischen Fernsehens durchforstet und festgestellt, daß allein in den letzten Jahren mehr als zehn Dokumentarfilme über Leningrad gedreht wurden. Auch im Deutschen Fernsehen liefen unzählige Berichte über diese Stadt. Am eindrucksvollsten der grandiose Film »Dostojewskij und Petersburg« von Heinrich Böll und Uwe Brandtner. Er hat uns vollends deprimiert. Weil er so gut war.

Und dennoch: Das Interesse der Filmemacher für diese Stadt ist mehr als verständlich. Leningrad, das frühere St. Petersburg, gilt als die schönste und traditionsreichste der russischen Städte. Wie keine andere Stadt Rußlands lebt sie mit den steinernen Zeugen der Vergangenheit, ist sie geprägt von dem noch immer lebendigen Geist der großen russischen Kultur. Eine »steinerne Stadt des Ruhms und des Unglücks« hat sie Anna Achmatowa, Rußlands große Dichterin des 20. Jahrhunderts, genannt.

Es ist die Stadt Puschkins und Dostojewskijs, Tschaikowskijs und Schostakowitschs, aber auch Peters des Großen und Wladimir Iljitsch Lenins. Leningrad ist Wiege der Revolution und Museum der russischen Geschichte zugleich – eine Stadt, in der Gegenwart und Vergangenheit auf ebenso wundersame wie faszinierende Weise ineinander verwoben sind.

Wir sind schon oft hiergewesen. Tagelang haben wir uns in der Peter-und-Pauls-Festung herumgetrieben, dem ältesten Bauwerk Leningrads. Der Tag ihrer Grundsteinlegung, der 27. Mai 1703, gilt als das Gründungsdatum der Stadt: Die Festung ist ihr Wahrzeichen. Ursprünglich errichtet zum Schutz gegen Schweden und Polen, Litauer und Deutsche, wurde sie bald zum Bollwerk gegen innere Feinde. Von der Kanzel der Peter-und-Pauls-Kathedrale mit ihrer goldenen Turmspitze wurde Lew Tolstoj exkommuniziert, nachdem er seinen Roman »Auferstehung« geschrieben hatte. Innerhalb ihrer Festungsmauern wurden 1825 die aufständischen Dekabristen hingerichtet. Hier waren Fjodor Dostojewskij und Maxim Gorkij eingekerkert, aber auch der Sohn Peters des Großen und der ältere Bruder Wladimir Lenins, Alexander Uljanow, der als Terrorist hingerichtet wurde.

Manche Viertel der Stadt sehen noch immer so aus wie zu der Zeit, als Dostojewskij hier lebte. Es ist die Welt der Hinterhöfe, der Mietskasernen, der Pfandhäuser, des Elends und des Verfalls – der Schauplatz der meisten seiner Romane. Hier lebten seine armen Leute, die Erniedrigten und Beleidigten, die vom Schicksal Geschlagenen und im Leben zu kurz Gekommenen.

Das Haus, in dem sich Dostojewskijs letzte Wohnung befand und wo er vor genau hundert Jahren starb, ist heute Museum. Es ist ein kleines Eckhaus in unmittelbarer Nähe des einstigen Armenviertels. In den Vitrinen des Erdgeschosses sind die Originalmanuskripte seiner Werke aufbewahrt, Dostojewskij-Ausgaben in allen Sprachen der Welt sowie Zeugnisse seiner Zeit und seines persönlichen Lebensweges. Darunter auch die eisernen Ketten, die er in der Zeit seiner Verbannung nach Sibirien tragen mußte. Sie wiegen vier Kilogramm.

Im ersten Stock, liebevoll rekonstruiert – die Wohnräume der Familie Dostojewskij und der Schreibtisch des Dichters. Hier entstanden die letzten, neben »Schuld und Sühne« wichtigsten Werke: »Die Dämonen«, »Das Tagebuch eines Schriftstellers«, »Die Brüder Karamasow«. Aus dem Fenster des Arbeitszimmers hatte Dostojewskij einen unmittelbaren Blick auf das gegenüberliegende Pfandhaus, in dem er Stammkunde war. Es ist noch immer Pfandhaus, nur heißt es »Kommissions-Magazin«. In den Fenstern stehen Geranien, wie es in »Schuld und Sühne« beschrieben ist.

Im Kontrast dazu: der Newskij-Prospekt, die berühmteste der Leningrader Straßen. Schon zu Zarenzeiten hieß er so, nach der Revolution wurde er für kurze Zeit umbenannt, in Straße des 25. Oktober. Heute trägt er wieder seinen alten Namen.

Der fast viereinhalb Kilometer lange, an manchen Stellen bis zu 60 Meter breite, schnurgerade »Newskij«, wie ihn die Russen nennen, galt einst als der eleganteste Boulevard der Welt. Hier flanierten Anna Karenina und Fürst Myschkin, Oblomow und all die anderen Helden Puschkins, Gontscharows, Gogols, Tolstojs und Dostojewskijs. Hier führte Casanova die russische Bauerntochter, die er für 100 Rubel gekauft und auf den Namen Zaïre getauft hatte, spazieren, hier traf sich Puschkin mit seinem Freund Danzas, dem Sekundanten seines tödlich verlaufenden Duells. In den prächtig verzierten Häusern und Palais lebten die angesehensten russischen Adelsfamilien, reiche Kaufleute und hohe Beamte des Zarenhofes, aber auch Schauspieler, Maler und Schriftsteller. Unter ihnen so berühmte Dichter wie der Symbolist Aleksandr Blok und der Lyriker Sergej Jessenin, der sich in einer Wohnung auf dem Newskij im Jahre 1926 die Pulsadern aufschnitt und mit dem ausströmenden Blut sein letztes Gedicht schrieb: »Sterben ist auf dieser Welt nichts Neues. Doch auch Leben, sicher, ist nicht neu.«

Heute haben die Gebäude Patina angesetzt, wirken, trotz häufigen Renovierens, grau. Der Newskij ist eine sowjetische Straße wie viele andere auch: wichtigste Einkaufsstraße für die fast fünf Million Leningrader. Frauen schleppen schwere Netze mit Lebensmitteln, manchmal sieht man auch Männer, die einen Teppich auf der Schulter haben oder zu zweit einen Fernsehapparat tragen. An vielen kleinen Ständen wird Eis oder Limonade verkauft. Die Wartenden stehen in langen Schlangen, geduldig, wie man es gewohnt ist. Auffallend die vielen modisch gekleideten, jungen Leningraderinnen: selbstbewußt und weltoffen. Man merkt, es ist eine europäische Stadt; eine Hafenstadt zudem. Nicht umsonst hat sie Peter der Große »Rußlands Fenster zum Westen« genannt.

Die hellen und die dunklen Nächte

20. Juni 1981, abends

Im Hotel. Wir haben beschlossen, einen ganz anderen Film über Leningrad zu machen. Keinen Kulturfilm, keinen Film über die wirtschaftliche und politische Bedeutung dieser Stadt. Wir werden keine Interviews mit offiziellen Repräsentanten machen, auch nicht mit dem Oberbürgermeister oder dem Parteisekretär. Wir werden keine Industriebetriebe besichtigen, keine vorbildlichen Kindergärten. Auch auf viele der klassischen Sehenswürdigkeiten der Stadt werden wir in unserem Film verzichten. Wir werden weder die Schätze der Eremitage zeigen noch das weltberühmte Leningrader Ballett, noch das nicht weniger berühmte Russische Museum. Wir werden auch keine Bilder des Panzerkreuzers »Aurora« bringen, der am 25. Oktober 1917 das Signal zum Sturm auf das Winterpalais, die Residenz des Zaren, gab. Und wir werden auch keinen der unzähligen Plätze zeigen, der mit dem Leben und Wirken Lenins in dieser Stadt verbunden ist. Statt der Musik Tschaikowskijs werden wir dem Film Lieder des jungen Leningrader Liedermachers Aleksandr Dolskij unterlegen.

Es soll ein ganz persönlicher Film werden. Der gemeinsame Film eines deutschen Autors und eines russischen Kameramanns. Eine »Hommage à Leningrad«, ein Film über die hellen und dunklen Nächte dieser Stadt. Jene hellen Nächte des Sommers, in denen die Sonne nicht untergeht und die Stadt so schön ist wie zu keiner anderen Zeit des Jahres. Und jene dunklen Nächte, die untrennbar mit der russischen wie deutschen Geschichte verbunden sind: die 900 Tage der Blockade Leningrads im Zweiten Weltkrieg. Vor genau vierzig Jahren hat sie begonnen.

Das von Hitler erklärte Ziel der Blockade: Die Stadt soll ausgehungert werden, Leningrad für alle Zeiten von der Landkarte verschwinden. Die Verteidigung der Stadt forderte unermeßliche Opfer. Nur ein Teil der Zivilbevölkerung konnte über den zugefrorenen Ladoga-See evakuiert werden, der andere harrte aus, kämpfend und hoffend. Hunger, Kälte und pausenloser Artilleriebeschuß konnten die Moral der Verteidiger nicht brechen. Die Tagesration betrug eine Scheibe Brot. Es gab keine Särge mehr, um die Toten zu bestatten. Sie wurden in Tücher gehüllt, in Massengräber geworfen oder in die Newa. Über die Zahl der Toten gibt es keine genauen Angaben. Da war niemand, der Buch führte. Insgesamt, so schätzt man, sind während der 900 Tage der Belagerung Leningrads fast eine Million Menschen ums Leben gekommen. Verhungert, erfroren, im Bombenhagel erschlagen – mehr als in irgendeiner anderen Stadt Europas. Die Hälfte der Bevölkerung.

21. Juni 1981

Heute ist der längste Tag des Jahres. Die Sonne geht nicht unter. Selbst um Mitternacht ist es noch so hell, daß man Zeitung lesen kann.

Es ist der Tag, an dem in Leningrad am unbeschwertesten gefeiert wird. Durch die Straßen ziehen junge Leute mit Gitarren und Harmonikas. Man singt. Auf den Plätzen unter freiem Himmel wird getanzt. Es gibt eine Menge organisierter Veranstaltungen, Freiluftkonzerte, Theateraufführungen, Puppenspiele, Jazzveranstaltungen, Ballettdarbietungen. Auf dem Parkplatz vor dem schönsten der Leningrader Schlösser, Schloß Petershof, feiert eine Schule ihren Abschlußball. Als Gäste geladen: die Tanzgruppe des städtischen Gaswerkes. Im Alexandergarten spielt eine Zigeunerkapelle, im Sportstadion die Leningrader Dixieland-Band, von der Experten behaupten, sie sei zur Zeit die beste der Welt. Doch weit größer als die Zahl der organisierten Veranstaltungen ist die Zahl der spontanen Darbietungen. Am Ufer der Newa, auf der anderen Seite der Stadt, begegnen wir gegen Mitternacht zwei Bänkelsängern. Der eine spielt Mandoline, der andere Gitarre. Um sie herum eine Traube junger und älterer Leute – Studenten, Matrosen in Uniform, Arbeiter aus dem nahegelegenen Hafen, Rentner mit Hunden an der Leine, ein paar leichtere Damen. Mit schaurigschöner und vor allem lauter Stimme singen die beiden alte Balladen und sentimentale Romanzen, grausige Moritaten, Vorkriegsschlager, Scherzlieder, Ganovensongs, aber auch Lieder aus den Lagern – sogenannte Gulag-Lieder. Von Zeit zu Zeit stärken sie sich mit einem kräftigen Schluck. Hochprozentigem.

Boris dreht, Jura nimmt den Ton auf. Niemand hat etwas dagegen.

Erst als wir mit Filmen fertig sind und unsere Sachen im Wagen verstauen, bemerken die Sänger unser ausländisches Nummernschild. »Hätten wir das gewußt«, rufen sie uns beim Losfahren nach, »hätten wir wohl mehr patriotische Lieder gesungen.« Wie sie es meinen, ist nicht ganz klar. Ihr Lachen klingt uns noch lange im Ohr.

Versöhnliches über Gräbern

22. Juni 1981
Heute vor vierzig Jahren fiel die Deutsche Wehrmacht in der Sowjetunion ein. Bereits nach zwei Monaten stand sie vor Leningrad. Dort blieb sie bis zum Frühjar 1944. Fast drei Jahre lang.

Wir sind auf dem Ehrenfriedhof für die Opfer der Blockade, dem Piskarjowskoje-Friedhof im Nordosten der Stadt. Ein riesiges Gräberfeld, an dessen Stirnseite sich eine gewaltige Frauenstatue erhebt, Mutter Heimat. Dahinter, eingemeißelt in eine Wand aus grauem Granit, ein Epitaph der Dichterin Olga Berggolz, die während der Blockade in Leningrad lebte: »Hier liegen Leningrader, die Bewohner der Stadt – Männer, Frauen und Kinder. Ihre edlen Namen sind nicht zu zählen, zu viele deckt der ewige Schutz des Granits. Aber wisse, die Steine reden. Nichts und niemand ist vergessen...«

Wie viele hier begraben sind, weiß niemand genau. Einige hunderttausend jedenfalls. In Massengräbern. Sie tragen als einziges Kennzeichen Steine mit Jahreszahlen. 1941, 1942, 1943, 1944.

Eine offizielle Feier findet an diesem Tag auf dem Friedhof nicht statt. Es ist ein normaler Arbeitstag. Aber wir beobachten viele Menschen, die in stillem Gedenken die Gräberreihen abschreiten. Meist sind es ältere Leute. Manche haben ihre Enkel an der Hand. Ein Großvater, die eine Hand auf einen Stock gestützt, an der anderen ein etwa fünfjähriges Mädchen, geht mühsam die Hauptallee hinunter. Vor dem Stein mit der Jahreszahl 1941 bleiben beide lange stehen. Der Großvater erklärt offenbar etwas. Das Mädchen legt vorsichtig einen kleinen Strauß Gänseblümchen auf den Stein. Auf einem anderen Gräberfeld kniet ein alter Mann in einem dunklen Anzug. Er hat den Hut vom Kopf genommen und küßt die Erde. Sein Haar ist schlohweiß.

Vor der granitenen Mauer mit dem Epitaph der Olga Berggolz ein Meer von Blumen und Kränzen. Viele stammen, wie aus den Schleifen ersichtlich, von Schulen und Betrieben. Am Vormittag hat auch der Generalkonsul der DDR in Leningrad einen Kranz niedergelegt. Einen Kranz des Generalkonsuls der Bundesrepublik in Leningrad suchen wir vergebens.

Viele Stunden beobachten wir die Menschen auf dem Friedhof. Es dauert lange, bis ich den Mut habe, jemanden anzusprechen. Schließlich setze ich mich zu zwei alten Frauen auf eine Bank. Trotz der sommerlichen Hitze sind ihre Gesichter in graue Tücher gehüllt. Sie sitzen schweigend nebeneinander, regungslos. Nur von Zeit zu Zeit fahren sie sich mit einem Taschentuch über die Augen.

Vorsichtig versuche ich ein Gespräch. Sie sind nicht einmal erstaunt. Die eine der Frauen hat während der Blockade ihre Mutter und ihre Tochter verloren, die andere ihren Sohn. Er war zweieinhalb Jahre alt. Die ganze Blockade haben sie in Leningrad durchlebt. Die eine der Frauen ist seither Invalide.

»Das Schlimmste ist«, sagt sie, »man weiß nicht einmal, wo sie begraben sind. Du schaust und schaust und weißt nicht, wo...« Sie macht eine Pause, wischt sich die Augen mit einem Taschentuch, dann fährt sie fort: »Ich weiß nur, daß mein Sohn 1941 in einem der ersten Gräber beerdigt wurde. Während ich bei den Schanzarbeiten war, haben sie meinen Jungen ins Krankenhaus gebracht; und als ich nach Hause kam, war er schon beerdigt. Es war schon zu spät, ihn zu suchen. Ich selbst bin mit Müh und Not den Deutschen entkommen.«

Vorsichtig frage ich, ob sie sich noch an den Tag des Kriegsausbruchs, heute vor genau vierzig Jahren, erinnern können. »Ja, heute vor vierzig Jahren haben wir um 6 Uhr morgens gehört, daß der Krieg angefangen hat... Ein schrecklicher Tag. Schrecklich auch, nur daran zu denken!«

Die Frau, die ihre Mutter und Tochter verloren hat, macht eine Handbewegung, zeigt auf die Gräberfelder: »Das, was wir hier sehen, ist alles nichts. Niemand, der es nicht selbst durchlebt hat, wird es je begreifen... Man kann's nicht wiedergeben... Du kannst natürlich in ein Museum gehen, aber das, was wir erlebt haben, das kann man nicht vermitteln. Wir sind über die Leichen gestiegen, die auf den Straßen lagen; neben dir brachen die Menschen zusammen...«

Eine lange Pause. Beide Frauen weinen. Dann sagt die eine, offenbar die jüngere von beiden: » Ich war siebzehn Jahre alt, damals. Aber gerufen haben sie mich ›Großmutter‹ – so habe ich ausgesehen, schmutzig, zerrissen. Für 100 Gramm Brot haben wir nächtelang angestanden.«

»Sie haben vielleicht bemerkt«, sage ich, »daß ich aus Deutschland komme... Wie denken Sie heute über Deutschland und die Deutschen?«

Die Frauen schauen mich lange an. Dann sagt die ältere von beiden: »Wissen Sie, auch während des Krieges gab es verschiedene Deutsche. Und heute genauso... Deutscher, was heißt das schon. Als ob es auf die Nationalität ankäme. Als ob es wenig gute Deutsche gegeben hätte... Und auch Russen gab es verschiedene. Auch bei uns gab es Verräter, auch bei uns gab es Bestien, wie es bei den Deutschen auch Anständige gab ...«

»Und heute?« frage ich.

»Heute – was soll man schon sagen...? Wir sollten miteinander befreundet sein... Und irgendwie möchte ich glauben, daß auch sie keinen Krieg wollen. Es ist nicht unsere Schuld, daß es all das gegeben hat. Niemand wollte Krieg...«

»Danke«, sage ich leise. Wir bleiben noch lange auf der Bank sitzen. Stumm.

Als wir uns verabschieden, sagt eine der beiden Frauen: »Schaut euch alles an in Leningrad. Es gibt nicht nur Trauriges.«

»Wir werden es tun«, sagen wir. Aber wir werden alles mit anderen Augen sehen.

28. Juni 1981

Eine Woche sind wir schon in Leningrad. Wir haben praktisch rund um die Uhr gedreht. Wir haben die Morgenstimmung vor dem Winterpalais eingefangen, die Abendstimmung an der Newa, das nächtliche Auslaufen der Schiffe durch die hochgezogenen Brücken beobachtet. Auf kleinen, flachen Motorbooten sind wir kreuz und quer durch das Gewirr der 86 Flußarme und Kanäle gefahren, die

Leningrad durchziehen, haben die unzähligen kleinen Brücken gefilmt, von denen es hier mehr gibt als in Venedig. Wir haben die alten Adelspaläste gefilmt, darunter auch jenes Palais, in dem in einer Winternacht des Jahres 1916 eine Gruppe junger Adeliger den Wundermönch Rasputin umzubringen versuchte. Erst mit vergiftetem Wein und vergiftetem Kuchen; dann durch Erwürgen und durch Erschießen. Alles vergeblich. Schließlich ersäufte man ihn hinter dem Palais im Fluß, der Mojka. Heute ist der Palast das Kulturhaus der Leningrader Lehrer.

Unsere Streifzüge durch Leningrad haben uns immer wieder auf die historischen Friedhöfe geführt. Hier liegen der »Vater der russischen Wissenschaft«, Michail Lomonosow, und der Historiker Nikolaj Karamzin, begraben, die Komponisten Glinka, Musorgskij, Tschajkowskij und Rimskij-Korsakow, die Schriftsteller Aleksandr Blok und Fjodor Dostojewskij und viele, viele andere.

Wir haben aber auch die Studenten der Malakademie besucht, mit den jungen Leuten auf den Abschlußbällen der Schulen geredet, uns mit ihnen im Eiscafé oder beim Bootfahren getroffen. Äußerlich, so haben wir festgestellt, unterscheiden sich diese Jugendlichen – abgesehen von den Schuluniformen, die manche noch tragen – in nichts von ihren Altersgenossen im Westen. Ihre Art, sich zu bewegen, ihre Träume und Hoffnungen sind die Millionen anderer Jugendlicher. Und dennoch: Nie habe ich mich in diesen Tagen in Leningrad von dem Gedanken frei machen können, daß es Kinder einer Stadt sind, die zum Tode verurteilt war.

Die hellen Nächte, die hier alljährlich gefeiert werden, sind nicht nur ein Naturereignis. Sie sind ein Symbol des Überlebens. Das wird das Fazit unseres Films sein.

20. August 1981

Der Leningrad-Film ist gelaufen. Dreißig Minuten lang, zwischen einer amerikanischen Serie und einem Unterhaltungsmagazin. Es hat sehr schöne Kritiken gegeben, es kommen viele anrührende Briefe. Auch Boris ist glücklich. Den »begabten Schüler Jürgen Bevers« hat ihn eine große deutsche Zeitung genannt. Zu Recht.

Von Brot und Kunst

Preiserhöhungen

19. September 1981
Es gibt Erfahrungen, die offenbar in allen Ostblockländern gleich sind. Die Tatsache zum Beispiel, daß die inoffiziellen Wege der Nachrichtenübermittlung viel schneller funktionieren als die offiziellen. Wichtigste Informationsquelle: die »Frau an der Ecke«. Diese Nachrichtenagentur, in anderen Ländern Klatsch oder Gerücht genannt, hat schon vor einer Woche mitgeteilt, was heute in der »Prawda« steht: Es wird Preiserhöhungen geben. Wie immer: Manches wird teurer – Spirituosen zum Beispiel, Tabak, Pelze, Möbel und Benzin; manches wird billiger: Lokomotiven, Autobahnbrücken und ähnliches. Das alles hatte die »Frau an der Ecke« vorausgesagt. Und noch eines: Die Preise für Grundnahrungsmittel bleiben, wie schon seit zwanzig Jahren, gleich. Nur die Packungen werden vielleicht etwas kleiner – bei stabilen Preisen, versteht sich.

Preiserhöhungen müssen sein. Auch in der Sowjetunion. Es ist schließlich viel zuviel Geld im Umlauf. Man wird es einfach nicht los, wenn man sieben Jahre auf ein neues Auto warten muß und zwölf Jahre auf eine eigene Wohnung.

Und da Preiserhöhungen in West wie Ost Naturgesetze sind, nimmt man sie auch in Moskau hin, wie man Naturgesetze hinnehmen muß – gelassen. Schlangen gab es gestern nur an den Benzintankstellen. Die anderen Waren waren rechtzeitig aus den Geschäften verschwunden.

Bleibt die Frage nach dem Sinn einiger Preiserhöhungen. Wodka und Wein zum Beispiel sollen teurer werden, damit »der Konsum verringert wird«. So jedenfalls hat es die »Prawda« begründet. Doch die sowjetische Sozialstatistik lehrt: Der Woldka-Konsum bleibt gleich – nur das Budget für den übrigen Familienhaushalt verringert sich. Die Hausfrau hat es noch schwerer, die Familie durchzubringen. Unverständlich auch die Erhöhung des Benzinpreises – gleich um 100 Prozent. Laut Statistik entfallen nur fünf Prozent des Benzinverbrauchs auf private Fahrzeuge. Also greift sich der Staat selbst in die Tasche. Und der ARD, hat Boris nicht ohne Schadenfreude hinzugefügt: »Aber die hat's ja.«

Gegen dieses Vorurteil werden wohl noch Generationen kämpfen müssen...

Das Lied vom weißen Storch

10. Oktober 1981
Wolodja Wojnowitsch und seine Familie dürfen ausreisen. Endlich. Er fährt nach München, auf Einladung der Bayerischen Akademie der Künste. Alle wissen, er wird nie zurückkehren.

In der Atelierwohnung der Lyrikerin Bella Achmadulina in einer stillen Nebenstraße im Zentrum Moskaus versammeln sich noch einmal alle Freunde Wojnowitschs – ganz Moskau. Ein Abschiedsfest soll es sein, aber es ist ein trauriger Abend. Die langen Tische biegen sich unter der Last der Speisen. Die Vorräte an Wodka würden für einen halben Stadtteil reichen, sagt Wojnowitsch. Dicke Schwaden von Zigarettenrauch hängen unter der Holzdecke.

Unter den Freunden, die gekommen sind, um, wie es heißt, das »Geleit« zu geben: Bulat Okudschawa, der Liedermacher, Boris Birger, der Maler, Wladimir Kornilow, der Schriftsteller, Oleg Tschuchonzew, der Lyriker, Edison Denissow, der Komponist, dazu Sänger des Bolschoj-Theaters, Schauspieler aus der Taganka, und viele, viele, die wir nicht kennen: Freunde der Familie, Studenten aus den Instituten der beiden erwachsenen Kinder Wolodjas, die in Moskau bleiben werden. Viele Augen sind feucht.

Bulat Okudschawa hat eine Gitarre mitgebracht und singt zum erstenmal sein Lied, das er zum Tod von Wladimir Wyssozkij geschrieben hat: das Lied vom weißen Storch, der über Moskau hinwegflog und dessen Flügelschlag noch lange die Luft erfüllen wird. Es ist auch ein Lied für Wojnowitsch.

Boris Birger stellt in seinen letzten Worten an den Freund die Frage, warum ein Mann wie Wojnowitsch sein Land verlassen muß. Und er gibt die Antwort: »Der Grund«, so sagt er, »liegt in der Einschränkung der Möglichkeit, ehrlich zu sein. Die Ehrlichkeit, das ist es, was sie fürchten. Ein Schriftsteller wie Wojnowitsch, der sein Land und sein Volk unendlich liebt, kann sich keine Scheuklappen anlegen und immer nur in eine Richtung schauen. Er sieht viel mehr und viel tiefer als andere Leute. Und dieses viel tiefere Verstehen dessen, was ist und was vor sich geht, stört irgend jemanden. Oder, um es genauer zu sagen, es weckt Gedanken, es regt andere an, ebenfalls zu denken. Es regt auch die jüngere Generation der Künstler an, ihren Gesichtskreis zu erweitern. Und gerade das, so scheint es, ist nicht erwünscht – und manchen sogar gefährlich. Aber wem«, so endet Boris Birger, »kann denn die Kunst gefährlich sein...?«

Zum Abschluß, es geht schon gegen Morgen, liest Bella Achmadulina ein Gedicht, das sie für Wojnowitsch geschrieben hat. Eine Klage um den verlorenen Freund:

> »Man hat Dich mir und meiner Seele geraubt.
> Ich sehe Eure Tränen in der Nacht,
> Und ich höre, wie Ihr sagt:
> ›Weine nicht mein Engel, klage nicht.‹
> Ich aber klage und weine.«

Ein Medizinprofessor übrigens hatte Wojnowitsch ein »Anti-Heimwehmittel« mitgebracht. Eine Schallplatte mit Reden Breschnews.

Brotaktion

15. Januar 1982
Auch im vergangenen Jahr hat es eine Mißernte gegeben. Die dritte hintereinander. Statt 235 Millionen Tonnen Getreide, wie es der Plan vorsah, sind nur knapp 190 Millionen Tonnen geerntet worden. Die Folge: Die Lebensmittelversorgung wird immer schlechter – trotz der Getreideimporte aus den USA. Selbst in den Moskauer Geschäf-

ten, die noch immer weit besser versorgt sind als die in der Provinz, sind viele Lebensmittel inzwischen rationiert. Fleisch gibt es ohnehin nur ganz wenig, Butter selten. Käse ist ganz aus den Geschäften verschwunden. Auch Milch ist knapp. Wir kennen eine Kinderklinik, in der die Eltern aufgefordert wurden, ihre Kinder selbst mit Milch zu versorgen, die Klinik habe keine.

Täglich beobachten wir, wie die Menschen zu Zehntausenden aus der Provinz nach Moskau kommen, um einzukaufen. Betriebe und Kolchosen – selbst aus Orten, die 500 Kilometer entfernt liegen – organisieren Busreisen nach Moskau, sogenannte »Kulturreisen«. Einziges Ziel: der Zentralmarkt. Außer Brot, Kohl und ein paar Fischkonserven, so berichten die Leute aus der Provinz, gibt es bei ihnen überhaupt nichts zu kaufen.

Die sowjetischen Massenmedien betreiben Verbraucheraufklärung. Wichtigste Mahnung: »Leute, aast nicht so mit dem Brot.« Die Tagesschau des Sowjetischen Fernsehens widmete diesem Thema gestern abend einen Zehn-Minuten-Bericht. Nur elf von einhundert Hausfrauen, so die Reporterin, wüßten, wie man mit Brot richtig umgeht. Daß man es zum Beispiel am besten frischhält, in dem man es in eine Plastiktüte tut und ein bis zwei gewaschene Äpfel hinzulegt. Und daß man vertrocknetes Brot wieder genießbar macht, indem man es zunächst in kaltes Wasser legt und dann in der Ofenröhre aufbackt.

Brot ist das Grundnahrungsmittel der Russen. Es wird zu jeder Mahlzeit gereicht. Und zwar zu allen Gängen. Manche essen sogar noch die Nachspeise mit Brot.

Der Brotpreis ist seit fünfzig Jahren stabil geblieben, mit Ausnahme der Kriegsjahre. Ein Kilo Schwarzbrot kostet umgerechnet noch immer etwa 50 Pfennige, ein Kilo Weißbrot 70. Doch der niedrige Preis des Brotes ist zugleich das Problem. In den Familien, aber auch in den Kantinen der Betriebe wird, wie die Zeitung »Sowjetskaja Rossija« schrieb, Brot gleich »bergeweise« weggeworfen. Und die privaten Kleinbauern benutzen Brot als Viehfutter. Denn ein Zentner Brot kostet genausoviel wie ein Zentner Futtergetreide – mit dem Unterschied, daß es Brot zu kaufen gibt, Futter nicht.

Um die Bevölkerung aufzuklären, was man mit Brot alles machen kann, finden in vielen Moskauer Bäckereien zur Zeit Informationsveranstaltungen statt. In einer Bäckerei des Stadtteils Ismailowo haben wir eine derartige »Brotaktion« gefilmt. In einer Ecke des Ladens war ein riesiger Tisch mit Brotgerichten aufgebaut. Darunter Brottorte, Brotpfannkuchen, Brotmus und Brotsaft. Mehr als fünfzig Brotgerichte kennt die russische Küche, die meisten überliefert aus der Zeit der Leibeigenschaft. Eine Ernährungsexpertin und die Sozialbeauftragte des Stadtbezirks geben Ratschläge und verteilen Rezepte. Binnen einer Stunde sind die Rezepte in unserem Brotladen vergriffen und die Probierportionen aufgegessen. Die Hausfrauen, mit denen wir sprechen, begrüßen die Aktion. Es sei in der Tat eine Schande, wie in Rußland mit dem Brot umgegangen werde – als ob die Leute vergessen hätten, wie es im Krieg war. Den Erfolg derartiger Aktionen allerdings beurteilen die meisten skeptisch. »Die Leute«, so eine alte Frau in der Bäckerei, »werden trotzdem nicht aufhören, Brot wegzuschmeißen. Es ist ihnen eben nichts mehr heilig.«

Die Welt des Vadim Sidur

20. März 1982
Wieder einmal in der Unterwelt, der Welt des Vadim Sidur. Dima, wie ihn seine Freunde nennen, ist Bildhauer. Will man ihn besuchen, muß man hinabsteigen in den Keller einer riesigen Moskauer Wohnkaserne auf dem Komsomolzen-Prospekt, unmittelbar gegenüber der malerischen Kirche des Heiligen Nikolaus.

Kommt man die steile Treppe hinunter in sein Kelleratelier, so glaubt man sich zunächst auf einem Schrottplatz: Röhren, Bleche, Schrauben, Fahrradketten, eiserne Matrazenfedern – ein Labyrinth aus Bruchstücken, Abfällen unserer technisierten Welt. Erst beim näheren Hinsehen, wenn sich die Augen an das Gewirr und die Dunkelheit gewöhnt haben, werden einzelne Konturen der geheimnisvollen Grotte erkennbar. Da nehmen eiserne Spatenschaufeln, denen Schirmmützen – russisch »furaschkas« – aufgesetzt sind, plötzlich menschliche Züge an. Da entpuppt sich ein Gerüst von Kanalisationsröhren als Frauenstatue, »Eiserne Lady« genannt. Und da entwirrt sich ein Geflecht von Ketten, Drähten, Fahrradrahmen mit einmal zu einer Kreuzigungsszene.

Sidur, 58 Jahre alt, geboren in der Ukraine, ist ein in der Sowjetunion totgeschwiegener Künstler. Er ist kein Dissident, dennoch
darf er seine Arbeiten weder in Moskau ausstellen noch ins Ausland
exportieren. Seine Formen und Materialien passen nicht ins heroi-
sche Menschenbild des sozialistischen Realismus. Leute, die sich im
Westen professionell mit Kunstkritik befassen, stellen ihn in eine
Reihe mit Alberto Giacometti und Henry Moore.

Die Biographie Sidurs ist geprägt durch das Erlebnis des Krieges.
Seine Großeltern, Juden aus der Ukraine, wurden von den Nazis
ermordet. Sein Geburtshaus in Dnjepropetrowsk hat die Wehrmacht
beim Rückzug bis auf die Grundmauern niedergebrannt. Er selbst
wurde im Krieg gegen die Deutschen schwer verwundet. Eine Kugel
steckt noch immer in seinem Kiefer.

Krieg und Gewalt, Terror und die Zerstörung der menschlichen
Persönlichkeit sind seine wichtigsten Themen. Das Motto seiner
Arbeit ist der Satz, den die französische Schriftstellerin Margaret
Duras ihrem Buch »Hiroshima mon amour« voranstellte: »Wir müs-
sen uns erinnern, sonst wird sich alles wiederholen.«

Fast alle Skulpturen Sidurs haben einen unmittelbaren Bezug zu
seiner Biographie. Sie tragen Titel wie »Der Maschinengewehrschüt-
ze«, »Der Invalide«, »Tod durch Bomben«, »Babij Jar«, »Treblinka«,
»Den Opfern der Gewalt«, »Grabmal des Unbekannten Soldaten«.
Er selbst versteht sich als Mahner. Und »Der Mahner« ist auch der
Titel einer seiner eindrucksvollsten Skulpturen: ein Mann, mit weit
aufgerissenem Mund und offener Brust, die Hände davor zu einem
riesigen Trichter geformt – ein personifizierter Schrei.

Sidur spricht gern von den zwei Wundern in seinem Leben. Zum
einen von dem Wunder, daß er den Krieg überlebt hat. »Wenn du
einmal erlebt hast«, so sagt er, »wie um dich herum alle umkommen,
und du bleibst am Leben, so ist das eine existentielle Erfahrung. Du
begreifst, daß es nichts Schrecklicheres geben kann als Krieg. Es
klingt paradox«, so Sidur, »aber ich bin dankbar, daß ich den Krieg
erlebt habe. Ohne den Krieg wäre ich nicht der, der ich heute bin –
sowohl als Mensch als auch als Künstler.« Das zweite Wunder im
Leben Sidurs ist, wie er sagt, »die Tatsache, daß die meisten Freunde,
die ich heute außerhalb Moskaus habe, echte, aufrichtige Freunde, in
Deutschland leben, in der Bundesrepublik«.

Auch dies, so Sidur, hänge mit dem Krieg zusammen: »Ein Land, das den Krieg überlebt, diese Kriegserfahrung hat, ist davon gezeichnet. Diese Erfahrung kann nicht unterdrückt, nicht totgeschwiegen werden, und sie verändert den Menschen. Ich glaube«, so Sidur, »das ist es, was unsere beiden Völker heute verbindet – die gemeinsame Erfahrung des Krieges.«

Häufig habe ich Dima gefragt, ob er nicht manchmal davon träume, in einem anderen Land zu leben, in einem Land, in dem er als Künstler nicht geächtet wäre, nicht in der Isolation leben müßte wie hier in seinem Kellerloch in Moskau. Die Antwort war stets die dieselbe: »Ich glaube«, so Sidur, »daß die künstlerische Potenz eines Menschen in jedem Land die gleiche ist. Auch wenn ich woanders leben würde, ich glaube, ich würde immer dasselbe machen, wie hier in meinem Keller. Abgesehen davon, daß ich keinen Emigranten kenne, der im Ausland wirklich glücklich ist.« Etwas anderes, meint Sidur, sei es mit dem Reisen. »Ich würde gerne dorthinfahren, mich umschauen – aber leben kann ich nur hier. Ich liebe Moskau, ich liebe dieses Land, trotz aller Schwierigkeiten, die ich hier habe. Ich würde gern reisen, eine Zeitlang woanders leben, aber nur, wenn ich wüßte, ich kann wieder zurück.«

Sidur hat nie einen Ausreiseantrag gestellt, nie einen seiner ausländischen Freunde um eine Einladung gebeten. Ihm genügt zu wissen, daß immer wieder einmal eine Skulptur von ihm – oder auch nur ein Entwurf oder eine Fotografie davon – auf wundersamen Wegen ins Ausland gelangt. Und daß es auch schon deutsche Städte gibt, in denen seine Skulpturen aufgestellt sind. In Kassel beispielsweise sein Mahnmal für die »Opfer der Gewalt«. Und in Berlin – »Treblinka«.

Auf der Transsib

Tanja

10. April 1982

Tanja ist stolz. »Mehr als ich«, sagt sie, und ihre kleinen Augen blitzen, »verdient niemand.«

Wir sind ein letztes Mal auf dem Weg nach Sibirien. Diesmal mit der Eisenbahn, der legendären Transsibirischen, kurz »Transsib« genannt. Heute morgen um 10 Uhr sind wir vom Jaroslawer Bahnhof in Moskau losgefahren. Sieben Tage und sieben Nächte werden wir unterwegs sein.

Tanja, untersetzt und ein wenig rundlich, aber flink auf den Beinen und mit der Zunge, ist unsere Schlafwagenschaffnerin. Einer der beiden dienstbaren Geister, die rund um die Uhr für unser leibliches Wohl sorgen, ständig heißen Tee bereithalten, Kohlen für die Heizung nachschippen – jeder Waggon hat seine eigene –, mit dem Staublappen durchgehen, an den Haltestellen die Türgriffe putzen und auch sonst dafür sorgen, daß alles seine Ordnung hat.

Tanja ist 58 Jahre alt, seit drei Jahren eigentlich pensioniert. Doch sie arbeitet freiwillig weiter. Seit 23 Jahren fährt sie als Schaffnerin auf der Transsib, der längsten Eisenbahnstrecke der Welt. Elfmal im Jahr macht sie die Tour von Moskau nach Wladiwostok und zurück. 8795 Kilometer hin und 8795 Kilometer zurück. Wir allerdings müssen schon etwas früher aussteigen, rund 800 Kilometer vor Wladiwostok, in Chabarowsk. Wladiwostok ist Sperrgebiet. Aber zu sehen, sagt Tanja, gebe es dort sowieso nichts. Die Stadt sehe aus wie alle anderen sowjetischen Städte: graue Wohnblocks.

Tanja ist stolz auf ihren Beruf. Mehr als sie verdient in ihrer Familie wirklich niemand. Nicht ihr Mann, der auf dem Bau arbeitet, nicht ihr jüngerer Sohn, der Schlosser ist, nicht der ältere, der als Ingenieur arbeitet. Auf der Transsib, so Tanja, gebe es so manche Möglichkeit – nicht nur das Gehalt und die Trinkgelder. Wir haben es schon beim Einsteigen in Moskau gesehen. Ein Mann drückte ihr ein Päckchen und einen Zehn-Rubel-Schein in die Tasche. Das Päckchen wird in Perm ein Verwandter des Mannes in Empfang nehmen. Die zehn Rubel verbucht Tanja. Es ist nur die erste von vielen Nebeneinnahmen, die sich noch auf dieser Reise ergeben werden.

Die »harte Klasse«

11. April 1982
Wir haben Jaroslawl passiert, Danilow, Kirow, Perm. Seit 24 Stunden sitzen wir schon im Zug. Die Landschaft sieht überall gleich aus: weite, schneebedeckte Felder, Dörfer mit flachen, kleinen Holzhäuschen, Birkenwälder, hin und wieder auch Mischwald. Wir haben den Zug von vorn bis hinten inspiziert. Es gibt neben dem Speisewagen nur Schlafwagen und Liegewagen. Schlafwagen 1. Klasse mit Zwei-Bett-Abteilen, Schlafwagen 2. Klasse mit Vier-Bett-Abteilen; und ganz am Ende des Zuges die Wagen der 3. Klasse, einfache Liegewagen, die »harte Klasse«, wie es auf russisch heißt. Normalerweise ist der Durchgang zu diesen Wagen verschlossen. Wohl um zu verhindern, daß die Ausländer, die in der 1. und 2. Klasse untergebracht sind, einen Blick hineinwerfen. Hier spielt sich das Reiseleben am ursprünglichsten ab. Das Innere der Waggons scheint eine Mischung aus Kolchosmarkt, Schlafsaal, Wohnküche, Kinderkrippe und Kneipe, ein buntes Bild russischen Alltags, zusammengedrängt auf engstem Raum. Zwischen Koffern, Säcken, Körben, Tüten, Käfigen mit lebenden Enten und Hühnern sitzen und liegen die Menschen auf den Pritschen oder auf dem Boden. Die meisten, wie im ganzen Zug übrigens, behalten auch tagsüber ihre Schlafanzüge an. Während der kurzen Zwischenaufenthalte gehen sie damit auf den Bahnsteigen spazieren. Die Luft ist geschwängert von dicken Schwaden Tabakrauchs, Knoblauchdüften sowie Hunderten anderer Gerüche. In einem Waggon beobachten wir eine alte Frau, die Fische

schuppt. Es wird – auf kleinen Spirituskochern – gekocht und gebraten, es wird gegessen, Schach gespielt, Wodka getrunken, in manchen Waggons auch zur Gitarre oder Harmonika gesungen. Reisen
als Lebensform. Wir haben Glück, daß uns der Schaffner erst nach
einigen Stunden hier entdeckt und barsch in den für Ausländer
reservierten Wagen weist – in dem Gott sei Dank auch Russen reisen.

12. April 1982

Den ganzen Tag haben wir auf den Ural gewartet, jene berühmte
Bergkette, die Europa von Asien trennt. Die Enttäuschung war groß.
Gemessen am Ural ist das Weserbergland ein hochalpines Gebirgs-
massiv. Vergebens haben wir nach nur einem markanten Hügel Aus-
schau gehalten. Nur daran, daß der Zug seine ohnehin langsame
Fahrt – schneller als 60 Stundenkilometer fährt er nie, die Schienen
sind zu schlecht – an manchen Stellen noch mehr verlangsamte,
merkten wir, daß es offenbar eine sanfte Steigung hinaufging. Ansonsten bleibt der Ural nur als eine dunkle Waldlandschaft mit kleinen
Bodenwellen in Erinnerung.

Der Phrasist

13. April 1982

Wir haben uns mit Igor, unserem anderen Schlafwagenschaffner,
angefreundet. Igor ist etwa 25 Jahre alt, blond, mit schmalem, sym-
pathischem Gesicht. Vom ersten Tag an war er uns durch seine
Hilfsbereitschaft aufgefallen, aber auch durch einige sanft ironische
Bemerkungen. Nun hat sich herausgestellt, daß Schlafwagenschaffner nur sein Nebenjob ist. Im Hauptberuf ist er »Phrasist«. Es hat
eine Weile gedauert, bis wir begriffen, was er damit meinte. »Phrasy«
ist das russische Wort für »Aphorismen«. Igor also ist ein
Aphorismenschreiber. Ob denn dies wirklich ein Beruf sei, fragen
wir ihn zweifelnd. O ja, sagt er, es gebe sogar einen eigenen Berufs-
verband der »Phrasisten«. Er sei eine Unterabteilung des Schriftstellerverbandes. Wie viele Mitglieder er denn habe, wollen wir wissen.
Das, meint Igor, könne er nicht genau sagen. Aber allein in der

Moskauer Sektion der »Phrasisten« seien sie zwanzig eingeschriebene Mitglieder. Leben, so Igor, könne man von den Aphorismen allerdings nicht. Schließlich sei man nicht in Polen. Dort gebe es einen Stanislaw Jerzy Lec und eine Presse, in der man alles drucken dürfe. Dort hätten es Phrasisten wirklich gut. Hierzulande müsse er eben sein Geld als Schlafwagenschaffner verdienen. Aber dies wäre für einen Phrasisten der ideale Job: Man habe zwölf Stunden am Tag frei und das Dienstabteil für sich. Mehr Ruhe als in irgendeiner Wohnung oder einem Studentenheim. Jede freie Stunde in der Transsib jedenfalls würde er benutzen, um seine »Phrasy« zu schreiben. Einige seien auch schon gedruckt worden, in der Jugendzeitung »Komsomolskaja Prawda« etwa und in der »Literatur-Zeitung«, der »Literaturnaja gazeta«. Die meisten Aphorismen, die er schreibe, könnten leider nicht gedruckt werden; die lese er allenfalls guten Freunden oder Bekannten vor – wie etwa diesen: »Was bedeutet Freiheit des Schaffens? Du darfst schreiben, was man verlangt!«

Wir fürchten, Igor wird noch lange als Schaffner arbeiten müssen.

Fotografieren verboten

15. April 1982
Bemerkenswert sind die Sicherheitsvorkehrungen entlang der gesamten Strecke; nicht nur auf den großen Bahnhöfen der Industriestädte wie Perm, Tjumen, Krasnojarsk und anderen, sondern auch auf der kleinsten sibirischen Dorfstation. Genau in Höhe der Waggons, in denen sich Ausländer befinden, stehen Polizisten in Uniform sowie einige unauffällige Herren in Zivil. Ihre Hauptaufgabe ist, darauf zu achten, daß niemand fotografiert. Eisenbahnanlagen aller Art, Bahnhöfe, Brücken, Schienen, selbst Bimmelbahnen aus der Zarenzeit gelten als »strategische Objekte«. Auch das Fotografieren im Zug und aus einem fahrenden Zug ist verboten. Daß es das Zugpersonal damit nicht immer so genau nimmt, ist eine andere Sache. Auf den Bahnhöfen jedoch gelten die Vorschriften in aller Strenge. Als wir uns bei einem zwanzigminütigen Aufenthalt in Swerdlowsk auf der Suche nach Zeitungen in die Bahnhofshalle begeben, folgt uns die gesamte Wachmannschaft im unauffälligen Gänsemarsch.

Erfahrungen für die Nachfolger

16. April 1982

Unsere letzte Nacht im Schlafwagen, etwa 7600 Kilometer östlich von Moskau, dicht an der chinesischen Grenze. Wir haben inzwischen Nowosibirsk passiert, Irkutsk, Ulan-Ude und Birobidschan, die Hauptstadt des autonomen jüdischen Gebiets, das Sperrgebiet ist. Es war dunkel, zu sehen gab es nichts. Morgen früh werden wir in Chabarowsk sein.

Unsere Reise sollte eine Recherchenreise sein. Für einen großen Film über die Transsibirische Eisenbahn. Es galt nicht zuletzt, auch technische Erfahrungen für die Dreharbeiten zu sammeln. Und daran sind wir jetzt reich.

Die erste Erfahrung: Fast ebenso wichtig wie die Kamera ist die Mitnahme einer kompletten Fensterputzausrüstung, inklusive einer Trittleiter. Denn die Fenster der Transsib lassen sich nicht öffnen, und die Scheiben verschmutzen so stark, daß man an jeder Station, also alle 200 bis 500 Kilometer, aus dem Wagen springen muß, um von außen wieder für Klarheit zu sorgen. Und da eine Reihe von Stationen, vor allem im hinteren Sibirien und in Fernost, gar keine Bahnsteige hat, man also direkt auf dem Schotter der Geleise steht, braucht man eine Leiter, um ans Abteilfenster zu gelangen. Eine Klappleiter als Reiseausrüstung.

Eine andere Erfahrung: Auf viele schöne Aufnahmen aus dem fahrenden Zug, falls sie überhaupt gestattet werden, wird man verzichten müssen. Denn da die Strecke, mit Ausnahme eines kurzen Abschnitts von etwa 600 Kilometern, elektrifiziert ist, fliegen dem Kameramann dauernd die Oberleitungsmasten durchs Bild.

Eine weitere Schwierigkeit beim Filmen: Die neben der Strecke verlaufenden Telefonleitungen befinden sich häufig genau in Augenhöhe und vermitteln den Eindruck, als sei Sibirien vor allem eine Landschaft mit Strippen.

Eine weitere Erkenntnis betrifft die Jahreszeiten, zu denen die »Transsib« gedreht werden muß. Gefilmt werden muß im Sommer, wenn die undurchdringliche Taiga nicht nur in sattem Grün, sondern in einer Unzahl verschiedenster Farben erstrahlt. Aber auch im Winter, wenn Sibiriens Dörfer und Städte im Schnee versinken und die

Passagiere auf dem Bahnhof mit dem Schlitten vor die Waggontür gefahren kommen, wie wir es in Taldan und Tygda gesehen haben. Die ungünstigste Jahreszeit dürfte der Frühlingsbeginn sein, wenn das Tauwetter einsetzt und der Betrachter am Waggonfenster den Eindruck gewinnt, als fahre er von Moskau bis zum Amur durch 8000 Kilometer Sumpf.

Auch über die Kleidung, die mitgenommen werden muß, herrscht jetzt Klarheit. Neben der normalen Sommer- bzw. sibirischen Winterkleidung sollte man zumindest Trainingsanzüge mitnehmen. Will man sich ganz den Mitreisenden anpassen, muß man sich zum Pyjama als der noch bequemeren Variante der Ganztagskleidung entschließen.

Das wichtigste Bekleidungsstück jedoch sind möglichst hochhakkige Schuhe. Zum Betreten der Waschräume und anderer Örtlichkeiten.

Und noch eine Erkenntnis: Wer auch immer mit der Transsibirischen fährt, sollte unendlich viele Tonbänder mitnehmen. Oder zumindest ein hervorragendes Gedächtnis haben. Die Menschen, die sieben Tage und sieben Nächte im Zug sitzen, so haben wir festgestellt, sind in der Regel aufgeschlossen, gesprächsbereit und von einer Herzlichkeit, wie man sie wohl nur bei Russen findet. Ob es der Brigadier einer Maurerkolonne ist, der im Krieg seine gesamte Familie verloren hat und uns als erstes fragt, was es denn in der Bundesrepublik mit den Neonazis auf sich habe... Oder der junge Arzt, der nach Beendigung seines Studiums für drei Jahre aus seiner Heimatstadt am Schwarzen Meer 10 000 Kilometer weit weg, in ein Dorf an die chinesische Grenze, geschickt wird und der davon träumt, nach seiner Rückkehr Schiffsarzt auf einem sowjetischen Donaudampfer zu werden, der bis nach Wien fährt... Ob es Tanja und Igor sind, unsere Schlafwagenschaffner, die Offiziersfrau mit den vier kleinen Kindern, die zu ihrem Mann in die Garnison nach Tschita reist, oder der Ingenieur, der als Goldsucher für drei Monate auf Heimaturlaub fährt und uns schon morgens zum Wodka einlädt – sie alle haben uns fast vergessen lassen, daß wir Fremde in diesem Land sind. Für sieben Tage und sieben Nächte.

Mehr als drei Jahre haben wir auf die Drehgenehmigung für die »Transsib« gewartet, immer und immer wieder bei den Behörden in

Moskau antichambriert. Vor einem Monat kam die Genehmigung: Im Herbst, so hieß es, könnten wir mit den Dreharbeiten beginnen.

Für uns wird es zu spät sein, denn unsere Zeit in Moskau endet im Sommer. Fünf Jahre werden wir dann dort gewesen sein, ein Jahr länger als ursprünglich vorgesehen. Unsere Nachfolger werden den Film über die »Transsib« machen. Wir werden die Erfahrungen, die wir auf der Reise gemacht haben, an sie weitergeben.

Die Reise von Chabarowsk zurück nach Moskau dauert zehn Stunden. Mit dem Flugzeug. Nonstop.

Abschied

Die letzte Tagesschau

28. Mai 1982
KGB-Chef Jurij Andropow ist zum Sekretär des Zentralkomitees
ernannt worden. Unklar ist bislang, welche konkrete Funktion mit
diesem Amt verbunden ist. Ob er die Rolle des verstorbenen Chef-
ideologen Michail Suslow übernimmt oder anstelle von Konstantin
Tschernenko der Personalchef der Partei wird; oder ob er als eine Art
Koordinator die Kontrolle aller sowjetischen Geheimdienste übernimmt.

Sicher ist nur, das neue Amt bedeutet einen gewaltigen Machtzu-
wachs und schafft Andropow eine hervorragende Ausgangsposition
beim Kampf um die Nachfolge Breschnews. Leute aus seinem Appa-
rat streuen unter den ausländischen Korrespondenten schon lange,
daß Andropow der neue erste Mann sein wird. Doch ob dies stimmt,
weiß niemand.

Der heute 68jährige Andropow ist das viertjüngste Mitglied des
Politbüros. Begonnen hat er seine berufliche Laufbahn als Kinovor-
führer und Wolgaschiffer. Karriere jedoch machte er in der Partei
und im diplomatischen Dienst. 1956 war er als Botschafter in Buda-
pest maßgeblich an der Niederschlagung des ungarischen Aufstands
beteiligt. Seit 1967 war er Chef des KGB und als solcher verantwortlich für die fast vollständige Zerschlagung der sowjetischen Dissiden-
tenszene. Mit Leonid Breschnew verbindet ihn nicht nur eine lang-
jährige gemeinsame Kartenrunde, sondern eine fast nahtlose Übereinstimmung in den wichtigsten innen-und außenpolitischen Fragen.
Dies jedenfalls zeigen seine Reden.

Gesicherte Informationen über seine Persönlichkeitsstruktur gibt es nur wenige. Kein Diplomat, kein Korrespondent hat mit ihm persönlich Kontakt. Er gilt als eine Art »Intelligenzler« unter den Politbüromitgliedern und als geistreicher, charmanter Plauderer. Seine politischen Anhänger und seine Mitarbeiter versuchen, ihn als einen »Liberalen« darzustellen. Worauf sie dies gründen, ist schleierhaft. Es scheint aber das Image zu sein, auf das Andropow Wert legt.

An seiner politischen Potenz, einst das Erbe Leonid Breschnews antreten zu können, zweifelt niemand. Gegen ihn spricht allerdings eine historische Erfahrung: Noch nie in der Geschichte der Sowjetunion ist ein Geheimdienstchef der erste Mann in Staat und Partei geworden. Wir werden sehen.

Mein Moskau

15. Juni 1982
Wir beenden unseren letzten Film. »Mein Moskau« wird er heißen. Gewidmet ist er all denen, die uns geholfen haben, zumindest ein wenig von dieser Stadt und ihren Menschen kennenzulernen und zu verstehen.

Fünf Jahre haben wir in dieser Stadt gelebt, und wir haben gern hier gelebt. Ihr unmittelbares Nebeneinander von Gegenwart und Geschichte hat uns fasziniert – auch wenn für den Fremden hier vieles immer fremd bleiben wird.

Die Straße, die uns an Rußlands Dörfern entlang zurück in Richtung Westen führt, wurde einst »Rollbahn« genannt. Schlimme Erinnerung an eine schlimme Vergangenheit, die schlimmste in der langen gemeinsamen Geschichte der Russen und Deutschen. Doch in den fünf Jahren, die hinter uns liegen, haben wir nicht einen einzigen Menschen getroffen, der uns feindselig begegnet wäre. Im Gegenteil, wir haben in Moskau Freunde gefunden.

Und das war für uns das Wichtigste in dieser Stadt.

1. Oktober 1982, Köln
Walja hat ein Päckchen geschickt. Für Nina. Eine Puppe, ein russisches Märchenbuch, eine Kassette mit russischen Schlagern. Vergiß uns nicht, stand dabei.

30. Dezember 1982, Köln
Die Sowjetische Botschaft in Bonn hat mein Einreisevisum abgelehnt. Wir wollten Neujahr mit Nina in Moskau feiern. Ich sei unerwünscht, heißt es.

Register